मेरी भारत यात्रा

'मेरी भारत यात्रा' नामक पुस्तक 'इंडोतंबो' インド探訪 का अनुवाद है, जिसे रोनसोशा 論創社 ने 2011 में प्रकाशित किया था।

मेरी भारत यात्रा

एको एम. टैगोर

अनुवाद

तोमोका मुशिगा

वाणी
प्रकाशन

प्रकाशन के उत्कृष्टतम 61 वर्ष

vaniprakashan.com

सजिल्द पहला संस्करण : 2024

वाणी प्रकाशन

4695, 21-ए, दरियागंज, नयी दिल्ली-110 002

फ़ोन: + 91 11 23273167, 23275710

शाखाएँ

अशोक राजपथ, पटना-800 004, बिहार

कॉफ़ी हाउस कैम्पस, महात्मा गांधी मार्ग, प्रयागराज-211 001, उत्तर प्रदेश

महात्मा गांधी अन्तरराष्ट्रीय हिन्दी विश्वविद्यालय, वर्धा-442 001, महाराष्ट्र

36/ए, शेक्सपियर सरणी, रानी बिरला गर्ल्स कॉलेज के पास, कोलकाता-700 017, प. बंगाल

sales@vaniprakashan.in
vaniprakashan@gmail.com

Meri Bharat Yatra
by Eiko M. Tagore
Translated by Tomoka Mushiga

ISBN : 978-93-6287-970-7
Travelogue

मूल्य : ₹ 495

जी.एस. ऑफ़सेट, दिल्ली-110 095 में मुद्रित

वाणी प्रकाशन का लोगो मक़बूल फ़िदा हुसेन की कूची से

अनुक्रम

अनुवादक की कलम से

यह किताब एक जापानी महिला ने लिखी है। उन्होंने एक भारतीय से शादी की और वे लम्बे समय तक भारत में रहीं। उनके दृष्टिकोण से देखे गए पचास-साठ साल पहले के भारत को इस हिन्दी अनुवाद के माध्यम से इक्कीसवीं सदी के भारतीयों को अनुभव कराना चाहती हूँ। उनका अनुभव सबसे अलग रहा होगा, क्योंकि वे जापानी होकर भारत में बहू के रूप में रहीं और उनके पति प्रसिद्ध टैगोर परिवार से थे। यह पुस्तक उनकी पहली भारत यात्रा से शुरू होती है। उस समय जापान से भारत जाने में पानी के जहाज द्वारा एक महीना लगता था। भारत के लिए प्रस्थान करते ही उन्होंने सोचा था कि मैं कभी जापान वापस नहीं लौट पाऊँगी। इस पुस्तक के दूसरे अध्याय से कविगुरु रवीन्द्रनाथ टैगोर और उनके परिवार से संबंधित मूल्यवान जानकारी मिलती है। यह जानकारी किसी बाहरी व्यक्ति के द्वारा नहीं दी जा सकती थी। वे बंगाल के प्रसिद्ध चित्रकारों से मिली हैं और दुभाषिया के रूप में कार्य करते हुए भारत के पहले प्रधानमंत्री नेहरू जी से भी मिल चुकी हैं। उन्होंने परिवार या मित्रों के साथ अलग-अलग स्थानों, जैसे पूर्वी भारत के दार्जिलिंग; शांतिनिकेतन; पुरी और कोणार्क, उत्तर भारत के बनारस, लखनऊ, दिल्ली और हरियाणा के गाँवों की यात्रा की है। उस समय के भारत में आज के भारत से अलग सुन्दरता और रोचकता दिखती है। और उनकी लेखनी से उनके भारत के प्रति प्रेम की अनुभूति होती है।

मैं वर्तमान हिन्दू धर्म के रीति-रिवाज और इसके इतिहास के ऊपर शोध करती आई हूँ। कहा जाता है कि हिन्दू धर्म केवल एक रिलिजन नहीं है, अपितु जीने की एक विधि है। मैं ऐसा समझती हूँ कि हिन्दू धर्म को समझने के लिए विभिन्न दृष्टिकोण से भारत को देखना चाहिए और भारत की क्षेत्रीय विविधता भी ध्यान में रखनी चाहिए। श्रीमती एको टैगोर जी के विवरणों से मुझे अपने शोध के लिए भी पर्याप्त जानकारी और लाभ मिला है। और, एक शोधकर्त्री होने से पहले, मैं भी घूमने की बहुत शौकीन हूँ। यह पुस्तक पढ़कर मैंने भारत के विभिन्न रूप देखे जो दुबारा कभी नहीं मिल सकेंगे।

एक दिन मुझे पता चला कि ओसाका-कोबे में स्थित भारत के महावाणिज्य दूत आदरणीय निखिलेश गिरि जी इस पुस्तक का हिन्दी अनुवाद करवाने के लिए सोच रहे हैं। हिन्दी अनुवाद करने की मेरी इच्छा ओसाका विश्वविद्यालय के हिन्दी विभाग के डॉ. वेदप्रकाश सिंह जी के माध्यम से गिरि साहब को बताई गई। तब से अनुवाद का काम शुरू हो गया। गिरि साहब के द्वारा की गई व्यवस्था और आर्थिक सहायता के कारण ही इस पुस्तक का प्रकाशन सम्भव हुआ है। इसके लिए मैं उनको और महावाणिज्य दूतवास के कर्मचारियों का हृदय से धन्यवाद करती हूँ। लेखिका श्रीमती एको टैगोर जी ने ख़ुशी के साथ मुझे अनुवाद करने का अनुमति दी है। उनके प्रति भी मैं बहुत आभारी हूँ। और हिन्दी अनुवाद का काम डॉ. वेदप्रकाश सिंह जी की सहायता बिना कभी सफल नहीं हो सकता था। मेरी हिन्दी के सुधार के साथ-साथ, गिरि साहब और प्रकाशक से अच्छी तरह बात करके इस अनुवाद का काम उन्होंने ही आगे बढ़ाया। मैं उनको धन्यवाद देती हूँ और भविष्य में उनके साथ काम करने की इच्छा व्यक्त करती हूँ। प्रोफेसर मसायुकि ओनिशि जी का भी मैं हृदय से धन्यवाद करती हूँ। जापानी में लिखी गई इस पुस्तक में बँगला भाषा में की गई बातचीत और बँगला शब्द सम्मिलित थे। अनुवाद करने में कोलकाता की भौगोलिक स्थिति और बंगाली संस्कृति के ज्ञान की आवश्यकता थी। बँगला भाषा, क्षेत्र, और रवीन्द्रनाथ टैगोर की उपन्यासों के विद्वान प्रोफेसर ओनिशि जी ने बहुत से उपयोगी सुझाव मुझे दिए हैं। अंत में इस किताब के शीघ्र और सटीक काम के लिए वाणी प्रकाशन के प्रबंध-निदेशक श्री अरुण महेश्वरी जी की बहुत आभारी हूँ।

यह पुस्तक पहले जापानी पाठकों के लिए सन् 1995 में लिखी गई थी। उन पाठकों ने जापान की परंपराओं से तुलना करते हुए इस पुस्तक से भारत के रीति-रिवाजों को समझा होगा। लेकिन यह हिन्दी अनुवाद भारतीय ही पढ़ेंगे, जो स्वयं भारत के बारे में जानते हैं और जापान के रीति-रिवाजों से परिचित नहीं हैं। इस पुस्तक के वर्णन को सीधे हिन्दी में अनुवाद करने में मुझे कभी-कभी कठिनाई हुई। वर्तमान भारतीयों को पढ़ने में दिक्कत न हो, इसके लिए मैंने अधिक से अधिक सरल भाषा में अनुवाद करने का प्रयास किया है। फिर भी अगर आपको इस पुस्तक में त्रुटियाँ लगें, तो इनका उत्तरदायित्व मूल पुस्तक पर नहीं, अपितु मुझ पर है। मैं आशा करती हूँ कि एक जापानी महिला के दृष्टिकोण से लिखे गए पुराने भारत के वर्णन से भारतीय लोग अपने देश की परंपराओं और जापान की सामाजिक प्रथाओं को भी जानेंगे और यह पुस्तक दोनों देशों के अच्छे संबंध के लिए कुछ सहायता प्रदान करेगी।

जून 2024

—तोमोका मुशिगा

हिन्दी अनुवाद के अवसर पर

'मेरी भारत यात्रा' का हिंदी अनुवाद प्रकाशित होने पर मैं बहुत ख़ुश और सम्मानित महसूस कर रही हूँ। इस काम की योजना को पूरा करने में महत्त्वपूर्ण योगदान देने के लिए ओसाका-कोबे में भारत के महावाणिज्य दूत निखिलेश गिरि जी को और वाणिज्य दूतावास के कर्मचारियों को, अनुवादक डॉ. तोमोका मुशिगा जी और सम्पादक के रूप में मदद करने के लिए डॉ. वेदप्रकाश सिंह जी का मैं हार्दिक आभार व्यक्त करती हूँ।

यह पुस्तक 1995 में जापान में प्रकाशित हुई थी और 2011 में इसका पुनः प्रकाशन हुआ। यह पुस्तक जापानी पाठकों के लिए लिखी गयी थी। अब 2024 में इसका हिन्दी अनुवाद प्रकाशित हो रहा है, जिससे आधुनिक भारत के लोगों की प्रतिक्रिया जानने की मुझे अत्यन्त उत्सुकता और थोड़ी चिन्ता भी है।

मेरे और भारत के बीच के सम्बन्ध 1958 में कोलकाता निवासी सन्दीप के. टैगोर से शादी करने के बाद जुड़े। भारत मेरे लिए एक ऐसा देश है जिसने मुझे एक बेटी से पत्नी, बहू से माँ बनने तक एक जापानी महिला के रूप में अपनाया और मेरी ज़िन्दगी का हिस्सा बना। मैंने अपने परिवार के साथ अधिकतर समय जापान में बिताया। यहाँ रहते हुए मैं कई बार अपनी ससुराल और भारत की यात्राओं पर गई हूँ। अब आधी सदी से भी अधिक समय बीत चुका है। मैंने जो भारत देखा और अनुभव किए हैं, वे अब अतीत की बात हो चुके हैं। संयुक्त परिवार के समय के अधिकतर प्रिय लोग अब इस दुनिया में नहीं हैं और पीढ़ी भी बदल चुकी है। आर्थिक रूप से भी भारत बहुत विकास कर रहा है। मैं प्रार्थना करती हूँ कि भारत का भविष्य उज्ज्वल हो।

यह पुस्तक यदि भारत और जापान के बीच मित्रता में सहायक सिद्ध होती है, तो मुझे अत्यन्त प्रसन्नता होगी।

जून 2024

—एको टैगोर

पहले संस्करण का उपसंहार

1960 के दशक, जब मैं पहली बार में भारत गई थी, उस समय की तुलना में अब (1990 के दशक) भारत की दूरी कम हो गई है। दिल्ली, मुंबई, और कोलकाता के लिए उड़ान करने वाले जम्बो जेट्स हमेशा सवारियों से भरे होते हैं।

जापान के समाचार पत्रों और पत्रिकाओं में, 'इंडियन लुक' या 'हाई फैशन' आदि नाम वाली, भारत के प्रमुख डिज़ाइनरों द्वारा बनाई गई ड्रेस पेश की जाती हैं। ढीले-ढाले लम्बे कुर्ते के साथ स्लिम पैंट्स। हाथ से बुने हुए रेशमी कॉकटेल ड्रेस और दुल्हन के लिबास। पुरुषों के लिए भी कपड़े हैं। शहर में घूमें तो सस्ती कीमतों पर भारतीय सूती कपड़े बहुतायत में मिल जाएँगे। हाल ही में, स्वास्थ्य और सौंदर्य के क्षेत्र में सबसे अधिक ध्यान आकर्षित वाला देश शायद भारत ही है। आयुर्वेद पारंपरिक चिकित्सा विज्ञान है, जो योग, स्पा और आहार चिकित्सा का आधार है। योग अब पालतू कुत्तों तक पहुँच चुका है। सबसे चौंकने वाला विषय वह "ओम" नामक जापानी धार्मिक संगठन है। यह बुरे तरीकों को अपनाने वाला नवपंथी धार्मिक समूह है। इसने निर्लज्जतापूर्वक, संस्कृत से लिए गए धार्मिक शब्द का उपयोग किया और इसने हिंदुओं की शिक्षाओं का भयंकर दुरुपयोग किया। अच्छे या बुरे रूप में, ऐसा लगता है कि भारत हमारे जीवन और जीवनशैली के नजदीक आ गया है।

लेकिन, क्या भारत वास्तव में नजदीक आ गया है? हाल ही में मिली एक युवा महिला के शब्द मैं नहीं भूल सकती हूँ। उसने यूरोप और अमेरिका की कई यात्राएँ की हैं, लेकिन भारत जाने की इच्छा रखते हुए भी, अब तक भारत नहीं जा पाई है। उसने कहा, "भारत में, एक बार पैर रखने के बाद, मुझे ऐसा लगता है कि मैं एक रहस्यमय समय बोध में फंस जाऊँगी, और शायद मैं फिर कभी जापान वापस नहीं आ पाऊँगी। मेरा जीवन पूरी तरह से बदल जाएगा, ऐसा डर मुझे लगता है।" इसलिए, वह अभी तक भारत जाने का निर्णय नहीं ले पाई है।

मैं तो एक भारतीय से शादी कर चाहे-अनचाहे ही भारत आने के बाद पूरी तरह से इस में डूब गयी हूँ। समय और आर्थिक स्थिति अनुमति दे तो, मैं कभी भी भारत आने को तैयार रहती हूँ।

मैं लम्बे समय से अपनी यात्राओं के अनुभवों, मनोदशाओं और विचारों को लिखना चाहती थी, जो मेरे दिल में गहराई से अंकित हैं। लेकिन, 1960 से जमा हुई जटिल स्मृतियों को संयोजित करने में मुझे कठिनाई हो रही थी। लम्बे समय से चली आ रही इच्छाओं को पूरा करने की प्रेरणा, मेरे भाई की अचानक मृत्यु थी। वह भारत को बहुत पसंद करता था और दो बार भारत गया भी था। उसके श्राद्ध के लिए, मैंने बड़ी बहन के रूप में नई पुस्तक समर्पित करने की कामना की थी। इसके बाद, मैंने लेखन पर पूरी तरह से ध्यान रखा। इसमें 'चुगाई निप्पॉ' और 'बुक्क्यों' (होज़ोकन) में प्रकाशित लेख को भी शामिल किया गया है। इन लेखों में ज्यादातर चर्चा भारत के पूर्वोत्तर भाग के बारे में की गई है, लेकिन इस पुस्तक ने मुझे किसी तरह मेरी यात्रा को पुनः जीवंत करने में मदद की है। विशेष रूप से, मेरे भाई तामियो की अंतिम रचना के रूप में लिए गए फोटोग्राफ्स को प्रकाशित करने में मुझे बहुत खुशी हो रही है। ओडिशा, दिल्ली, बनारस के विभिन्न स्थानों में ली गई अनूठी तस्वीरें लगभग सभी उन्होंने ही खींची थीं।

अब, मेरी इच्छा पूरी हो गई है। मैं बहुत खुश हूँ। दूर अमेरिका से सहयोग करने वाली बेटी माया को धन्यवाद।

1995 की शरद ऋतु की शुरुआत में

—एको टैगोर

पुन:प्रकाशन के लिए

हाल के वर्षों में, विशेष रूप से 2000 में प्रवेश करने के बाद से, भारत की विशाल आर्थिक वृद्धि पूरी दुनिया द्वारा आश्चर्यजनक निगाहों से देखी जा रही है। समाचार पत्रों और टीवी पर, 'भारत का प्रभाव', 'भारतीय व्यवसाय और भारत-जापान संबंध', 'भारत के साथ आर्थिक व्यापार सहयोग समझौता', 'आई टी में आगे बढ़ता भारत' आदि के बारे में खबरें प्रकाशित हो रही हैं। इनके अलावा, 'भारतीय गहन शिक्षा और बौद्धिक शक्ति', 'बॉलीवुड फिल्में, विश्व में तेजी से प्रगति' और 'दुनिया के अंत, भारत का महान खेल कार्यक्रम' जैसे टीवी कार्यक्रम भी थे। भारत लगातार बड़ी छलांगें लगा रहा है, लेकिन अभी भी जापानियों के लिए 'दुनिया के अंत' की भावना से इनकार नहीं किया जा सकता।

जब मैं पचास वर्ष पहले पहली बार भारत आई थी, तो कई लोग भारत को एक बहुत ही दूर की जगह मानते थे। 'भारत जाना मौत के मुँह में जाने जैसा है' ऐसा कहने वाले लोग भी थे। हालाँकि, अब भारत चिकित्सा के क्षेत्र में विकसित देशों के बराबर हो गया है। उच्चतम स्तर की चिकित्सा सेवाओं की मांग के लिए विदेशों से बहुत सारे मरीज भारत आ रहे हैं। कम लागत भी आकर्षण का एक कारण है, लेकिन उच्च गुणवत्ता की चिकित्सा के कारण ही दुनिया भर से लोग भारत आते हैं।

लेकिन, ऐसा नहीं कहा जा सकता है कि इससे भारत विश्व के उन्नत देशों की श्रेणी में आ गया है। भारत, चीन के बाद विश्व की दूसरी सबसे अधिक जनसंख्या वाला देश हो गया है। 2011 में भारत की लगभग एक अरब बीस करोड़ जनसंख्या विभिन्न जातियों, नस्लों, भाषाओं, धर्मों आदि से मिलकर बनी है, जिसके कारण अभी भी कई समस्याएँ हल की जानी बाकी हैं। राष्ट्र के अस्सी प्रतिशत लोग हिन्दू हैं। इस धर्म में जाति प्रथा (कास्ट) है, और जातिगत भेदभाव आज भी गहराई से बना हुआ है। नतीजतन, धनी और गरीब के बीच की खाई बेहद विस्तृत है। दुनिया के टॉप टेन में गिने जाने वाले बड़े अमीर लोगों में से कई भारतीय हैं। लेकिन तीस करोड़ ऊपरी मध्यम वर्ग के, और अस्सी करोड़ से अधिक किसान हैं, जिनमें से अधिकांश

अभी भी जीवन की कठिनाइयों से जूझ रहे हैं। इससे नीचे के स्लमडॉग कहे जाने वाले गरीब लोग भी कम नहीं हैं। "भारत एक गरीब देश नहीं है, बल्कि एक ऐसा देश है जहाँ गरीब लोगों की संख्या अधिक है" यह वाक्य एक गहरी बात कहता है।

आज, कोलकाता के नवनिर्मित नेताजी सुभाष चंद्र बोस अंतरराष्ट्रीय हवाई अड्डे से शहर में दाखिल होते ही देखा जा सकता है कि पुराने समय की ट्राम और रिक्शा अभी भी बरकरार हैं। हुगली नदी के श्मशान में, अंतिम संस्कार का धुआँ कभी नहीं रुकता। तरह तरह के बाजार भी आज भी विद्यमान हैं। 'देवताओं का श्वेत सिंहासन' महान हिमालय और वाराणसी की गंगा नदी भी हमेशा रहेगी और ये सब हर आगंतुक को अपूर्व आनंद प्रदान करेंगे।

'मेरी भारत यात्रा' चिकुमा शोबो प्रकाशन से 21 नवंबर 1995 को प्रकाशित हुई थी। इस बार, जब इस पुस्तक का पुन: प्रकाशन रौंसोशा से होना था, तो मैंने इसे फिर से पढ़ा। मेरी दूसरी मातृभूमि भारत, 'चाहे मैं इसे पसंद करूँ या न करूँ, एक बेटी से पत्नी बनने, एक बहू से माँ बनने तक, और एक जापानी महिला के रूप में मेरे जीवन को संजोए रखता है। यह मेरे दिल में गहरी जड़ें जमा चुका है और मेरे जन्म स्थान जापान की तरह ही प्रिय, सुखद और कभी-कभी परेशान करने वाला भी है।' (मेरी स्वयं की रचना 'भारत में मेरा विवाहित जीवन' से उद्धरण) ये भावनाएँ आज भी वैसी ही हैं। भारत के प्रति मेरी हमेशा मिलीजुली भावनाएँ रही हैं। बस, आगे के विकास के लिए मैं बहुत आशा करती हूँ।

इस साल, 2011 में, कविगुरु रवींद्रनाथ टैगोर (1861-1941) की 150वीं जयंती है। इस अवसर पर, देश और विदेश में, उनके जन्मदिन, 7 मई को पूरी तैयारी के साथ विविध स्मृति कार्यक्रम आयोजित किए जा रहे हैं। इस पुस्तक के लिए, दूसरे अध्याय 'पश्चिम बंगाल: टैगोर के पदचिह्नों की खोज' में, मैंने कवि से संबंधित कई तस्वीरों को शामिल करने की कोशिश की है। उनमें से, ओकाकुरा तेनशिन के विला में ली गई तस्वीरें, तेनशिन के परपोते, ओकाकुरा कोशिरो साहब से, मुरायामा र्यूहेई साहब के घर की तस्वीरें, मुरायामा तोको साहिबा से, और नागासाकी ज़िला के उन्जेन क्षेत्र में ली गई एक तस्वीर, क्यूशु होटल के प्रेसिडेंट, नानाजो केन साहब द्वारा दी गई। अन्य सभी टैगोर परिवार से संबंधित तस्वीरें मेरे और मेरे पति के संग्रह से हैं। इसके अलावा, इस पुस्तक में पचास से अधिक नई तस्वीरें शामिल की गई हैं।

यह बताने का तात्पर्य है कि, कविवर की जयंती के अवसर पर, पेंगुइन बुक्स (इंडिया) द्वारा चित्रा देब की लिखित 'वूमेन ऑफ द टैगोर हाउसहोल्ड' प्रकाशित

की गई है। यह एक गम्भीर पुस्तक है जिसमें कुल 640 पृष्ठ हैं। इस पुस्तक में, पिछली शताब्दी से लेकर आज तक, पश्चिम बंगाल के समाज, जीवनशैली, संस्कृति और महिलाओं के जीवन पर टैगोर परिवार की महिलाओं के महत्वपूर्ण प्रभाव का विस्तार से वर्णन किया गया है। अंत में, जापान की एको टैगोर के बारे में भी बताया गया है, जिसे मैं एक सम्मानजनक बात मानती हूँ।

इस पुस्तक के पुनर्प्रकाशन के लिए, मैं पूरी तरह से रौंसोशा के अध्यक्ष, मोरिशिता नोरिओ साहब की आभारी हूँ, और इसके लिए मैं दिल से धन्यवाद करती हूँ। सम्पादकीय विभाग की मात्सुनागा युईको साहिबा ने बारीकी और ध्यान से मुझे सहयोग दिया है। अतिरिक्त फोटोग्राफ्स के समावेश सहित कई बातों में उनका सहयोग मिला। धन्यवाद।

2011 की शुरुआती गर्मियों में

—एको टैगोर

भारत का पूर्वी द्वार : कोलकाता

भारत में प्रवेश

कोलकाता को न जाने कब से भारत का पूर्वी द्वार कहा जाता है।

सन् 1960 के दिसंबर महीने में मैंने पहली बार कोलकाता के रास्ते भारत में प्रवेश किया। तीस साल से अधिक समय बीत चुका है, फिर भी वह दिन, उस समय की बातें, उसका एक-एक अंश तक आज भी मुझे याद है। मैंने जापान में कोलकाता के संदीप के. टैगोर से शादी की और जापान को अलविदा कहकर समुद्र पार कर यहाँ आई थी। संगोरा नामक अंग्रेजी जहाज से नीचे मटमैली तेज़ लहरों को देखते हुए मैंने खुद से ऐसा कहा था—एक बार पूर्वी द्वार में अन्दर जाने के बाद, फिर कभी वापस नहीं लौट सकूँगी। वह ऐसा समय था जब विदेश यात्रा करना तो केवल एक सपना माना जाता था।

जापान से रवाना होने के लगभग एक महीने बाद अंडमान सागर से बंगाल की खाड़ी तक यात्रा करते हुए जहाज भारत में गंगा नदी के मुहाने पर पहुँचा। और फिर हुगली नदी में डायमंड हार्बर की तरफ उत्तर की ओर बढ़ा। समुद्र की लहरों के बीच, अपना सफेद पेट दिखाते हुए कूदती डॉल्फिनों का एक समूह दिखा। बाद में सुना कि यहाँ की डॉल्फिन मटमैले पानी की वजह से प्रायः अंधी हो जाती हैं। और ये मीठे पानी की 'शुशुक' नामक डॉल्फिन हैं जो दुनिया में बहुत कम पाई जाती हैं। हमारे जहाज के सामने दूर दूसरे देशों के जहाज़ अपने-अपने राष्ट्रीय झंडे लगाए इधर-उधर आ जा रहे थे और कुछ मछुआरे जहाज़ भी दिख रहे थे। जहाज़ और उन पर काम करने वाले मछुआरे दोनों काले रंग के थे। हुगली नदी समुद्र की तरह चौड़ी और तेज लहरों वाली थी। कुछ समय तक दाएँ और बाएँ दोनों ओर केवल क्षितिज ही दिखाई दिया।

जल्द ही नदी की चौड़ाई कम हो गई और किनारे दिखाई देने लगे। दूसरे किनारों पर कारखानों की एक लंबी कतार थी और उनकी चिमनियाँ काला धुआँ छोड़ रही थीं।

यह स्थान ब्रिटिश साम्राज्य के समय से ही विश्व के प्रमुख जूट और कपास के उत्पादन स्थलों में से एक था और यह पूर्वी द्वार था, जहाँ से ईस्ट इंडिया कंपनी दुनिया भर में व्यापार करती थी। ताड़ के पेड़ और ज़मीन तक लटकती शाखाओं वाले बरगद के पेड़ों की हरियाली ने मुझे यह अहसास दिलाया कि मैं दक्षिण के एक देश में आ गई हूँ।

कोलकाता पहुँचते ही टैगोर परिवार के कई सदस्यों द्वारा मेरा स्वागत किया गया। यहाँ मेरी भूमिका एक परिवार की बहू की थी, विदेशी यात्री या अतिथि की नहीं थी। नई जिंदगी और पहली बार मिल रहे लोगों (ज्यादातर परिवार) के साथ तालमेल बिठाने में ही पूरी तरह व्यस्त रही। कोलकाता की गलियों में घूमने का ज़्यादा अवसर भी नहीं मिला, न ही ऐसा करने की शक्ति थी।

तीन साल बाद, पति के काम के कारण हमें जापान वापस लौटना पड़ा। उसके अगले साल 1964 में, टोक्यो ओलंपिक के साथ जापान ने तेजी से आर्थिक विकास की राह पकड़ी। उस समय को 'शोवा युग का स्वर्ण काल' कहा जाता है। इसकी बदौलत जो विदेश यात्रा पहले सिर्फ सपने में ही सम्भव थी अब सामान्य हो गई। और हमें भी इस स्थिति का लाभ मिला। कुछ वर्षों बाद हमें कई बार फिर से भारत जाने के मौके मिले। जब भी वह समय आता पति का पैतृक घर यानी मेरा ससुराल वहाँ होने की वजह से हम आम तौर पर पूर्व के द्वार, कोलकाता से भारत में प्रवेश करते। मेरी यात्राएँ अक्सर कोलकाता से ही शुरू होती थीं।

हालाँकि अक्सर यात्रियों का कहना होता है कि वे इस शहर से दूरी बनाना पसंद करते हैं। गंदा, गरीब, डरावना, खतरनाक, बुरा, कष्टदायक, बदबूदार... ऐसे विशेषणों के साथ कोलकाता याद किया जाता है। दमदम एयरपोर्ट पर पहुँचकर एयरपोर्ट की इमारत में प्रवेश करते ही, अनोखी गंध मेरी नाक को झटका देती है। बीड़ी, पसीना, मसाले और सरसों के तेल की मिश्रित गंध, कोयला, उपलों का धुआँ, कीटाणुनाशक दवाई, लोगों के शरीर और धूल... उस गंध के मूल स्रोत थे। इससे ज्यादा विश्लेषण करना असम्भव है। भारत के प्रति अत्यधिक प्रेम रखने वालों के लिए यह एक परिचित सुगंध हो सकती है, लेकिन एक अंतरराष्ट्रीय हवाई अड्डे पर यह गंध होनी चाहिए थी क्या?

कस्टम्स में, विदेशी, खासकर समूह यात्रियों को, जो डॉलर या जापानी येन ले जा रहे होते हैं, उन्हें लगभग फ्री पास दे दिया जाता है। दूसरी ओर, भारतीयों की जाँच अधिक सख्त होती है। विदेश से लौटने वालों पर आरोप लगाया जाता है कि वे विभिन्न प्रकार के विदेशी सामान, खासकर घरेलू उपकरण, ऑडियो, कैमरा आदि

लेकर आए होंगे, इसलिए उन पर तेज नजर रखी जाती है। भारत सरकार का उद्देश्य यह है कि इस तरह के महँगे सामान की ब्लैक मार्केट में बिक्री न हो। हालाँकि, कुछ अधिकारी ऐसे भी होते हैं जो 'अंडर द टेबल' कुछ पैसे लेकर मामले को सुलझा देते हैं। इसलिए जाँच और भी कड़ी हो जाती है।

मुझे तो जापानी पासपोर्ट के कारण और कोई महँगे सामान कभी नहीं लाने के कारण कभी भी इस तरह की कोई समस्या नहीं हुई है। लेकिन मैंने एक बार सामान्य से भी ज्यादा कड़ी जाँच का सामना किया था। वह 1970 के दशक के अंत का समय था। कस्टम्स में मैं शांति से अपनी बारी का इंतजार कर रही थी। जब मेरी बारी आई, तो अधिकारी ने मेरा लाल पासपोर्ट खोला और मेरी पहचान की जाँच की। उनकी तेज और गहरी नजरें बार-बार मेरे चेहरे और पासपोर्ट के बीच घूम रही थीं। ध्यान से देखिए—मैं बिना चिंता के शांत भाव से खड़ी थी। मैंने उम्मीद की थी कि हमेशा की तरह आरामदायक अनुमति मिलेगी। लेकिन, अचानक, मुझे कस्टम्स के पीछे के किसी कोने में परदे वाली जगह पर ले जाया गया। "व्हाई? कैनो (क्यों)?" मैंने अंग्रेजी और बंगाली में पूछा। लेकिन कोई जवाब नहीं आया। वहाँ हैरान होकर खड़ी थी, तब एक महिला अधिकारी अन्दर आई और परदे को बंद कर दिया। उसका चेहरा साँवला था और होंठों के ऊपर हल्की मूँछें थीं। उसने खाकी रंग की साड़ी पहनी हुई थी। उसकी भारी-भरकम छाती पर एक मेटल बैज चमक रहा था। वह महिला अधिकारी बिना कुछ कहे, मेरे कंधे से शुरू करके, धीरे-धीरे अपने हाथों को मेरी बाँहों और फिर मेरे सीने पर ले गई। यह क्या हो रहा है?—मैंने सोचा, लेकिन कुछ नहीं कर सकी। सघन जाँच के बाद उसके चेहरे पर मुस्कान आ गई, और कहा, "फिनिश्ड, थैंक यू, मैडम।" खत्म हो गया?—मैंने सोचा। बिलकुल, मैंने कुछ गलत नहीं किया है। मैं अपनी पीठ सीधी करके हवाई अड्डे से बाहर निकल गई।

लेकिन, आखिर वह सब क्या था? उसी समय पूर्वी पाकिस्तान के ढाका में जापानी रेड आर्मी द्वारा एक हाईजैकिंग घटना हुई थी। ढाका, जो कोलकाता से ज्यादा दूर नहीं है, में हुए इस संगठित अपराध के कारण भारत सहित पूरी दुनिया सतर्क हो रही थी। क्या मेरे लम्बे बालों की वजह से, मुझे फुसाको शिगेनोबु या किसी और से मिलता-जुलता समझा गया था? या फिर क्या मेरे चहरे से उन्हें लगा कि मैं कुछ ऐसा ही कर सकती हूँ? इसका कारण आज तक मुझे पता नहीं चला है। खैर, जो भी हो, किसी अनुचित आरोप में फँसकर हिरासत में नहीं लिया गया तो अच्छा ही हुआ! विदेश में रहने पर दिल में कुछ गलत न रखते हुए किस्मत पर भरोसा करने के अलावा आप कुछ नहीं कर सकते।

कोलकाता ने मेरे छोटे बच्चों का बहुत प्यार से स्वागत किया। हवाई अड्डे पर, बिना किसी परेशानी के कस्टम्स से गुजरे, जब हम दोनों सामान ढोने की बातचीत में कुलियों के साथ व्यस्त थे, उसी बीच मेरी दो बेटियाँ अकेली बाहर निकल गईं। तब बड़ी-बड़ी गोल टोकरियाँ सिर पर रखे हुए कुछ आदमियों ने उनके पास आकर अपनी बाँहों पर लटकी तिपाइयाँ सजाईं और उसके ऊपर टोकरियाँ रख दीं। उनमें सुन्दर तरीके से सजी हुई टॉफियाँ और चॉकलेट्स थीं। 'वाह!' बच्चियों ने खुशी से चीखते हुए अपनी पसंदीदा टॉफियों और चॉकलेट्स को अपनी जेबों और पर्स में भर लिया।

टैक्सी हमें लेकर शहर के उत्तर में स्थित मेरे ससुराल की ओर चल पड़ी। थोड़ी देर बाद, मेरी छोटी बेटी क्रिस्टी ने कहा, "मम्मा, इंडिया अच्छा है, मुझे बहुत पसंद है! देखो, उन्होंने मुझे इतनी सारी चॉकलेट और टॉफियाँ दी हैं, देखो न मम्मा, मैं ये सब दादी को दूँगी।" उसने अपनी जेब में रखी टॉफियों को कसकर पकड़ा हुआ था। उसे लगा कि उसके पिता के देश भारत ने उसे स्वागत के रूप में टॉफियाँ दी हैं। उसने सोचा भी नहीं होगा कि उन लोगों ने अपने माता-पिता से उन टॉफियों के बदले में सामान्य से अधिक रुपये लिए थे। मैं भी उसकी ख़ुशी और मासूमियत को खत्म करने का इरादा नहीं रखती थी।

जब टैक्सी शहर के अन्दर आई, बच्चियों को फिर नई खुशी मिली। "वाह, देखो! बांबी (छोटे हिरण) घूम रहे हैं, बहुत सारे हिरण घूम रहे हैं!" जगह-जगह गड्ढों वाली सड़क पर सफेद बछड़े, सफेद और काली बकरियाँ, और दुबली गायें घूम रही थीं। बच्चे स्वर्गदूत की तरह मासूम होते हैं। स्वर्गदूतों की आँखों में केवल सुन्दर चीजें ही दिखाई देती हैं।

स्वर्गदूत से बहुत दूर, एक बड़े व्यक्ति की आँखों में कोलकाता सुन्दर शहर नहीं दिखता है। इसमें सबसे चौंकाने चीज़ यह है कि जो रात में दिखते फटे-पुराने कपड़ों से अपने शरीर को ढककर जमीन पर एक के बाद एक लेटे लोग हैं। हवाई अड्डे से शहर की ओर जाती सड़क पर, चौरंगी के फुटपाथ पर, उसके पीछे के न्यू मार्केट में, हुगली नदी के किनारे स्ट्रैंड रोड पर, हावड़ा ब्रिज के पार स्टेशन के अन्दर, हर जगह यह शहर फुटपाथ पर सोने वाले लोगों से भरा पड़ा है। डोमिनिक लैपियर द्वारा लिखित 'सिटी ऑफ जॉय' में वर्णित बस्ती (स्लम) शायद आगे चलकर सौ सालों में भी ख़त्म नहीं होगी। इसीलिए दूसरी, तीसरी मदर टेरेसा की जरूरत पड़ती है। क्या वास्तव में बस्ती में रहने वाले लोगों के लिए खुशी (जॉय) मौजूद है? थिएटर के लिए या दिखावे के लिए नहीं सच में जॉय यहाँ होता तो मुझे दिखाई देता!

हावड़ा ब्रिज के उत्तर की ओर बढ़ेंगे तो हुगली नदी के किनारे नीमतल्ला श्मशान घाट पर पहुँच जाते हैं। चिताओं का धुआँ निरंतर आकाश में उड़ता दिखता है। आसपास भटकते कुत्तों का झुंड, गंगा नदी के मटमैले पानी को एकटक देखते हुए सफेद वस्त्रों में खड़े पुरुष। बहुत सारे गेंदे के पीले फूलों की मालाएँ मटमैले पानी में बहती दिखती हैं। अचानक, लाउडस्पीकर से कीर्तन की कान फोड़ती आवाज़ सुनाई देती है। ऐसा कीर्तन सुनने का मौका मुझे अपनी सास के श्राद्ध के समय भी मिला था। सुबह भी ठीक से नहीं हुई थी कि बड़ी संख्या में कई कीर्तनिए आ गए और बिना सुर-ताल के दुखद गीत देर तक गाते रहे। और बधाई की शहनाई की आवाज़ मैंने कब सुनी थी? मेरी दूसरी साली की शादी के दिन पर? या तो तीसरी की? सुबह से ही, दुख की धुन यहाँ वातावरण में गूँज रही है। गंगा के घाट पर खड़े होकर उसके गंदले पानी को देखते उदासी का भाव सामने आ जाता है।

हुगली नदी के किनारे नीमतल्ला श्मशान घाट पर अस्थि विसर्जन करते सफेद वस्त्रों में पुरुष।

पचास साल पहले ब्रिटेन द्वारा छोड़ी गईं लाल डबल डेकर बस, इन लम्बे वर्षों में बहुत इस्तेमाल किए जाने के बाद, अब एक दयनीय अवस्था में हैं। फिर भी वे काला धुआँ निकालते और हॉर्न बजाते हुए यहाँ चलती हैं। भरी हुई बस से बाहर निकले हुए लोग हैंडरेल से चिपके हुए हैं। धोती और साड़ियाँ फटे झंडे की तरह लहराती हैं।

काले और पीले रंग की जर्जर टैक्सी का क्या हाल है? अधिकतर ड्राइवर पगड़ी बाँधे सिख धर्म के होते हैं और युवा सहायकों को साथ लेते हैं। क्या सहायक प्रशिक्षु हैं? या ड्राइवर की रक्षा के लिए हैं, या फिर कोई आलसी व्यक्ति जो सवारी के लिए आता है? ख़ैर यह जापान में देखने को नहीं मिलता। खराब हो चुका मीटर, चरमराती स्प्रिंग वाली सीटें, और इनके दरवाजे ठीक से बंद भी नहीं होते। फिर भी वे हॉर्न बजाते हुए आसपास वालों को मानो रौंदते हुए तेज़ी से चलती हैं। यह आश्चर्यजनक है कि कैसे ये टैक्सियाँ लोगों और गायों को नहीं कुचलती हैं। और हाँ, अगर आप सोचते हैं कि आपने जो टैक्सी पकड़ी है उसमें अकेले सवार होंगे, तो आप गलत हैं। रास्ते में ड्राइवर जितनी चाहे उतनी सवारियों को बिठा लेता है। इसके लिए आपको शिकायत करने का कोई हक नहीं है। कभी-कभी अन्य सवारियों की पीठ आपके घुटनों पर आ जाती है। किराया बाँटने की बात कभी नहीं चलती है।

यह वही कोलकाता है, जिसे कभी 'पूर्व का पेरिस' कहा जाता था। यह कितने समय पहले की बात होगी? यह कम से कम तीस से अधिक वर्ष पहले की बात होगी, मेरे जानने के दौरान नहीं। निस्संदेह, इस पुराने और सुन्दर युग के अवशेष आज भी दिखाई देते हैं, जैसे विक्टोरिया मेमोरियल और इसका मैदान। ब्रिटिश राज के दौरान महारानी विक्टोरिया की याद में बनाया गया यह संगमरमर का सफेद महल वायसराय लॉर्ड कर्जन द्वारा ताजमहल के स्तर का बनाया गया था। इसके सामने स्थित रेसकोर्स में हर मौसम में घोड़ों की दौड़ और पोलो के खेल से चहलपहल रहती है। टालीगंज क्लब का गोल्फ कोर्स सिर्फ सदस्यों के लिए है। आज भी यहाँ ब्रिटिश साम्राज्य का प्रभाव देखा जा सकता है।

1986 में, शहर की प्रमुख सड़क चौरंगी (आधिकारिक नाम जवाहरलाल नेहरू रोड) से दक्षिण की ओर टालीगंज तक, मेट्रो रेल सेवा शुरू हुई। इस भारत की पहली मेट्रो पर कोलकाता के लोग गर्व करते हैं। इस मेट्रो और भूमिगत मार्ग का नाम 'पाताल पथ' रखा गया था। "क्या तुमने पाताल पथ में यात्रा की है, अद्‌भुत है न?" कई नागरिकों ने मुझसे पूछा। मेट्रो कोलकाता का एक पर्यटन स्थल बनती जा रही थी। 'पाताल' का अर्थ नरक होता है। सुना है कि कुछ ग्रामीण 'अभी नरक में नहीं जाना चाहता' सोच कर मेट्रो में चढ़ने से इनकार करते हैं। पहले रविवार को सेवा बंद रहती थी, हालाँकि हाल ही में, कम संख्या में ही सही, रविवार को भी सेवा शुरू हो गई है।

विक्टोरिया मेमोरियल।

हुगली नदी के पश्चिम की तरफ स्थित बोटैनिकल गार्डन और अलीपुर के खेत मेरे मनपसंद स्थान हैं। ये दोनों ब्रिटिश राज की छोड़ी हुई विरासत हैं। इनकी गहरी हरियाली आँखों और मन को शांति देती है। जब बोटैनिकल गार्डन के घने बरगदों के बीच खड़ी रहती हूँ तब ऐसा लगता है सुन्दरबन के जंगलों में खड़ी होऊँ, जहाँ ब्रिटिश लोगों के वहाँ आने और जंगल काटने से बहुत पहले का माहौल हो।

कोलकाता की भूख

एक करोड़ बीस लाख की आबादी वाले कोलकाता की भूख को संतुष्ट करने वाली जगहें तो लोकप्रिय बाज़ार हैं। कोलकाता उत्तर से दक्षिण तक फैला हुआ एक लंबा शहर है, जिसके हर कोने पर बाज़ार दिखाई देते हैं। विशेष रूप से शहर के उत्तरी भाग में, जो पुराने समय से विकसित हुआ है, अधिकतर बाज़ार स्थित हैं। जहाँ पहले गाँव थे और धीरे-धीरे अनाज, सब्ज़ियाँ, मछली और अन्य खाद्य सामग्री और रोज़मर्रा के सामान की मंडियाँ खड़ी होने लगीं, वे जगहें आज के बाज़ारों में परिवर्तित हो गई हैं। यहाँ पर पटरी दुकानें, ठेले, और पक्की दुकानें भी हैं। ये सब आवासीय क्षेत्रों के साथ मिलकर काफी अनियमित रूप से फैली हुई हैं।

शहर के उत्तरी भाग, हावड़ा स्टेशन के बहुत करीब स्थित 'बड़ा बाज़ार' नाम

से पता चलता है कि यह कोलकाता में सबसे बड़ा बाज़ार है। इसके बगल में ही 'हाथीबाग बाज़ार' है, जिसका नाम हाथी के बगीचे पर पड़ा है। 'कोट्टा बाज़ार', 'नातुन बाज़ार', और 'श्याम बाज़ार' भी काफी लोकप्रिय हैं। दमदम एयरपोर्ट की दिशा में 'बाग बाज़ार', 'मानिकतला बाज़ार' हैं, और दक्षिण सियालदह स्टेशन के पास 'सियालदह बाज़ार', 'बो बाज़ार', शहर के मध्य चौरंगी में 'लाल बाज़ार', 'शोभा बाज़ार', 'तिरेती बाज़ार', 'मालिक बाज़ार' आदि हैं, और दक्षिण की ओर जाने पर 'गड़ियाहाट मार्केट', 'भवानीपुर मार्केट', 'डायमंड हार्बर मार्केट' आदि स्थित हैं। इसके अलावा बाज़ार के नाम से जानी जाने वाली जगहें अनगिनत हैं, जो जनता के पेट को भरकर उनकी जीवन शक्ति को पूरा करती हैं। हर एक बाज़ार साल भर, सबेरे से शाम तक खरीदारों से भरा रहता है।

विशेष रूप से सुबह बाज़ार में सब्ज़ियाँ, फल, मांस, और मछली की अच्छी बिक्री होती है। इस खरीदारी का काम आमतौर पर घर के पुरुष ही करते हैं। रोज़ाना वे थैले लेकर बाज़ार की ओर जाते हैं। जापान में औरतें ही मार्केट जाती हैं इसलिए यह नजारा जापानी लोगों के लिए शायद कल्पना से बाहर हो, पर यहाँ पर चाहे बाबू हो या बड़े साहब, सभी एक कपड़े का थैला लेकर, सुबह सुबह बाज़ार की ओर जाते हैं। नौकर को साथ ले जाने वाले लोग भी होते हैं, और कभी-कभी केवल नौकर को ही भेजा जाता है। किसी भी स्थिति में, सुबह बाज़ार में पुरुष ही दिखते हैं। ताज़ा सब्जियों और मछलियों को पहले पाने की होड़ में जीतना और मोलभाव करके अच्छी खरीदारी करना, भीड़ में नकदी ले जाना, भारी सामान उठाना... ऐसे कामों के लिए पुरुषों को ही भेजना फायदेमंद होता होगा।

मेरे ससुर भी नजदीकी नातुन बाज़ार में सुबह की खरीदारी को अपनी दिनचर्या बनाए हुए थे। परिवार के बाकी सदस्य जब सो रहे होते थे तब वे नौकर के साथ वहाँ जाया करते थे। वे संस्कृत के विद्वान और चित्रकार भी थे, लेकिन खाना पकाने के शौक़ीन थे, इसलिए खाद्य सामग्री चुनने में वे विशेष रुचि रखते थे। सुबह बाज़ार से लौटने पर उन्हें यह कहते सुना, "आखिरकार आम आ गए हैं लेकिन अभी भी एक का एक रुपया है," या "इलिश मछली (अंग्रेजी में हिलसा) तीस रुपये प्रति किलो है।" इसे सुनकर मुझे भी बाज़ार जाने की इच्छा रहती थी।

वहाँ आम मेरा बहुत पसंदीदा फल था और इलिश मछली उस समय मेरे लिए स्वादिष्ट लगने वाली एकमात्र मछली थी। रोज़मर्रा की दावत में आने वालीं रुई (कार्प) और मागुर (कैटफिश) जैसी नदी और तालाब की मछलियों से मैं सचमुच ऊब चुकी थी। बंगाल में प्रसिद्ध दही में मिलाया गया मछली का व्यंजन तो मुझे एकदम पसंद नहीं था।

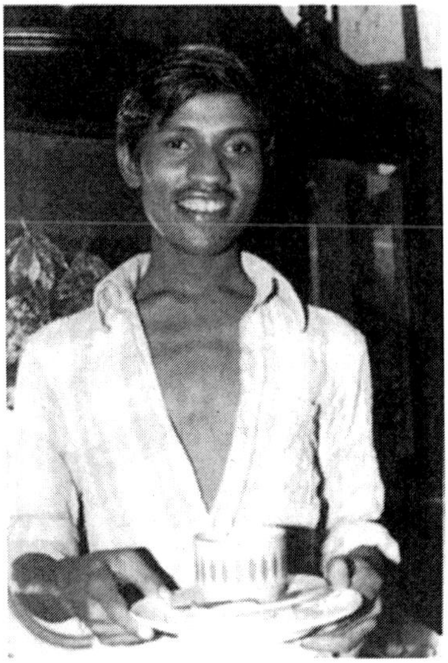

टैगोर परिवार का नौकर।

एक दिन, मैंने ससुर से बाज़ार चलने का आग्रह किया तो उन्होंने कहा, "वह जगह बहुत गंदी है, तुम नहीं जा सकती।" तब मुझे लगा कि कोई चारा नहीं, मुझे ख़ुद ही जाना होगा। सुबह छह बजे के आसपास चुपचाप घर से निकली और लोगों से रास्ता पूछते हुए नातुन बाज़ार पहुँची। सच में, ससुर ने जैसा कहा था, वहाँ इतनी गंदगी थी कि ढंग से चलना भी मुश्किल था। मांस-मछली और लोगों की भीड़ के कारण उमस से भरा हुआ था। कटे हुए बकरों की आँखें उदासी से भरी थीं, और मुर्गियाँ बांस की टोकरियों और तार के पिंजरों में ठूँस ठूँस कर रखी गई थीं, कुछ जाल से अपना सिर निकाल कर छटपटा रही थीं। आधे नंगे दाढ़ी वाले पुरुषों की तेज आवाज और घूरती नजरों के बीच चलने के लिए साहस की जरूरत थी। लेकिन ताज़ा खाद्य सामग्री देखकर मेरी आँखें खुली की खुली रह गईं। कद्दू, लौकी, नारियल, आलू, प्याज, बैंगन, टमाटर, केला, आम, कटहल जैसे फल सब्ज़ियाँ पहाड़ की तरह सजी थीं और गंगा नदी, बंगाल की खाड़ी से ताज़ा लाई गईं अनगिनत प्रकार की मछलियाँ और समुद्री जीव वहाँ थे। बाज़ार में सजे पदार्थों को देखकर ऐसा नहीं लगता कि कोलकाता में खाद्यान्न की कमी है। कोलकाता भारत में बड़े आबादी वाले शहरों में से एक है, एक महत्त्वपूर्ण व्यापारिक और वाणिज्यिक शहर है और इसलिए भूमि, समुद्र, नदी के माध्यम से विभिन्न देशों की सामग्री, खाद्य पदार्थ भी बड़े पैमाने पर इकट्ठा होते हैं।

कोलकाता में पटरी पर दुकानें।

सुबह के साहसिक कार्य की संतुष्टि के साथ घर लौटने पर, मुझे आश्चर्य हुआ कि घर में हड़कंप मचा हुआ था। "टैगोर परिवार की जर्मन बहू सुबह से ही बाज़ार के आसपास घूम रही थी" पड़ोसी के नौकर ने मुझे देखते ही हमारे परिवार को सूचित कर दिया। इसलिए क्योंकि केवल पुरुषों वाले स्थान पर महिला का घूमना काफी अनुचित माना जाता है। जैसा कि स्वाभाविक है, मुझे घरवालों से डांट और सलाह सुननी पड़ी। मतलब यह है कि एक बहू को संकोची और शिष्ट होना चाहिए। वास्तव में, शिष्टता में पली-बढ़ी सास और ननदें जन्म से अब तक नातुन बाज़ार की सुबह की भीड़ में एक बार भी नहीं गई हैं। यह सुनकर पहले तो मुझे लगा कि यह कितनी पुरानी सोच है, लेकिन असल में यह महिलाओं की रक्षा करने का एक तरीका हो सकता है। यहाँ भारत में, सुरक्षा मुफ्त में नहीं मिलती है। फिर भी, कौन जर्मन बहू है! उसको जर्मन और जापानी में फर्क नहीं पता है क्या! ऐसा मुझे लगा था, पर वह सही समझा था। उसका 'जापान' कहने को घरवालों ने गलत समझ लिया। फिर भी जापानी को 'जापान' कहना सही तो नहीं है।

बड़ा बाज़ार मेरे घर के नज़दीक है और चौरंगी की ओर जाने वाले मार्ग पर है, इसलिए वहाँ जाने से कोई भी मुझे रोक नहीं सकता था। मेरे लिए यह सबसे परिचित बाज़ार है। यह बाज़ार नातुन बाज़ार से भी अधिक भीड़ और गंदगी के लिए कुख्यात है, लेकिन चीज़ों की कीमतें भी असाधारण रूप से कम हैं। ताज़ा खाद्य

ससुर जी (सबसे बायें) और अन्य परिवार के सदस्यों के साथ। मैं साड़ी से सिर ढँककर बहू के रूप में मौजूद थी। कोलकाता में, 1961 में।

डिलीवरी भी कर सकते हैं। मेरे ससुराल में, चाय के समय पर ताज़ा तले हुए समोसे और हींग वाली कचौरी मँगवाते हैं। डिलीवरी की चीज़ें बड़े पेड़ के पत्तों से बने गहरे दोने में आती हैं। रात में तो लोई से बने आटे की ढक्कन के साथ बड़े मिट्टी के घड़े में बिरयानी वहाँ से आती है। ये दुकानें पुराने समय से हमारे घर की बँधी हुई दुकानें हैं। ये परिवार की पसंद को भी अच्छी तरह से जानती हैं, और भुगतान को लेकर कोई उलझन भी नहीं होती। इस तरह का सम्बन्ध रखने वाली दुकानें बहुत मूल्यवान हैं।

पक्की दुकानों के अलावा सड़कों पर लगे ठेले भी अनगिनत हैं। जैसे चाय वाला, एक अल्युमिनियम की केतली, एक सिगड़ी के साथ व्यापार करता है। उसके द्वारा बनाई गई चाय होटल ओबेरॉय या ताज बंगाल की फैशनेबल टी-बैग वाली चाय से कहीं अधिक स्वादिष्ट और दिल से बनाई गई होती है। आजकल के उच्च श्रेणी के होटलों में चाय टी-बैग की पॉट सर्विस से ही होती है, जोकि काफी बेस्वाद होती है। चाट वाले के यहाँ नींबू का रस ऊपर से निचोड़ा गया चाट और बढ़िया आलू कटलेट भी मिलता है। पूरी वाला तो तुरंत तली हुई पूरी और सब्जी के पकोड़े

बेचता है। रस वाला गन्ने का रस बेचता है। भारी लोहे की मशीन को घुमा-घुमा कर रस निकालता है। यह मुझे मेरे बचपन की प्यारी याद दिलाता है। खीरे और मूली को लंबा काट कर बेचने वाले भी यहाँ होते हैं दूसरी ओर कोई संतरे और पपीते को आठ टुकड़ों में काट कर ठेले पर सजा के बेचता है।

हरे नारियलों का ढेर भी लगा दिखता है। ऊपरी हिस्सा चाकू से कटवाकर लोग नारियल पानी पीते हैं। पीने के बाद डाब वाला नारियल को तोड़ कर उसके अन्दर की सफ़ेद क्रीम खाने के लिए देता है। डाब वाले के आस-पास आमतौर पर पाँच छह गायें घूमती रहती हैं। उनकी नजर छोड़ी गई नारियल की मलाई पर होती है। लोग भी यह जानते हैं और नारियल की मलाई गायों के लिए छोड़ देते हैं। भुट्टा वाला मकई को सरसों का तेल और नमक अच्छे से लगाकर चारकोल पर भूनता है। खुशबू से आकर्षित होकर लोग लगातार आते हैं। गरम-गरम भुट्टे को हाथों में थामकर खाने से बहुत मज़ा आता है। बेशक, भुट्टे खाते हुए हाथों में तेल लग जाना तो तय है। मजेदार बात तो उसको खाने के बाद की होती है। खाए हुए भुट्टे को दोनों हाथ से पकड़कर उसकी खुशबू सूंघते हैं। फिर जोर लगाकर उसे दो टुकड़ों में तोड़कर उसे फेंक देते हैं। यही बंगाल का मकई खाने का तरीका है। कहा जाता है कि ऐसा करने से पेट खराब नहीं होता है। मुझे तो यह थोड़ा अजीब लगता है... चिकित्सक का क्या विचार होगा? जो भी हो, फेंके गए भुट्टे को तुरंत ही इंतज़ार कर रही गायों के पेट में जगह मिल जाती है।

यह बात काफी प्रसिद्ध है कि भारत में हिन्दू लोग गाय को भगवान की तरह मानते हैं। हिन्दू न होने पर भी, भारतीय गायों को पूजने की इच्छा मन में होगी, क्योंकि उनका चेहरा बहुत शानदार होता है। विशेष रूप से सींग और गांठ वाली सफ़ेद गाय बहुत ही शानदार और गरिमामय दिखती है।

जब मेरी बेटियाँ छोटी थीं, वे अक्सर इन गायों को देखने के लिए बड़ा बाज़ार जाने की जिद करती थीं। तब चौकीदार राम सिंह हमेशा हमारा साथ देते थे। उनका दमदार चेहरा, छोटी-छोटी लड़कियों का हाथ पकड़कर मुस्कुराते हुए चलने की तरीक़ा, मुझे अभी भी याद है। राम सिंह के साथ होने पर, बेटियाँ थोड़ी दूर स्थित सत्य नारायण पार्क तक जा सकती थीं। वह पार्क भीड़-भाड़ वाले बाज़ार के बीच में है पर वहाँ पेड़ काफी हैं, और गायें भी ज़्यादा रहती हैं। सफ़ेद गाय, भूरे बैल, काले बैल पेड़ों की छाँव में लेटे रहते हैं। बहुत सारे आवारा कुत्ते और बिल्लियाँ भी बिना झिझक यहाँ आराम करती दिखती हैं। कौवे और गौरैया बड़ा झुंड बनाते

गली में बैठी सफ़ेद गायें।

चौकीदार राम सिंह।

हैं, मैना, शालिक, चील आदि भी उड़ती हुई नज़र आती हैं। बिना चप्पल पहले लड़कियाँ और लड़के हमारे पास आते हैं। वे बच्चे और मेरी बच्ची एक-दूसरे को प्यार भरी नज़रों से देखते हैं और मुस्कुराहट बाँटते हैं। बच्चे, जानवर, शानदार गायें, और स्नेह से देखभाल करते राम सिंह... उस पल मैं एक सुखी माँ के रूप में रही।

बच्चियों की पसंदीदा चीज़ें भी बड़ा बाज़ार में भरपूर हैं। बर्फ के गोले में नींबू या स्ट्रॉबेरी सिरप डाला जाता है। पुराने जमाने की कपास कैंडी और मुरमुरे चावल भी यहाँ अभी भी मिलते हैं। नारियल की मिठाई, संदेश, रसगुल्ला, रसमलाई, और पंतुआ दूध से बनी बंगाल की प्रसिद्ध मिठाइयाँ हैं। कैंडी, ड्रॉप्स और कैरामेल का स्वाद तो जापान में खाई चीजों जैसा ही है, बस नाम अलग होते हैं। कैंडी के बजाय 'लोजेंज' शब्द ज्यादा इस्तेमाल किया जाता है, यह एक पुराना ब्रिटिश शब्द है। बड़ा बाज़ार में यह 'लोजेंचूस' के रूप में बिगड़ भी जाता है तो समझने में और मुश्किल होता है। बड़ा बाज़ार के इलाके में स्थित 'आलू पोती' आलू, प्याज़, लहसुन, मिर्ची के थोक के लिए जाना जाता है। ये चार सब्ज़ियाँ भारतीय खाने में आवश्यक हैं, इसलिए इस स्थान पर हमेशा भीड़ लगी रहती है।

हवाई अड्डे की तरफ स्थित बाघ बाज़ार भी बड़ा बाज़ार से कम नहीं है। ख़ासकर यहाँ पर दोई (दही) प्रसिद्ध है। पुराने लोरियों में 'लार टपकाने वाला बाघ

बाज़ारीय दोई' गाया जाता है। 'एक दिन कोई बाघ बाज़ार का दोई ले आएगा और तुझे टोकरी में रखकर उठा ले जाएगा, क्योंकि तू उसकी मनपसंद दुल्हन है...।' 'दोल दोल दोलनी' से शुरू होने वाली इस लोरी को मैंने पहली बार अपनी सास के मुँह से सुना था। भारत में जन्मी पोती (मेरी बड़ी बेटी) को सुलाते हुए सास ने इसे बार-बार सुनाया था।

न्यू मार्केट के पास स्थित तिरेती बाज़ार में मुर्गी, बतख, बकरी आदि का बड़ा व्यापार होता है। डायमंड हार्बर मार्केट को आमतौर पर 'चोर बाज़ार' के नाम से भी जाना जाता है। कहा जाता है कि यहाँ पर विदेशों से आई तस्करी की वस्तुएँ और चोरी के सामान का भी खूब लेन-देन होता है।

किसी भी बाज़ार में जाओ, खरीदारी तो मज़ेदार होती ही है। लेकिन जनता के खानपान की झलक पाकर, उनकी जीवनशैली देखना और भी रोचक होता है।

बाघ का दूध तक मिल जाएगा!—न्यू मार्केट

व्यस्त चौरंगी क्षेत्र पर कदम रखते ही, आप एक लाल ईंट की इमारत के सामने पहुँच जाते हैं। पहली नज़र में यह किसी कारखाने या गोदाम की तरह लग सकता है, लेकिन यह वास्तव में विख्यात न्यू मार्केट है। इसे ब्रिटिश काल में बनाया गया था और लम्बे समय तक 'हॉग मार्केट' के नाम से प्रसिद्ध रहा। आज भी बुजुर्ग लोग इसे उस समय के मेयर, सर स्टुअर्ट हॉग के नाम पर पुराने नाम से पुकारते हैं।

एक बार जब आप इमारत के अन्दर प्रवेश करते हैं, तो लंबी-चौड़ी गलियाँ और भूलभुलैया जैसे रास्ते फैले होते हैं, जिनके दोनों ओर दुकानें हैं। सब्जियों, फलों, अनाज, मछली, मांस, फूलों आदि की दुकानें बड़े पैमाने पर हैं। इसके अलावा, मसाले, डेयरी उत्पाद, रोज़मर्रा के सामान, दवाइयाँ, किताबें, फर्नीचर, गहने, कॉस्मेटिक्स, जूते, साड़ियाँ, संगीत वाद्य, हस्तशिल्प सामग्री, कला कृतियाँ, चाय, खिलौने, घरेलू उपकरण, पालतू जानवर इत्यादि भी यहाँ मिलते हैं। एक ही प्रकार की दुकानें आमतौर पर एक साथ स्थित होती हैं। "यहाँ हज़ारों दुकानें हैं और आपको यहाँ हर चीज़ मिल जायेगी। बाघ का दूध तक मिल सकता है!" स्थानीय निवासी मजाक में कहते हैं।

हालाँकि बाघ का दूध मजाक की बात है, लेकिन बीफ और पोर्क जैसे अन्यत्र दुर्लभ उत्पाद यहाँ आसानी से मिल जाते हैं। आधे कटे हुए भैंसे और बकरे काँटे पर लटके होते हैं। बड़े-छोटे, पीले रंग के बकरे के सिर पाँच-छह एक साथ पंक्ति में

लगे होते हैं। उनका पीला रंग हल्दी की वजह से होता है, जो संक्रमण और सड़न से बचाव के लिए लगाया जाता है। मुर्गियाँ दो-तीन दर्जन की संख्या में बड़े बाँस के पिंजरों में बन्द होती हैं, कभी-कभी वे पिंजरे से अपनी गर्दन निकालकर छटपटाती नज़र आती हैं।

बाज़ार में बेचे जा रहे बकरे के सिर।

एक धोती पहने ग्राहक आते ही तेज़ी से मोलभाव शुरू करता है। जल्द ही, मुर्गी वाला पिंजरे से दो-तीन मुर्गियाँ निकालकर उनके पैर बांधकर ग्राहक को देता है। उल्टी लटकाकर ले जाई जा रही मुर्गियों की दुखभरी स्थिति बयान नहीं की जा सकती। जापानी लोग सुपरमार्केट में साफ-सुथरे तरीके से सजी हुई चिकन के भाग जैसे टेंडर्स, थाई, विंग्स, ड्रमस्टिक, ब्रेस्ट को देखने के आदी हैं। इसलिए हमारे लिए यहाँ का दृश्य बहुत ही भयानक लगता है। धोती पहने ग्राहक शायद नौकर होगा। वह घर लौटकर मुर्गी का गला घोंट देगा, उसके पंख नोचेगा, और चिकेन करी की तैयारी करेगा। मुर्गी जल्दी खराब हो जाती है, इसलिए उसे आखिरी समय तक जिंदा रखना ताज़गी के लिए सबसे अच्छा तरीका है। जब मैं कोलकाता में रहती थी, ससुराल में मांस का मतलब बकरे का मांस होता था, और मुर्गी शायद ही कभी खाने की मेज पर आती थी। लेकिन कभी-कभी मैं नौकर को पंख फड़फड़ाते मुर्गी को लटकाकर रसोई की तरफ जाते हुए देखती थी।

उस समय भी—और अभी भी—न्यू मार्केट में खरीदारी करना महिलाओं के लिए एक बड़ा मनोरंजक काम था। मैं अपनी सालियों और आस-पड़ोस की औरतों के साथ वहाँ जाया करती थी। हर कोई अपने पहनावे और मेकअप पर खास ध्यान देती थी। खरीदारी की सूची में आमतौर पर परिवार के किसी सदस्य के शादी या जन्मोत्सव के उपहार, त्योहारों के लिए उपहार होते थे। साड़ियों और बच्चों के कपड़ों, रसोई के सामानों के चयन में महिलाओं की राय महत्वपूर्ण होती थी। इसके अलावा, घर के पास दुर्लभ डिब्बा बंद कॉफी, जैम और शहद, गोलाकार चीज़ (cheese), मक्खन, फ्रेंच ब्रेड, कॉस्मेटिक्स, अच्छे सुन्दर लिफ़ाफ़े, सुन्दर कार्ड, चप्पलें, केक, चॉकलेट आदि भी खरीदारी की सूची में होते थे।

थक जाने पर, मार्केट के बीचोबीच एक बेकरी में अच्छी क्वालिटी की ब्रेड खरीदते और दूसरी मंजिल पर स्थित कैफ़े में आराम करते। कैफ़े में उपलब्ध केकों में से पसंदीदा चुनकर, गरम चाय का आर्डर देते और आराम से बैठते। और फिर महिलाओं की गपशप में भी जोश आ जाता है, यह स्वाभाविक ही है। भारत में इस तरह के कॉफी शॉप बहुत कम देखने को मिलते हैं, इसलिए न्यू मार्केट की चाय कैफ़े हमेशा भरे रहते हैं। यहाँ आने पर अक्सर रिश्तेदार के किसी सदस्य या दोस्तों से मिलना होता है। उनसे मिलने की उम्मीद में कैफ़े में जाना भी होता है।

उसके बाद, फिर से बड़ा मार्केट में विंडो शॉपिंग करते हुए घूमना होता है। इस दौरान कई कुली बड़ी टोकरियों के साथ साथ चलते हैं। चाहे जितना भी मना कर लें, वे चुपचाप, न ज्यादा पास न ज्यादा दूर रहकर साथ चलते हैं। और जब हम खरीदारी करते हैं, तो वे तुरंत सामान टोकरी में डालकर, सिर पर रखकर ढो लेते हैं। इसलिए चाहे कितना भी भारी या ज्यादा सामान हो, सब कुछ आराम से खरीद सकते हैं। बेशक, थोड़ी बहुत टिप देने की समझ तो होनी चाहिए।

यह क्रिसमस और नए साल के आने से ठीक पहले की बात है। हमेशा की तरह सालियों और उनके पतियों के साथ हम न्यू मार्केट में खरीदारी करने निकले थे। भारत में हिन्दू बहुसंख्यक हैं, लेकिन क्रिसमस और नए साल पर उत्सव का माहौल होता है, इसलिए उस दिन बहुत भीड़ थी, खासकर प्रवेश द्वार के पास तो रश आवर की ट्रेन जैसा माहौल था। भीड़ में हम बिछड़ गए थे।

"अपने पर्स का ध्यान रखो!" दूर से पति ने चिल्लाया। मैंने अपना शोल्डर बैग मजबूती से सामने पकड़ रखा था। ऐसे समय में लंबी साड़ी पहनना कठिन है। गलती से भी साड़ी खुल सकती है। मैंने मुश्किल से साड़ी के सिरे को कमर में ठीक से लपेटा।

उसी समय, मुझे कूल्हे के पास कुछ महसूस हुआ, जैसे किसी ने पकड़ा हो।

"अरे, बस करो!" मैंने अनायास ही गुस्से में आवाज़ उठाई और ख़ुद को दूर कर लिया।

इतने में ही बच गई तो ठीक है, पर कौन जाने और क्या हो सकता था। दुनिया में, शरारती लोग हर जगह होते हैं। शांत होने के बाद मैंने पीछे मुड़कर देखा, लेकिन लोगों की भीड़ में कुछ पता नहीं चला। बाद में इस घटना के बारे में बात करते समय, मेरी सालियों ने कहा कि उन्हें भी कई बार किसी के द्वारा छुई जाने या धक्का खाने का अनुभव हुआ है।

"इस समय यह आम बात है," उन्होंने हँसते हुए कहा।

टैक्सी चालक का काम भी जटिल है

यह बात तब की है जब मैं अपनी छोटी बहन के साथ भारत गई थी। मेरी बहन जो पहली बार भारत आई थी, उसे मैं गाइड कर रही थी। हमारी यात्रा का पहला पड़ाव कोलकाता था। उस दिन हम दक्षिणी कोलकाता के अलीपुर में स्थित चिड़ियाघर जा रही थीं। गर्म देश होने के कारण, चिड़ियाघर सुबह छह बजे ही खुलता है। सुबह के समय ही जानवरों को खाना दिया जाता है और उनके प्राकृतिक रूप को देखने का मौका मिलता है। हालाँकि हम खुलने के समय पर नहीं पहुँच पाई। सात बजे से पहले घर से निकलीं और टैक्सी में बैठकर, स्ट्रैंड रोड से होकर सीधे रेड रोड पर चिड़ियाघर की ओर जा रही थीं। सड़क के दोनों ओर हरे-भरे मैदान और पार्क थे और सफेद संगमरमर का खूबसूरत विक्टोरिया मेमोरियल भी दिख रहा था। यह कोलकाता का सबसे सुन्दर स्थान है। खुली खिड़कियों से सुबह की हवा का आनंद लेते हुए, दोनों बहनें "साथ आने पर बहुत अच्छा लगा" कहकर एक-दूसरे का हाथ पकड़ लेती थीं।

बस, तभी यह हुआ। अचानक कान फाड़ देने वाली इंजन की आवाज़ और सायरन सुनाई दिया, और टैक्सी अचानक ब्रेक लगाकर रुक गई। देखते ही देखते दो-तीन पुलिस बाइक साथ आ गईं और हमें सफेद वर्दी में पुलिस ने घेर लिया। उन्होंने टैक्सी वाले से सिर्फ लाइसेंस नहीं माँगा बल्कि उसे बाहर खींच लिया।

आखिर क्या हुआ?—मैंने डरते हुए बाहर देखा। टैक्सी वाले को कई डरावने पुलिस वालों ने घेरा हुआ था और उससे सवाल कर रहे थे। गालियों के बीच में

उसकी धीमी आवाज़ सुनाई दे रही थी। क्या हुआ होगा, क्या उसके पास मादक पदार्थ या कुछ और था, या यह टैक्सी चोरी की थी?—ऐसे अनुमान लगाते हुए, मैंने खिड़की से बाहर झुककर उनसे पूछा,

"क्या हुआ है?"

सफेद हेलमेट पहने पुलिस ने अपने हाथ से हमें रुकने का इशारा किया। इससे पुलिस का कहना यह लगा था कि इस बात का हमारे साथ कुछ लेना-देना नहीं है, चुप रहो।—कोई उपाय नहीं, बस इंतजार करना है।

"कब तक इंतजार करना पड़ेगा"

मेरी बहन ने बेचैन होकर कहा, जबकि वह खुले हुए दरवाजे और बाहर खड़े टैक्सी वाले को देख रही थी। कुछ देर बाद,

"अरे दीदी, वह क्या है, वह क्या कर रहा है?"

बहन ने बाहर इशारा किया। देखा तो टैक्सी वाला पुलिस के सामने अपने दोनों कान पकड़े हुए खड़ा हो रहा था, फिर बैठ रहा था, बार-बार यही क्रिया दोहरा रहा था।

"हाँ, वह सजा भुगत रहा है"

मतलब, यह उठक-बैठक की सजा है, जो आमतौर पर बच्चों ने कुछ गलत किया हो तो माता-पिता या शिक्षक देते हैं। किसी कारणवश टैक्सी वाले को उठक-बैठक की तीस या पचास बार की सजा दी गई थी। पुलिस वाले में से एक ने हमारे पास आकर खिड़की पर हाथ रखते हुए प्यार से कहा।

"लेडीज़, ओके?"

"बिलकुल, सब कुछ ठीक है"

मैंने भी मुस्कुराते हुए जवाब दिया। ज़ाहिर है पुलिस वाले हमारी रक्षा कर रहे थे। आखिरकार, टैक्सी वाले को छोड़ दिया गया। फिर से कार चल पड़ी।

"क्या हुआ?"

जैसे ही कार पुलिस लोगों से दूर हो रही थी, मैंने उससे पूछा।

"अरे, उन्होंने बोला कि मैंने बहुत तेज़ गाड़ी चलाई थी! और यह भी कह रहा था कि मैं आपको कहीं ले जा रहा था!"

उसने झुँझुलाते हुए कहा। हे भगवान! उस पर अनुचित रूप से जिम्मेदारी थोप दी गई थी।

बाद में, जब मैंने मेरी बहन द्वारा खींची गई तस्वीरें देखीं तो मैं हैरान रह गई कि उस समय पाँच पुलिस वाले थे। तस्वीरों में वे एक असहाय टैक्सी वाले को पुलिस के

रौब के कारण परेशान करते नज़र आ रहे थे। बहन ने उनकी सफेद वर्दी, काले लेदर बूट्स और सफेद हेलमेट की बहादुरी को देखकर कैमरा ताना था।

पुलिस की गलतफहमियों के विपरीत, टैक्सी वाले ने हमें सही-सलामत हमारी मंज़िल तक पहुँचा दिया। हमने कोलकाता चिड़ियाघर के प्रसिद्ध सफेद बाघ, शाही बंगाल टाइगर और भारतीय गैंडे को भी आराम से देखा। बरगद की छाँव में बैठकर मैंगो जूस पीते हुए हमने अपने दिल की बातें भी कीं। चूंकि जापान में हम ओसाका और टोक्यो में दूर रहते हैं, हमें अक्सर मिलने का मौका नहीं मिलता। शाम को हमने चिड़ियाघर के बाहर से एक और टैक्सी ली और घर लौट आईं।

रात के खाने पर मैंने सुबह की घटना का वर्णन किया। सुनकर, मेरे देवर ने मज़ाक करते हुए कहा, "भाभी, आपने पुलिस को टिप तो दी होगी न?"

"क्या! पुलिस को पैसे दिए?" मैंने हैरान होते हुए कहा।

"अरे नहीं, इसलिए तो टैक्सी ड्राइवर को बलि का बकरा बनना पड़ा" देवर ने व्यंग्यात्मक मुस्कान के साथ कहा।

"हे भगवान, ऐसा नहीं हो सकता!"

जो कहानी देवर ने सुनाई, वह यह थी कि सुबह की पुलिस जब रेड रोड के आस-पास की सुरक्षा कर रहे थे, विदेशी महिलाओं को ले जा रही टैक्सी को देखा। तब उन्होंने आपस में बात की—"चलो, इस टैक्सी वाले को तंग करके देखते हैं। इससे हमें काम दिखाने का मौका मिलेगा और विदेशियों से टिप भी मिल जाएगी।"

क्या यह सच है? इसलिए भारत को समझना मुश्किल है। शायद भारत की बातें भारतीय ही अच्छी तरह जानते होंगे।

दार्जिलिंग—हिमालय की गोद में बसा हुआ शहर

विश्व के पर्वतारोहियों के हिमालय के प्रति जो भावनाएँ और सपने हैं, उनके बारे में कहने की जरूरत नहीं होगी। माउंट फ़ूजी आदि पर्वतों से लगाव रखने वाले जापानी लोगों को दुनिया की सबसे ऊँची चोटी एवरेस्ट पर, और हिमालय की विशाल पर्वतमाला पर एक बार चढ़ने की या कम से कम उसे देखने की इच्छा होती होगी। मैं भी उनमें से एक थी।

एवरेस्ट (इसे तिब्बत में चोमोलुंगमा, नेपाल में सगरमाथा कहा जाता है, 8848 मीटर), प्रसिद्ध कंचनजंघा (8598 मीटर) और जन्नू (7710 मीटर) नेपाल

में हैं, लेकिन इन्हें भारत के दार्जिलिंग से भी देखा जा सकता है। दार्जिलिंग पहाड़ी इलाके में 2287 मीटर की ऊँचाई पर बसा एक शहर है जो 1935 में ब्रिटिश द्वारा सिक्किम साम्राज्य से प्राप्त होने के बाद हिल स्टेशन के रूप में विकसित किया गया था। कोलकाता से 800 किलोमीटर, ट्रेन से जाने में लगभग बीस घंटे लगते हैं। हवाई जहाज़ से तो केवल एक घंटे में बागडोगरा हवाई अड्डे पर पहुँच सकते हैं। वहाँ से लगभग 90 किलोमीटर बस, जीप, कार या ट्रेन से जाना होता है। रेलगाड़ी शिलीगुड़ी से चलती है, जो बागडोगरा हवाई अड्डे के पूर्व में लगभग 80 किलोमीटर पर स्थित है। यह टॉय ट्रेन रेलवे के शौकीनों के लिए दिलचस्प भाप की ट्रेन है। कोलकाता से सबसे नजदीकी हिल स्टेशन होने के कारण, मार्च से जून की गर्मी में, और अक्टूबर, नवंबर के सुखद मौसम में भी, वहाँ से काफ़ी संख्या में यात्री लोग यहाँ आते हैं। कुछ लोग तो लम्बे समय रुकते भी हैं।

मैंने कई बार दार्जिलिंग जाने की योजना बनाई थी। फिर भी उसे पूरा नहीं कर पाई थी। कभी रिश्तेदारों ने कहा, "आप अभी तक दार्जिलिंग नहीं गई हैं, यकीन नहीं होता। अगले हफ़्ते आपके दूसरे मामा लोग जा रहे हैं, आप उनके साथ क्यों नहीं चली जातीं?" उनका दार्जिलिंग में एक विला था और हर साल कोलकाता की भयंकर गर्मी से बचने के लिए वहाँ समय बिताते थे। लेकिन मैं ज़्यादातर दिसंबर से फरवरी के बीच भारत जाती थी जब जापान में सर्दी होती थी। उस समय विला बंद रहता था। इसलिए मैं कभी मामा के साथ नहीं जा पाई। एक बार मैंने अपनी बेटी को दार्जिलिंग के मिशन स्कूल में पढ़ाने की सोची थी और उस जगह को देखने के लिए योजना भी बनाई थी। वहाँ के चाय बागान में टी टेस्टर के काम करने वाले एक मित्र ने भी कई बार मुझे आमंत्रित किया था, लेकिन वह भी व्यर्थ हो गया। मैंने योजना बनाई, टिकट भी खरीदा गया, लेकिन जब समय आया तो तबीयत खराब हो गई, भूस्खलन के कारण यातायात रुक गया, घने कोहरे के कारण हवाई अड्डे बंद हो गए, सीमा और सीमावर्ती संघर्ष के कारण प्रवेश नहीं मिला... आदि स्थितियों में मेरी दार्जिलिंग यात्रा बार-बार रद्द होती रही थी।

आखिरकार मैं 1989 से 1990 के क्रिसमस और नए साल की छुट्टियों में भारत यात्रा के बीच वहाँ जा सकी। नौ-दस मित्रों के साथ की इस यात्रा में, मैं लीडर रही और गाइड के रूप में जापानी भाषा में पारंगत कोलकाता के सरकार जी थे। हमारा दल 24 दिसंबर को 11 बजे कोलकाता से रवाना होकर बागडोगरा हवाई अड्डे पर 11:55 पर पहुँचा। वहाँ से हम किराए की चार गाड़ियों में दार्जिलिंग की

ओर निकले। ड्राइवर तिब्बती और भारतीय मूल के, धूप में झुलसे हुए पहाड़ी आदमी थे। रास्ते में, जब भी हमें खूबसूरत जगह या पहाड़ों के बीच से टॉय ट्रेन आती हुई दिखाई देती, हमने गाड़ी रोककर तस्वीरें लीं। ऐसा लगा कि हम हिमालय की गोद में समा गए हैं। पहली बार आने के बावजूद कुछ अपनापन महसूस हुआ, मानो अपने घर में स्वागत हो रहा हो। वास्तव में, जब मैंने जापान में कोलकाता के रिश्तेदारों या बंगाल के लोगों को बुलाकर पहाड़ी इलाकों में गाड़ी से ले गई, तो वे अक्सर कहते थे, "यह दार्जिलिंग की तरह लगता है।"

दार्जिलिंग के पहाड़ी इलाक़े में चलती गाड़ियाँ।

क्रिसमस पूर्व की सुबह, चार बजे के बाद दार्जिलिंग शहर के होटल सिंक्लेयर से निकलकर टाइगर हिल की ओर बढ़े। पहाड़ की हवा बहुत ठंडी थी और हमारा दल इतना गर्म कपड़े पहनकर भी ठंड से बच नहीं पा रहा था, इसलिए होटल के कंबल तक लपेटकर जीप में सवार हो गए। आगे के रास्ते बहुत खराब थे तो जीप के अलावा किसी और वाहन से जाना मुश्किल था। जमी हुई हवा के कारण आँखें भी खुली नहीं रह पा रही थीं।

टाइगर हिल दार्जिलिंग शहर से लगभग दस किलोमीटर दूर 2590 मीटर की ऊँचाई पर स्थित पर्वत है, जहाँ से ग्रेट हिमालय का दृश्य पा सकते हैं। उसका सुन्दरता से प्रसिद्ध पर्वत कंचनजंघा और विश्व की सबसे ऊँची चोटी एवरेस्ट को सूर्योदय के दौरान देखने की इच्छा थी। हालाँकि, सर्दियों में बादल अधिक होने के कारण कंचनजंघा देखने का मौक़ा कम होता है, जैसा कि जापान से निकलने से पहले ही यात्रा एजेंसी ने बताया था। फिर भी हम यहाँ तक आए थे, तो बस अब अच्छे भाग्य की प्रार्थना कर रहे थे।

पीछे कंचनजंघा पर्वत के साथ, टाइगर हिल पर।

टाइगर हिल पर हवा तेज थी। चाँदनी नीली और साफ थी। पहले से ही बहुत सारे लोग आ चुके थे। विदेशी तो सिर्फ़ हम जापानी लोग थे, बाकी लोग भारत के विभिन्न हिस्सों से आए हुए थे। सुना तो दक्षिण भारत के तमिलनाडु, पश्चिम के अहमदाबाद के लोग थे। उनके लिए भी यह एक जीवनकाल में एक ही बार का अनुभव होगा। "आकाश की स्थिति से लगता है कि हम भाग्यशाली हैं, निश्चित रूप से कंचनजंघा देखने को मिलेगा," सरकार जी ने कहा।

जल्द ही अंधेरा धीरे-धीरे फीका पड़ने लगा। दूर दूर तक फैले सफेद विशाल पर्वतों का समूह गहरे नीले आसमान में तैरता हुआ दिखाई दिया। छह बजे से पहले, पूर्व दिशा में सफेद हुए आकाश में रंग गुलाबी से लाल, और फिर सुनहरा हो गया, और चकाचौंध कर देने वाला सूरज उगने लगा। इस चमकीले लाल रंग की खूबसूरती और दिव्यता ने हमें मंत्रमुग्ध कर दिया। उनमें से एक विशेष रूप से ऊँचा और गौरवपूर्ण पर्वत शिखर था, वह कंचनजंघा था। उसके बहुत पश्चिम में एवरेस्ट की प्रभावशाली उपस्थिति भी देखी गई। 'देवताओं का श्वेत सिंहासन' कहना बिल्कुल सही होगा। उषा की रोशनी में चमकता हुआ ग्रेट हिमालय दिव्य था। मैंने अनायास ही सिर झुका दिया, हाथ जोड़े बिना नहीं रह सकी। युगों से 'देवताओं का श्वेत सिंहासन', 'रजत मन्दिर' के नाम से इसको पूजने वालों की भावना स्वाभाविक ही लगी। "हिमालय को देखे बिना मरना नहीं चाहता था," "जीवन में एक बार ही सही, हिमालय का दर्शन हो जाए" ऐसा सोचकर यहाँ तक आए हमारे दल के एक सदस्य ने "अब मैं चैन से मर सकता हूँ" कहते हुए आँसू बहाए। टाइगर हिल पर

सुबह की पहली किरणें पहुँचने के समय तक, राष्ट्रीयता से परे, सूर्योदय के आनंद को एक साथ बाँटने वाले लोगों ने मुस्कान और हाथ मिलाकर, एक-दूसरे को गले लगाकर ख़ुशियाँ मनाईं।

तिब्बती पुरुष।

हम फिर से जीप में बैठकर पहाड़ से नीचे उतरे। जाने पर जो दृश्य अंधेरे में था, वापसी पर वह स्पष्ट दिखाई दे रहा था। पाइन, देवदार और बुरांस जैसे पेड़ नजर आ रहे थे। हिमालय में 2500 मीटर से नीचे क्षेत्र को निचला इलाका कहा जाता है। यहाँ दार्जिलिंग में, मैंने जितने घने जंगल की कल्पना की थी, वैसा नहीं दिखाई दिया। पहाड़ी इलाके होते हुए भी निवासी कृषि पर निर्भर हैं, इसलिए जोत सकने वाली ज़मीन पूरी तरह से जोती जा चुकी थी। पहाड़ की तीव्र ढलानों पर टिन की छतों वाले घर सजीव होते थे। सड़क के किनारे के घरों के छज्जों पर, मोटे वस्त्रों में लिपटी महिलाएँ सुबह का भोजन तैयार करने में व्यस्त थीं। सफेद धुआँ तैर रहा था। यहाँ के लोग हम जापानियों से काफी मिलते-जुलते हैं क्योंकि ये मंगोलोइड जाति के हैं जो तिब्बत से आए हैं। इन्हें 'बोचा' (तिब्बती लोग) या 'पहाड़ी' के नाम से जाना जाता है। कोलकाता में मुझसे अक्सर कहा जाता था कि मैं 'पहाड़ी' जैसा दिखती हूँ। निवासी हिमालय के पूर्व, पश्चिम, उत्तर, और दक्षिण से यहाँ आकर बसे हैं, इनमें इंडो-आर्य के अलावा, असम, भूटान, सिक्किम, और बर्मा से आये मंगोलोइड जाति के लोग भी शामिल हैं। उनके चेहरे की बनावट और पहनावे से यहाँ की जातीय विविधता का अनुमान लगाया जा सकता है।

जैसे ही जीप होटल के करीब आई, नीचे की घाटी से जीवंत प्राणी की तरह गहरा कोहरा उठने लगा। कोहरा बारीक बारिश में बदल गया और चेहरे पर चुभने लगा। ऊपर देखने पर, कुछ ही समय पहले स्पष्ट नजर आ रहे पेड़ और पर्वत श्रृंखलाएँ अब घने कोहरे में लिपटी दृश्य से ओझल हो गई थीं।

"अभी ऊपर भी कोहरा बहुत है, कंचनजंघा भी नहीं दिख रहा होगा।"

सरकार जी ने जैसा कहा था, पूर्व की ओर आकाश में पहले से ही गहरे बादल छा रहे थे। हमें एहसास हुआ कि हम सचमुच भाग्यशाली थे।

होटल की लॉबी में एक छोटे से देवदार के पेड़ पर प्यारी सजावट की गई थी, जिसने याद दिलाया कि आज क्रिसमस है। गर्मियों के पर्यटन स्थल दार्जिलिंग में सर्दियों में बहुत कम लोग आते हैं। बड़े डाइनिंग रूम में सिर्फ़ हम ही लोग थे। वहाँ अंग्रेजी शैली का विस्तृत नाश्ता किया, गरम दार्जिलिंग चाय के साथ।

तिब्बती शरणार्थियों की कार्यशाला में तिब्बती स्त्रियाँ।

दूर-दूर से आए जापानी पर्यटकों के पास समय बर्बाद करने का कोई अवकाश नहीं होता। सीमित समय के भीतर हमने जितनी हो सके उतनी जगह देखने की कोशिश की। तीन दिनों के दौरान, हम गाइडबुक में दिए गए किसी भी स्थान को न छोड़ना नहीं चाहते थे। हिमालय पर्वतारोहण संग्रहालय, लामा धर्म का मन्दिर, दृश्यावलोकन डेक, प्राकृतिक इतिहास संग्रहालय, लॉयड वनस्पति उद्यान, चिड़ियाघर, चाय बागान, तिब्बती शरणार्थी कार्यशाला, बाज़ार, टॉय ट्रेन की सवारी इत्यादि अलग-अलग जगहें गए। पर्वतारोहण संग्रहालय में सरकार जी ने धीरे से बुदबुदाया कि 1953 में 29 मई को एवरेस्ट पर पहली बार सफल चढ़ाई करने वाला असल में ब्रिटिश एडमंड हिलेरी नहीं बल्कि तिब्बती शेरपा जाति के तेनजिंग नोर्गे थे।

तिब्बती शरणार्थी अपनी कठिन परिस्थितियों के बावजूद, अपने धैर्य और प्रसन्नता के साथ अच्छा कार्य कर रहे थे। बच्चों के स्वस्थ चेहरे और सुन्दर मुस्कान विशेष रूप से प्रभावशाली थी।

हमने दार्जिलिंग चाय के बागानों का भी दौरा किया। यह दुनिया की चाय के प्रमुख उत्पादकों में से एक है। लेकिन वास्तविकता यह है कि आज भी अधिकांश मुनाफा ब्रिटेन की बड़ी कंपनियों के हाथ में है। उपनिवेशवाद की जंजीरें टूटने के बाद पचास वर्षों का समय बीतने वाला है, पर सच में स्वतंत्रता होती है? स्थानीय श्रमिक के साधारण वस्त्र और भाव-भंगिमा से स्पष्ट लगा था कि वे अत्यंत कठिन शर्तों में काम कर रहे हैं। उन्हें देखकर मन प्रफुल्लित नहीं हो सका। पहाड़ों की शृंखला में फैले हुए चाय के बागान विशाल पैमाने पर थे जो जापान में नहीं देखे जा सकते। हालाँकि, ख़ासकर ब्रिटेन के लिए चाय के उत्पादन ने आर्थिक रूप से बहुत समृद्धि प्रदान की है, हमें यह नहीं भूलना चाहिए कि इसने मूल वनों की कटाई करके जीव-जंतुओं की पारिस्थितिकी को पूरी तरह बदल दिया है। बारिश के मौसम में अक्सर होने वाली भूस्खलन और जमीन धँसना भी अत्यधिक वृक्षों की कटाई का परिणाम है।

सरकार जी के साथ मेरा संबंध कल का नहीं है। शायद बीस साल पहले की बात होगी, वह ओसाका के एक इस्पात कारखाने में प्रशिक्षण पर आए थे। उन्हें जापान की अपरिचित जीवनशैली में काफी कठिनाइयाँ आ रही थीं। उसी समय मेरे पति से उनकी मित्रता हुई, और वे उनको 'दादा' मान बैठे और हमारे घर पर अक्सर आया करते थे। अपने घर से दूर आए हुए, उन्हें घर का खाना याद आता होगा—ऐसा सोचकर मैं बंगाली खाना उनको खिलाती थी। उस समय के खाने को वे आज तक याद करते हैं, और कहते हैं, "भाभीजी का मूली का साग, दम आलू

बहुत स्वादिष्ट था।" भारत लौटने के बाद, वे जापानी भाषा के टूर गाइड का काम करने लगे, और बाद में अपनी यात्रा एजेंसी भी चलाने लगे। अब तक कई जापानी लोग उनकी सेवाओं का लाभ उठा चुके होंगे।

कविवर रवींद्रनाथ टैगोर का पुराना विला 'चित्र भानु' (गौरीपुर हाउस), कालिम्पोंग में। (1938, नाओतारो नोमुरा)

उस बार वे अपने रिश्तेदार के शोक में थे। फिर भी आधे साल से पहले किए गए भाभी के टूर के वादे को निभाने के लिए आए थे। इस ठंड में भी बिना मोजे के सिर्फ चप्पल पहने हुए थे। उन्होंने कहा–

"वास्तव में तो मुझे यात्रा के दौरान पूरे समय नंगे पैर रहना चाहिए, लेकिन इस बार मैंने भगवान और माँ से आज्ञा लेकर चप्पल पहनने की अनुमति माँगी है।"

यह वाकई में एक हिन्दू के मुँह से ही सुने जा सकने वाले शब्द हैं। हिन्दू धर्म में जब कोई अपने रिश्तेदार के शोक में होता है, तो वे मृतक की आत्मा की शांति के लिए प्रार्थना करते हुए नियम के अनुसार रहते हैं। मृत्यु के बाद पहले दिन उपवास रखकर, दूसरे दिन से शाकाहारी भोजन करते हैं। जूते और बिस्तर भी

निषिद्ध हैं। सरकार जी इस नियम का पालन कर रहे थे। जब हम होटल में भोजन का आनंद ले रहे थे, वे अकेले एक कोने की मेज पर पानी और चपाती को ग्रहण कर रहे थे। उन्होंने अपनी पसंदीदा सिगरेट भी छोड़ दी थी। वही उनके लिए सबसे बड़ा तपस्या हुई होगी।

कालिम्पोंग-तिब्बती बौद्ध धर्म द्वारा संरक्षित शहर

क्रिसमस के अगले दिन छब्बीस तारीख को, नाश्ते से निपटकर हमारा समूह चार गाड़ियों में बँटकर कालिम्पोंग की ओर रवाना हुआ। दार्जिलिंग से पूर्व की ओर 50 किलोमीटर दूर, 1250 मीटर की ऊँचाई पर स्थित इस शहर तक जाने के लिए हम नीचे की ओर जाने वाले पहाड़ी रास्ते पर चल रहे थे। देवदार, चीड़, और बांस के जंगलों के बीच, एक परिचित अनुभव महसूस हुआ। हालाँकि, बड़े बड़े पोइंसेटिया के पेड़ जो घरों के बाड़ के रूप में उगाए जाते हैं, इसे देखने से लगा कि हम विदेश के पहाड़ में घूम रहे हैं। उनके पत्ते लाल और हरे यानी क्रिसमस के रंगों में चमक रहे थे। धीरे-धीरे चढ़ाई वाले पहाड़ी इलाके में चाय के विशाल बागान फैले हुए थे, जहाँ पुरुष और महिलाएँ चाय की पत्तियों की छँटाई में व्यस्त थे। चाय की जड़ों से कई सेंटीमीटर ऊपर धैर्य से अच्छी नरम पत्तियाँ छाँटने की विधि ने मुझे हैरान कर दिया। खेतों में कई जगह आग जल रही थी। छँटाई से पहले के चाय के पेड़ों पर हरे पत्ते और सफेद फूल खिले हुए थे। एक हज़ार मीटर से अधिक ऊँचाई पर होने के बावजूद वहाँ ठंड नहीं थी।

कालिम्पोंग कभी तिब्बत और भारत के व्यापारिक मध्यस्थता स्थल के रूप में समृद्ध था और तिब्बती बौद्ध धर्म और संस्कृति का प्रवाह स्थल भी था। अब राजनीतिक स्थिति खराब होने के कारण आवागमन बंद है। अल्पसंख्यक जनजातियों के साथ विवाद भी हैं। इसलिए, दार्जिलिंग सहित कालिम्पोंग में प्रवेश के लिए विशेष अनुमति की आवश्यकता होती है। हिमालय की शृंखलाओं को देखने वाले इस सुन्दर और शांत शहर में, अक्सर सेना की जीपों और भारी ट्रकों के आवागमन देखने पर, राजनीतिक तनाव और इस देश की रक्षा की कठोरता का अनुभव होता है। शायद इसी वजह से बाहरी यात्रियों की संख्या कम है। हम तो पर्यटन से अप्रभावित घने इलाकों के आकर्षण के लिए यहाँ आए थे। हम लोगों ने प्राचीन लामा धर्म (तिब्बती बौद्ध धर्म) के पुराने मठों और मन्दिरों का धीरे-धीरे दर्शन किया। युवा भिक्षुओं की

'चित्र भानु' पर कविवर टैगोर और नाओतारो नोमुरा।

एक बड़ी संख्या पाठ का अभ्यास करते हुए दिखाई दी।

एक और जगह थी जहाँ मुझे जरूर जाना था। वह थी कविवर रवींद्रनाथ टैगोर का पुराना विला। पहले इसे 'चित्र भानु (सूर्य की छवि)' के नाम से जाना जाता था। अब इसे 'गौरीपुर हाउस' के नाम से लोग पुकारते हैं। उनके जीवनकाल में, वे इसे बहुत प्यार करते थे। गर्मियों में लम्बे समय तक रुककर कई रचनाएँ लिखीं। चित्र भानु का नाम मैंने टैगोर परिवार के सदस्यों से ही नहीं, बल्कि भारत आने से बहुत पहले क्योतो के एक फोटोग्राफर, नाओतारो नोमुरा जी से भी सुना था। विश्व युद्ध से पहले, वे जापान सरकार के अनुरोध पर कालिम्पोंग में टैगोर की फोटो खींचने के लिए गए थे। उस समय खींची गई कवि की पोर्ट्रेट, साथ में ली गई स्नैपशॉट्स, और विला की तस्वीरें लेकर वे क्योतो में हमारे नवविवाहित जीवन में हमारे किराए के घर पर आए थे। कालिम्पोंग में टैगोर के विला में रुककर

'चित्र भानु' में टैगोर
(1938, नाओतारो नोमुरा)

कवि से नजदीकी से मिलने का अनुभव उनकी जीवन भर की सबसे बड़ी याद थी, जैसा कि उन्होंने खुशी से बताया।

चित्र भानु घने जंगल में स्थित था। लाल त्रिकोणीय छत, सफेद दीवारें, सजावटी खिड़कियाँ, बालकनियाँ, सब कुछ जैसे नोमुरा जी की फोटोग्राफी में होता, ठीक उसी तरह था। बस, उस समय बालकनी से खड़े होकर कवि के साथ देखे गए हिमालय की शृंखलाएँ अब दिखाई नहीं दे रही थीं। बगीचे के विशाल पेड़ सामने के दृश्य को रोक रहे थे। अब यह हवेली पश्चिम बंगाल सरकार की मिल्कियत में है और एक विज्ञान और प्रौद्योगिकी अनुसंधान संस्थान बन गई है, जिसमें आम लोगों का प्रवेश नहीं होता है। हम इस हवेली के आसपास टहले और फूलों से भरे बगीचे में फोटो खींची। "इस तरह की जगह को ही स्वर्ग कहते होंगे।" ऐसे हमारे दल के एक वरिष्ठ आदमी ने कहा।

विदाई के समय एक वृद्ध व्यक्ति मेरे पास हाथ जोड़कर आया। उन्होंने कहा,

"आमि ठाकुर-बाड़िर चाकर छीलाम (मैं टैगोर परिवार के यहाँ काम करता था।)"

मुझे भरी नजरों से देखते हुए उन्होंने अपने दोनों हाथ फैलाए। उन्होंने सिर से गर्दन तक ऊनी टोपी पहन रखी थी। उनकी सफेद दाढ़ी के नीचे मुँह थोड़ा काँप रहा था।

"रबि-बाबूके चिनते? (क्या आप रोबी बाबु को जानते थे?)"

मैंने अनायास ही बंगाली में पूछा। रोबी बाबू, यानी रवींद्रनाथ टैगोर, परिवार के बीच आमतौर पर ऐसे ही बुलाया जाता है। बुजुर्ग ने ज़ोर से सिर हिलाकर कहा, "हाँ, मैंने बहुत पहले से उनकी सेवा की है।" उनकी आँखों में चमक आ गई। यह सुनकर मैं रह नहीं सकी। अपने पर्स से कुछ नोट निकाले और उन्हें दे दिए। कवि टैगोर के बंगले में आने की मेरी लंबी इच्छा थी, और इस तरह अपनी खुशी व्यक्त कर पाने में मुझे बहुत हर्ष हुआ। लेकिन—जाती हुई कार के अन्दर मैंने सोचा। वे मेरे पास ही क्यों आए और सिर्फ मुझसे हाथ क्यों जोड़े? उनको यह भी नहीं पता होगा कि मैं बंगाली समझ सकती हूँ या मैं टैगोर परिवार की बहू हूँ ... तो फिर क्यों? यह तो सही है कि भारत में इस तरह का रहस्यमयी वाक़िआ होता रहता है। हालाँकि अगली घटना में ये प्रश्न पूरी तरह से मिट गए थे।

हमें ले जा रही गाड़ी पहाड़ी रास्ते पर दौड़ रही थी। वहाँ पर्वत की चट्टानें नंगी हो चुकी थीं। कभी-कभी सामने से आने वाली गाड़ियाँ बाल-बाल बचती गुजर जातीं। दार्जिलिंग से आए चारों ड्राइवर काले और दुबले-पतले थे। पहाड़ों में

पले-बढ़े होने के कारण, उन्हें पहाड़ी रास्तों पर गाड़ी चलाने की आदत हुई होगी। काफी गति से चलते हुए खतरनाक कैंची मोड़ को एक के बाद एक पार कर रहे थे। पहाड़ी इलाकों में गाड़ी चलाना मुझे ख़ुद पसंद है। स्टीयरिंग को कसकर पकड़कर, शरीर को तिरछा करते हुए थ्रिल महसूस करने में आनंद लेती हूँ। लेकिन उस समय आरामदायक नहीं रह सकी। हमारी बहुत पुरानी गाड़ी जोर से आगे बढ़ती जा रही है। ड्राइवर से गति कम करने के लिए कितनी भी बार कहो, वह हँसकर सिर्फ यही कहता रहा कि चिंता मत करो। कमर उठाकर बाहर देखूँ तो आगे और पीछे वाली गाड़ी कभी दिखाई देती और कभी नहीं। धीरे-धीरे आसपास अंधेरा छा गया, कोहरा हल्की बारिश में बदल गया, और जल्द ही यह मूसलाधार बारिश बन गया। वाइपर किसी काम के नहीं थे। बारिश की बूंदें जोर से विंडशील्ड पर पड़ रही थीं, जबकि देखना मुश्किल होता जा रहा था। आगे चल रही गाड़ी की टेल लाइट का पीछा करते हुए हमारी गाड़ी चलती रही।

हम सभी के मन में अनिश्चितता बढ़ रही थी कि हम लोग ठीक से होटल पहुँच पाएँगे या नहीं! मैंने साथियों को आश्वस्त करने का प्रयास किया और उन्हें बताया कि जिस होटल में हम रुक रहे हैं, वह बस थोड़ी दूर है। हम सभी चिंता और थकान से बहुत कम बात कर रहे थे। आखिरकार गाड़ी ने संकरे पहाड़ी रास्ते को छोड़कर, एक चौड़े मार्ग पर अपना रास्ता निकाला। वहाँ एक ही पैट्रोल पंप था। आसपास कुछ लोगों के साए दिखाई दे रहे थे। तब लगा कि हम कालिंपोंग शहर में प्रवेश कर चुके होंगे और होटल बिल्कुल नजदीक होगा। यह एक राहत भरा क्षण था। अचानक, मेरे सामने दौड़ रही गाड़ी ने एक हलके से मोड़ के साथ अपना शरीर झुका दिया। और गाड़ी पलट गई। मेरा दिमाग सुन्न हो गया। ड्राइवर ने मेरे रुकने के शब्दों की प्रतीक्षा किए बिना, तेज़ी से ब्रेक लगाकर गाड़ी रोक दी। फिर एक खरगोश की तरह बाहर कूद गया। पैट्रोल पंप पर मौजूद लोग भी उसी समय दौड़कर आए। मैं जब एक कदम पीछे हटकर पहुँची तो देखा कि सबके सहयोग से गाड़ी पहले ही वापस आ चुकी थी। जब कार पलटी और उसे वापस उठाया गया, उस समय गाड़ी के अन्दर के लोग और सामान मिट्टी और धूल के साथ बुरी तरह से लिथड़ गए थे। गिरने के बावजूद, साथ के तीनों लोग और ड्राइवर सभी सुरक्षित थे। सभी को सुरक्षित देखकर मेरी जान में जान आई। इससे बड़ी घटना न होने का यह मात्र भाग्य ही था। मुझे लगा कि लामा धर्म के देवताओं की कृपा से बड़ी दुर्घटना नहीं घटी।

अगली सुबह, हमारा समूह साढ़े छह बजे होटल सिंक्लेयर से निकला। दार्जिलिंग और सिलीगुड़ी होकर बागडोगरा हवाई अड्डे की ओर बढ़ा। दोपहर बारह बजकर दस मिनट पर, हम इंडियन एयरलाइन की उड़ान से बागडोगरा से रवाना हुए। कोलकाता में दोपहर एक बजकर दस मिनट पर समय से सभी सुरक्षित पहुँच गए।

बाद में जापान वापस आने पर मैंने कालिम्पोंग के 'चित्र भानु' में मिले बुजुर्ग की याद आई। जब मैंने अपने पति को उस समय की बात बताई, तो उन्होंने हँसते हुए कहा, "तुम्हें धोखा दिया गया है।" उस बुजुर्ग की ईमानदार आँखों के बारे में सोचकर मैंने यह मानने से इनकार कर दिया कि उन्होंने झूठ बोला। लेकिन, अगर मेरे पति का कहना सच होता तो कालिम्पोंग की सुन्दरता पर एक दाग लग जाता। क्या वास्तविकता को और कठोरता से देखना उचित है?

महाराजा महारानी के मूड में

दार्जिलिंग, कालिम्पोंग की यात्रा समाप्त करके हमारा समूह फिर से कोलकाता लौट आया। जब हम जापान से आकर रात को कोलकाता पहुँचे, हमने केवल एयरपोर्ट होटल में आराम किया और तड़के ही दार्जिलिंग के लिए रवाना हो गए थे। इस बार हम यहाँ तीन रात रुकने वाले थे और सभी कोलकाता का भ्रमण करने का इंतजार कर रहे थे।

कोलकाता के निवासी सरकार जी द्वारा व्यवस्थित डीलक्स लिमोज़िन बस हमें लेकर दमदम एयरपोर्ट रोड से ताज बंगाल होटल की ओर बढ़ी। दयालु और जापानी बोलने में सक्षम सरकार जी के साथ हमारे दल के सदस्य भी जल्दी ही घुलमिल गए। रास्ते में उनसे कई तरह की बातें और सवाल पूछे। गंदा और भीड़भाड़ वाला कोलकाता, बाहरी लोगों की नजर में रहने लायक नहीं होगा, लेकिन वहाँ के लोग इसे दुनिया में सबसे अच्छी जगह मानते हैं। सरकार जी भी गर्व के साथ कहते हैं, "श्रेष्ठ शहर है कोलकाता। यहाँ के लोग बहुत मेहरबान हैं, सुरक्षा भी अच्छी है, और खाना भी स्वादिष्ट और सस्ता है।" वहाँ एक दिन में तीस रुपये में भी गुजारा किया जा सकता है। दिल्ली या मुंबई जैसे अन्य बड़े शहरों में तो यह कल्पना भी नहीं की जा सकती। कोलकाता में ब्लू-कॉलर की मासिक आय लगभग दो हजार रुपये है, व्हाइट-कॉलर की चार से छह हजार रुपये के बीच। विश्वविद्यालय के प्रोफेसर

की आय पाँच हजार रुपये से ऊपर होती है। हालाँकि भारत में भी हाल के वर्षों में महंगाई बढ़ी है, इसलिए मासिक आय में काफी वृद्धि हुई होगी।

एयरपोर्ट से निकलने के करीब एक घंटे बाद, बस व्यस्त एस्प्लानेड नामक स्थान पहुँची, और वहाँ से चौरंगी सड़क से होते हुए अलीपुर की ओर बढ़ी। अभी हाल ही में खोला गया अत्यधिक विलासिता वाला होटल, ताज बंगाल अलीपुर के चिड़ियाघर के सामने स्थित है। संगमरमर से बनी राजमहल जैसी भव्य इमारत को देखकर सबकी आँखें फटी रह गईं। लाल पगड़ी पहने सफेद वर्दी में तैयार महाराजा के सेवकों की तरह दरबानों ने भव्यता से स्वागत किया, जिससे कुछ लोग आश्चर्यचकित हो उठे। अन्दर प्रवेश करने पर, उनकी विशालता और भव्यता से लदी सजावट ने फिर से सबको चमत्कृत कर दिया। कमरों में भी हर एक सुविधा प्रदान की गई थी, जिससे सभी संतुष्ट थे। मार्बल टॉप कंसोल टेबल पर लाल गुलाब के फूलों की भरमार थी, और विक्टोरियन युग की शैली के सोफे के सामने रखी टेबल पर संतरे, सेब, पपीता जैसे फल टोकरी भरकर सजाए गए थे। साथ में रखे गए कार्ड पर लिखा था—"ताज बंगाल में आपका स्वागत है, होटल मैनेजर।"

हल्की दस्तक सुनकर दरवाजा खोलने पर, एक सफेद वर्दी में सुन्दर लड़का खड़ा था। वह मुस्कुराते हुए विनम्रता से बोला, "मैडम, मैं आपके कमरे का संरक्षक हूँ। कृपया करके जो भी आवश्यकता हो मुझे बताएँ। क्या आपको कमरा पसंद आया?" "थैंक यू, अभी के लिए सब कुछ ठीक है" कहकर लड़के को वापस भेज दिया। फिर क्वीन साइज बेड पर पूरी तरह से हाथ-पैर फैलाकर लेट गई। अब महसूस हो रहा था, मानो महारानी हूँ। जापान में तो हम लोग सभी को सुबह से शाम तक बिना किसी की मदद के सब कुछ खुद करना पड़ता है। अक्सर शिक्षण के काम में भी जुटे रहते हैं। कम से कम छोटी सी विदेश यात्रा के दौरान ही सही, कुछ समय के लिए महाराजा या महारानी की तरह आनंद लेना बुरा नहीं होगा।

हालाँकि, जो नौकरों से काम करवाने के आदी नहीं हैं, उनके लिए बॉय को काम पर लगाने का मौका शायद ही आए। दूसरी ओर स्टाफ भी अनुभवी होते हैं और जल्दी ही यह पता लगा लेते हैं कि कौन व्यक्ति नौकरों का उपयोग करने में सहज है और कौन नहीं है। फिर वे परिस्थिति और व्यक्ति के अनुसार सेवा में अंतर करते हैं। यह थोड़ा बुरा उदाहरण हो सकता है, लेकिन यह आदमी और घोड़े के संबंधों के समान है। एक समझदार घोड़ा अनुभवहीन इंसान को गिरा देता है। इस यात्रा के दौरान ऐसा कई बार हुआ था कि समूह के सदस्यों को बॉयज़ ने हल्के में लिया और मैंने उनके पास जाकर डाँट लगाई। उदाहरण के लिए, जब हम चेक-आउट से

पहले तैयार हो रहे थे, तब लड़के या कर्मचारी महिलाओं ने कमरे में आकर तकियों को झटका, चादरों को उठाया और पूरे कमरे में धूल उड़ाते हुए सफाई शुरू कर दी। कभी-कभी बिना किसी कारण के दरवाजे पर बार-बार दस्तक देकर टिप माँगने वाले लड़के भी थे। और ऐसा भी हुआ था। हमारे एक सदस्य ने नाश्ते में कहा, "भारत में पानी जल्दी भाप बन जाता है न।" उनके कमरे में रखी गई व्हिस्की की बोतल अनजाने में कम हो रही थी, इसलिए उन्होंने ऐसा सोचा। नहीं! सच में तो स्टाफ़ का लड़का चुपके से थोड़ी-थोड़ी वह पी रहा था। ग्राहक के लिए घमंडी होना स्वीकार्य नहीं है, लेकिन अनावश्यक रूप से झिझकने के बजाय, सही रवैया और सही अंग्रेजी का उपयोग करके अपनी माँगों को स्पष्ट रूप से व्यक्त करना महत्वपूर्ण है।

नौकरों के इस्तेमाल की आदत की बात करूँ तो मेरे पति इस श्रेणी के लोगों में आते हैं। वे बंगाल के एक राजा के परिवार में पैदा हुए थे और इसलिए सेवकों द्वारा पाले-पोसे गए थे। लेकिन, जापान में यह चलन नहीं है। अगर वे खाने में कुछ शिकायत करते हैं तो कहा जाता है, "तुम्हारे घर में बड़ो बामुन-ठाकुर (मुख्य बावर्ची) नहीं है! अगर शिकायत है तो कोलकाता से किसी को बुला लो!"

और अगर वे शेविंग से बाथरूम गंदा कर देते हैं, तो कहा जाता है, "तुम्हें क्या लगता है कि तुम्हारे घर में मेहतरानी है!"

घर की मालकिन (यानी मैं) ऐसे बहुत शोर मचाती हैं। जापान में तो वे अपनी मर्जी से नहीं रह पाते। अपने गृहनगर कोलकाता लौटने पर, पानी में मछली की तरह तरोताजा हो जाते हैं। विदेश में रहते हुए भी पिता की मृत्यु के बाद वे परिवार के मुखिया बने हैं। उनके भाई-बहन, परिवार, और नौकर-चाकर भी उनके आदेशों का पालन करते हैं। कोलकाता में लोगों को आदेश देकर सब कुछ करवाते हुए पिता को देखकर हमारी बच्ची कहती है कि "पापा, आप क्या कर रहे हैं? आप हमेशा कहते हैं कि अपना काम ख़ुद करो...।"

खैर, बात ताज बंगाल होटल पर वापस करती हूँ। इस होटल का एक रात का किराया बड़े कमरे के लिए 1990 में ही दो सौ डॉलर था। यह राशि भारत के आम आदमी के एक महीने की सैलरी से भी अधिक है। ताज और ओबेरॉय ग्रांड जैसे उच्च-श्रेणी के होटल अंतरराष्ट्रीय मूल्यों पर आधारित होते हैं, इसलिए ये भारत में होने के बावजूद सस्ते नहीं होते। यह सच में महाराजाओं वाला किराया है। और विदेशियों से डॉलर के अलावा अन्य मुद्रा में भुगतान स्वीकार नहीं किया जाता है।

यानी, इस तरह के होटल विदेशी मुद्रा प्राप्ति में महत्वपूर्ण भूमिका निभाते हैं। इसलिए इनका महँगा होना स्वाभाविक है।

एक घंटे की घर वापसी

होटल के रेस्तराँ में लंच लेने के बाद, हम लोगों ने दोपहर के कुछ समय का उपयोग करके सामने के चिड़ियाघर में जाने का निर्णय लिया। सरकार जी ने हमारे समूह को वहाँ तक अकेले ले जाने के लिए कहा, इसलिए मुझे इस दौरान अपने ससुराल जाने का मौका मिला। जाने से पहले सूचित करने के लिए फोन करने पर भी सम्पर्क नहीं हो पाया। कोलकाता में फोन लाइनें पुरानी होने के कारण, थोड़ी बारिश होते ही अक्सर व्यवधान हो जाता है। कोई न कोई घर पर होगा—ऐसा सोचकर मैं ससुराल के लिए निकली। मैं जापान से लाए गए सामान को रिश्तेदारों को जल्दी से देकर बोझ उतारना भी चाहती थी। मेरे सूटकेस में जापान के सुन्दर कैलेंडर के गट्ठर थे। मैंने अपने पसंदीदा पेट्रोल पंप, बैंक, कंपनी आदि से कैलेंडर इकट्ठा किए थे। ये भारत में कीमती उपहार बन जाते हैं। सौग़ात में 'मेड इन जापान' की साड़ियाँ भी हैं। साड़ियों के मूल स्थान भारत में भी जापानी निर्मित सिंथेटिक साड़ी की मजबूती और गुणवत्ता का अच्छा ख्याल है। नायलॉन जॉर्जेट, क्रेप, शिफॉन, साटिन आदि बेहतरीन साड़ियाँ हैं। भ्रमित करने वाली बात यह है कि इन्हें 'अमेरिकन जॉर्जेट' जैसे नाम दिए गए हैं। ननदों के लिए साड़ियाँ ही सबसे अच्छा उपहार हैं। इनके अलावा, मैं उन्हें खुश करने के लिए मेयोनेज़, नेस्कैफे, और जापानी मिठाइयाँ आदि भी ले आई थी। ये सभी सामान मैंने अपने कपड़े के थैले में भर दिए।

होटल के मुख्य द्वार पर खड़े होने पर, एक लम्बे, पगड़ी बाँधे हुए दरबान ने हाथ उठाकर टैक्सी को बुलाया था। सवारी से पहले किराये की बातचीत करनी जरूरी होती है। मंजिल कोलकाता के उत्तर में स्थित पाथुरियाघाटा थी। जब भी यह जगह का नाम लिया जाता, आमतौर पर ड्राइवर नाखुश होते हैं। क्योंकि वह इलाका हावड़ा स्टेशन की ओर है, जो कि सबसे अधिक भीड़ वाला क्षेत्र है। इसलिए मैंने घनी बस्ती में प्रवेश करने से पहले विवेकानंद रोड का नाम बताया और वापसी की सवारी भी माँगी। ड्राइवर ने थोड़ी देर बाद कहा कि दो सौ रुपये लगेंगे। मैंने तुरंत कहा कि यह बहुत ज़्यादा है। उसने सख्त चेहरे के साथ कहा, तो फिर किसी और गाड़ी में जाइए। मैंने मदद के लिए दरबान की तरफ देखा, लेकिन उसने कोई प्रतिक्रिया नहीं दिखाई। मैंने सोचा कि बातचीत की कोई गुंजाइश नहीं है। निराश होकर गाड़ी में बैठ गई। लगा था कि उच्च श्रेणी होटल में आने-जाने वाले ड्राइवरों का गर्व होता

है या वे ग्राहक की जेब को देखकर कीमत तय करते हैं। एक बार जो दाम बताया जाता है तो उसे कम नहीं करते। अच्छे ग्राहक होने के नाते, मोलभाव करना कोई शोभा नहीं देता होगा।

आलीपुर की सड़कों के किनारे घने पेड़ लहराते हैं, और बड़े गेट वाली हवेलियाँ नज़र आती हैं जो ब्रिटिश काल की याद दिलाती हैं। चौरंगी को पार करने पर सेंट्रल एवेन्यू आता है। नाम से एक हरे-भरे एवेन्यू की कल्पना मन में आती है, लेकिन वास्तव में वहाँ हरियाली के बदले भयानक दृश्य फैला दिखता है। सड़क पर खचाखच भरा ग़रीब लोगों का सैलाब, उनके बीच से अपना रास्ता बनाता हुआ रिक्शा, टैक्सी, बस, ट्रक, हाथ गाड़ी, बकरियों की कतार, गायों का झुंड...। मेरे लिए यह दृश्य नया नहीं है, लेकिन हर बार देखने पर मेरी साँस उलझने लगती है। इस बार तो मैं एक यात्री के रूप में आई हूँ, इसलिए कुछ समय बाद मैं यहाँ से निकल जाऊँगी। ख़ुद को शांत रखने की कोशिश करते हुए शोर, भीड़ और धूल से भरे दृश्य को देख रही थी।

गाड़ी के रियरव्यू मिरर में ड्राइवर तेज नज़रों से मुझे घूर रहा था। मेरी नज़रें उससे मिलीं तो उसने अंग्रेज़ी में कहा,

"विवेकानंद रोड अभी आने वाला है, आपको आगे का रास्ता पता है न।"

मैंने बंगाली में "सोजा सोजा (सीधा सीधा)" कहकर जवाब दिया तो वह मेरी तरफ मुड़ा और हैरान होकर बंगाली में पूछा, "आपको बंगाली आती है क्या?" मैंने जवाब दिया, "खुब सामान्नो (थोड़ा बहुत)।" इससे उसे लगाव महसूस हुआ होगा, ड्राइवर ने हँसते हुए कई तरह के सवाल पूछे। क्या कोलकाता में आपका पहला दौरा है, आपको क्या पसंद आया, क्या आप कालीघाट मन्दिर गई थीं आदि। गाड़ी गिरीश पार्क को बाईं ओर मोड़ी और विवेकानंद रोड पर तेज चलने लगी। 'सोजा' निरंतर बोलने से काली कृष्ण टैगोर स्ट्रीट पर आ गई। इस इलाके में आते ही टैगोर परिवार के नामों पर कई सड़कें मिलती हैं। कविवर टैगोर के नाम पर रवींद्र सरनी, उनके पिता के नाम पर महर्षि देवेंद्र रोड आदि। जैसे-जैसे मैं दाएँ, फिर बाएँ के निर्देश देती रही, ड्राइवर कहता रहा कि "आगे नहीं जा सकते, रास्ता नहीं है।" मैंने उसे आश्वस्त किया कि "ऐसा नहीं हो सकता, मुझे इस इलाके की अच्छी जानकारी है।" जानी पहचानी दुकानें दोनों तरफ नजर आने लगीं। वह दर्जी जिससे कभी साड़ी का ब्लाउज सिलवाया था, वह सुनार जिससे अंगूठी की मरम्मत करवाई थी, वह चायवाला जहाँ मैंने खड़े-खड़े चाय पी थी, वह मिठाई दुकान जहाँ से कई बार संदेश मँगवाई थी।

जल्द ही, सबसे परिचित ईंट की ऊँची दीवार और उसके आगे लोहे का दरवाजा

दिखाई देने लगा। मैंने इशारा करते हुए कहा–

"उस दरवाजे से अन्दर जाओ, अन्दर पार्किंग की जगह है।"

"अरे, इस दरवाजे से अन्दर ही जाना है क्या?" ड्राइवर ने आश्चर्य से पूछा।

"हाँ, अन्दर जाओ,"

मैंने दोहराया। जैसे ही टैक्सी अन्दर आई, गेट के बाहर खड़े लोगों ने एक साथ रास्ता खाली कर दिया। मैंने अपना बैग संभाला और टैक्सी से उतरी।

"थोड़ी देर यहीं रुको, मैं जल्दी वापस आऊँगी।"

मैंने ड्राइवर से कहा और मुख्य द्वार को धक्का देकर अन्दर चली गई। मैं खड़ी होकर बगीचे को निहारने लगी। कुछ समय देखे बिना, दक्षिणी चम्पा और इलंग-इलंग के पेड़ घने हो गए थे और बगीचे को संकरा बना रहे थे। मुख्य द्वार और खिड़कियों की जाली भी बंद थी। मैंने ठाकुरबाड़ी (परिवार के मन्दिर) की ओर मुड़कर हाथ जोड़े और फिर मुख्य द्वार की ओर बढ़ी।

पहले से सूचना न होने के बावजूद, मेरे देवर, देवरानी और ननद घर पर थे। जापान से लाए गए उपहारों पर "इतनी फ़ॉर्मलिटी होने की क्या ज़रूरत थी" कहते हुए भी उन्होंने खुशी जाहिर की। तीन दिन कोलकाता में मेरे रहने को सुनकर देवर ने कहा, "केवल तीन दिन के लिए आप होटल में रुकेंगी? घर पर रहिए, यह आपका भी घर है।"

"मैं काम के लिए आई हूँ, इसलिए इस बार यहाँ रहना सम्भव नहीं है।"

ऐसा समझाने के बाद भी वे संतुष्ट नहीं थे। एक ही शहर में होकर होटल में रुकना भारतीयों के लिए सोचा भी नहीं जा सकता होगा। मैंने अनुचित व्यवहार के लिए क्षमा याचना की। उन्होंने मुझे बैठक के बीच में रखी बड़ी पीठ वाली कुर्सी पर बैठने का इशारा किया। जब मेरे ससुर रहते थे तब यहाँ वही बैठते थे। अब जब भी मेरे पति घर आते हैं, घर के मुखिया के रूप में वे इस पर बैठते हैं। देवर के द्वारा बड़ी भाभी के प्रति यह सम्मान दिखाने का भाव मुझे अच्छा लगा।

सुगंधित दार्जिलिंग टी पीते हुए जब हम हाल के विषयों पर बातें कर रहे थे, तभी बगीचे से हड़बड़ी में "कौन आया है? बाहर टैक्सी खड़ी है" कहते हुए जो अन्दर आई वह सामने वाले चाचा की बेटी थी। "अरे वाह! भाभी जी, आप कब आईं?" कहते हुए उसने हाथ बढ़ाया। तुरंत ही, उसने किसी को भेजकर अपने भाई के परिवार को बुलवा लिया। यह मेरी एक छोटी सी घर वापसी का समय था, मात्र एक घंटे से भी कम। परंतु इस थोड़े समय में लोगों के साथ किया गया सम्पर्क, जापान में एक महीने के बराबर था। यह सब इसलिए सम्भव हुआ क्योंकि यह भारत है, कोलकाता है।

मैंने परिवार के लोगों, इस घर में काम करने वालों, और इकट्ठे हुए पड़ोसियों से विदाई ली। फिर से टैक्सी में बैठकर मैं अपने होटल की ओर चल पड़ी। कुछ समय बाद, ड्राइवर ने रियरव्यू मिरर से मुझे देखते हुए कहा, "यह आपके ससुर जी का घर था न?" मेरा इंतजार करते समय, गाड़ी के चारों ओर जमा हुए लोगों से जानकारी मिली होगी। मैंने बिना कुछ कहे सिर हिला दिया। मेरा दिल भर आया था तो शब्द गले से नहीं निकल पा रहे थे।

यहाँ कहानी खत्म होती तो अच्छा था, लेकिन आगे भी कुछ है। यह उस समय की बात है जब टैक्सी ताज बंगाल होटल पहुँची। जब मैं पहले से तय हुआ किराये का भुगतान करने वाली थी, तब ड्राइवर अचानक लाल चेहरा करते हुए चिल्लाया, "बिलकुल नहीं, आपने मुझे लंबा इंतजार करवाया है, इसलिए डबल प्राइस होना चाहिए!"

उसकी आवाज़ सुनकर एक बड़े कद का दरबान आ गया। ड्राइवर ने उससे तेज़ी से हिन्दी में शिकायत की। फिर दरबान ने अपना दाहिना हाथ उठाकर इशारा किया कि ड्राइवर की बात सही है। लगा कि मुझे हार माननी ही पड़ेगी। एक लग्ज़री होटल में उच्च श्रेणी के ग्राहक को कंजूसी शोभा नहीं देती।

पश्चिम बंगाल : टैगोर के पदचिह्नों की खोज

कविगुरु टैगोर का जन्मस्थान, जोड़ासांको हाउस

रवींद्रनाथ टैगोर (1861-1941) जैसा कि कहने की जरूरत नहीं है, पूर्व में नोबेल साहित्य पुरस्कार प्राप्त करने वाले पहले व्यक्ति थे। पुरस्कार प्राप्त हुआ 1913 में। वे दुनिया भर में कविगुरु के रूप में जाने जाते हैं और भारतीय जनता उन्हें सम्मानपूर्वक गुरुदेव कहती है। वे केवल एक महान साहित्यकार ही नहीं बल्कि विचारक, दार्शनिक, शिक्षाविद् और कलाकार भी थे।

जोड़ासांको हाउस कविगुरु टैगोर का जन्मस्थान और उनके अंतिम दिनों का आवास है जो कोलकाता की द्वारकानाथ टैगोर स्ट्रीट पर स्थित है। लोग, गायें, रिक्शा, और ट्राम आदि की भीड़भाड़ वाले शहर से गुजरते हुए अचानक एक बड़े द्वार वाले विशाल घर के सामने पहुँच जाते हैं। यह घर, जिसमें बड़े खम्भों वाली विशाल बालकनी है, ग्रीक-रोमन शैली की वास्तुकला में बना हुआ है और एक नजर में ही समृद्ध उच्च वर्ग का निवास स्थान प्रतीत होता है। अब इस बंगले का भारत सरकार द्वारा अधिग्रहण किया गया है और यह टैगोर संग्रहालय के रूप में संरक्षित है। यह आम जनता के लिए भी खुला है। इसमें रवींद्र भारती विश्वविद्यालय की स्थापना की गई है, जहाँ टैगोर के साहित्य और कला का अध्ययन किया जाता है। यहाँ आधुनिक भारतीय संस्कृति का केंद्र होने के कारण दुनिया भर से बहुत लोग आते हैं। लॉन को पार करने पर, मुख्य द्वार के सामने टैगोर की प्रतिमा दिखाई देती है। चौड़ी सीढ़ियाँ चढ़ने के बाद दाहिने हाथ पर एक बड़ा साफ-सुथरा कमरा है। बीच में लंबी सफेद दाढ़ी वाले टैगोर की एक फोटो लगी हुई है। बड़े पीतल के फूलदान में लगे सफेद रजनीगंधा के फूलों की खुशबू कमरे में भरी हुई है। फर्श पर पीले, सफेद, टेराकोटे में डिजाइन की हुई सुन्दर रंगोली है। कविगुरु ने 25 जुलाई 1941 को इसी कमरे में 81 वर्ष की आयु में अंतिम साँस ली थी। उन्होंने अपने जीवन का अधिकांश समय

शांतिनिकेतन में बिताया। बीमारी में हालत बिगड़ने पर वे कोलकाता में इलाज के लिए वापस आए थे, लेकिन वह कारगर नहीं हुआ। अंततः जन्मस्थान जोड़ासांको में ही उनका देहांत हो गया।

कविगुरु टैगोर का जन्मस्थान, जोड़ासांको हाउस, कोलकाता के उत्तरी भाग में स्थित है। यह अब आम जनता के लिए भी खुला है।

कविगुरु टैगोर के बारे में टैगोर परिवार के बिना बात करना सम्भव नहीं है, क्योंकि इस प्रतिष्ठित परिवार ने टैगोर की प्रतिभा को खिलने और परिपक्व होने में एक बड़ा योगदान दिया है। मूल रूप से वे पूर्वी बंगाल (वर्तमान बांग्लादेश) के निवासी थे। मुगल साम्राज्य के अंतिम दिनों में व्यापार में सफल होकर बहुत अमीर बन गए थे। खासकर सत्रहवीं शताब्दी के आसपास, जब ईस्ट इंडिया कंपनी की स्थापना हुई, तब टैगोर परिवार को नए अभिजात्य के रूप में माना जाने लगा। उनकी जमींदारी भी बंगाल में सबसे बड़ी थी। 1784 में टैगोर परिवार के दो भाई, दर्पनारायण और नीलमणि ने अपनी सम्पत्ति को बाँटा। बड़े भाई पाथुरीघाटा में मूल घर के मालिक के रूप में रहे, जबकि छोटे भाई पास के जोड़ासांको में घर बनाकर वहाँ बस गए। इन टैगोर परिवारों की विशेषता यह थी कि वे केवल अमीर ही नहीं थे, बल्कि सामाजिक और सांस्कृतिक क्षेत्रों में भी अपना अवदान रखते थे। और इसी वंश से कई उत्कृष्ट व्यक्तियों का उदय हुआ। कई पीढ़ियों के बाद पाथुरीघाटा के

मूल घर में राजा प्रफुल्लनाथ टैगोर हुए, जिन्होंने कई महत्वपूर्ण सामाजिक योगदान दिए। कोलकाता विश्वविद्यालय, हिन्दू कॉलेज, और भारतीय संगीत महाविद्यालय की स्थापना में सहायता की। उन्होंने एक अस्पताल भी बनवाया। अकादमी ऑफ फाइन आर्ट्स और ऑल इंडिया म्यूजिक कॉन्फ्रेंस के संस्थापक भी थे।

कविगुरु के दादा प्रिंस द्वारकानाथ टैगोर। बेल्जियम के दरबारी कलाकार द्वारा तैयार किया गया तैल चित्रकला, सन् 1874 में।

टैगोर परिवार के मूल घर के राजा और रानी। ये लेखिका के पति के दादा-दादी हैं।

जोड़ासांको वाली शाखा के परिवार में भी, कविगुरु के दादा प्रिंस द्वारकानाथ टैगोर और पिता महर्षि देवेन्द्रनाथ टैगोर इतिहास में उल्लेखनीय व्यक्तित्व थे। राजा राममोहन राय के एक प्रमुख समर्थक के रूप में द्वारकानाथ धार्मिक आंदोलन, ब्रह्म समाज में सक्रिय थे। उन्होंने भारत में आधुनिक पश्चिमी शिक्षा और जीवनशैली का प्रचार किया। पिता देवेन्द्रनाथ भी ब्रह्म समाज के नेता के रूप में रहकर लोगों द्वारा महर्षि कहलाए।

कविगुरु टैगोर ने अपने परिवार के परिवेश का वर्णन अपनी कृति 'जीवन स्मृति (My Reminiscences)' में किया है, जिससे पता चलता है कि उनका जीवन

पुराने जमाने के टैगोर परिवार के नौकर लोग। नौकरों के मुखिया हाथ में चाँदी का डंडा लिए हुए बैठे हैं। कहा जाता है चालीस-पचास नौकर वहाँ सेवा करते थे।

बचपन से ही कितना साहित्यिक और कलात्मक रूप से समृद्ध था। विशाल रिसेप्शन रूम हर शाम उज्ज्वल प्रकाश में चमकता था और बहुत से मेहमान आते-जाते थे, जो साहित्य और कला पर चर्चा करते थे। उनके अनेक भाई-बहन और चचेरे भाई भी कितने प्रतिभाशाली थे, इसका भी अच्छा वर्णन है। आज भी टैगोर परिवार में लोग बड़ी संख्या में एकत्र होकर बातें करते हैं, गाने का आनंद उठाते हैं, घरेलू नाटक करते हैं, वाद्य यंत्र बजाते हैं। लेकिन कविगुरु के जीवनकाल में यह सब कितना शानदार और गहरा अर्थ लिए हुए रहा होगा। बड़े-बड़े कमरे एक के बाद एक कतार में हैं, और आगे एक लंबा और चौड़ा बरामदा है। कमरे के अन्दर, उनके द्वारा

रोजाना पहने जाने वाला अरबी शैली का चौड़ी आस्तीन का गाउन, जुब्बा और अन्य वस्त्र, फर्नीचर प्रदर्शित किए गए हैं।

युवा रवीन्द्रनाथ टैगोर।

कविगुरु टैगोर की जन्म शताब्दी पर भारतीय डाक विभाग की ओर से 1961 में जारी डाक टिकट।

मूल घर पाथुरीघाटा में परिवार सदस्यों के साथ रवीन्द्रनाथ टैगोर (मध्य में)।

रवींद्र भारती भवन के बड़े हॉल में, उनके द्वारा बनाए गए अनेक चित्र हैं। मध्य में स्थित बड़े शोकेस में उनकी साहित्यिक कृतियों के हस्तलेख और निजी पत्राचार संगृहीत हैं। और रूसी मूर्तिकार अज़गूर द्वारा बनाई गई कवि की कांस्य प्रतिमा है। उसके दोनों ओर दो आदमक़द तस्वीरें हैं। एक तस्वीर में वे बीस साल के हैं, जबकि दूसरी में सत्तर साल के हैं। युवा टैगोर ने 'वाल्मीकि प्रतिभा' नाटक में मुख्य भूमिका निभाई थी। यह संगीतमय नाटक उन्होंने इंग्लैंड से पढ़ाई करके लौटने के बाद लिखा था। इसकी कथा रामायण से ली गई थी और पृष्ठभूमि संगीत के रूप में उस समय भारत में दुर्लभ पश्चिमी संगीत का भरपूर उपयोग किया गया था। टखने तक लम्बे चोगे में लिपटे, कंधे तक पहुँचने वाले घने काले बाल, गहरी दाढ़ी। एक प्रथम श्रेणी के कलाकार द्वारा गढ़े गए जैसे सुन्दर और मर्दाना चेहरे। उनमें एक महान अभिनेता की सम्पूर्ण गरिमा मौजूद थी। तस्वीर में बूढ़े टैगोर ने अपनी सफेद दाढ़ी को छाती तक बढ़ा रखा है। ऊनी जुब्बा पहने हुए खड़े हैं। चमकती हुई आँखें स्थिर रूप से अनंत को निहार रही हैं। लंबी जीवन यात्रा की लहरों को पार करने के बाद उनका चेहरा दिव्य और शांत है। संत शब्द इसी तरह के व्यक्ति के लिए होता होगा।

जापान के इज़ूरा में तेनशिन विला पर, ओकाकुरा तेनशिन के परिवार सदस्यों के साथ रवीन्द्रनाथ टैगोर, 1916 में।

हॉल की बाहरी गैलरी में उनके परिवार, संबंधियों, मित्रों और उन लोगों के साथ की तस्वीरें सजी हैं जो जीवनकाल में उनके नजदीकी थे। इनमें भारतीय स्वतंत्रता-संग्राम के पिता, महात्मा गांधी के साथ बातचीत करते टैगोर, सापेक्षता सिद्धांत के लिए प्रसिद्ध विद्वान आइंस्टीन और उनकी पत्नी के साथ जर्मनी में ली गई फोटो, स्विट्जरलैंड में रोमेन रोलांड के साथ, अमेरिका में बर्नार्ड शॉ और हेलेन केलर के साथ, और जापान में ओकाकुरा तेनशिन के साथ किमोनो पहने हुए टैगोर की तस्वीरें भी शामिल हैं। तीसरी मंजिल पर कवि के पूर्वजों, भाइयों, पत्नी और बच्चों सहित पारिवारिक सदस्यों के संबंध की सूचना और वंशावली को तस्वीरों और संक्षिप्त विवरणों के माध्यम से समझाया गया है। कविगुरु टैगोर के अलावा भी इस परिवार से कई प्रतिभाशाली और प्रसिद्ध व्यक्तियों का उदय हुआ है, जिनकी जानकारी इस गैलरी से प्राप्त होती है।

रवीन्द्रनाथ टैगोर के साथ बैठे आइंस्टीन और उनकी पत्नी। पीछे दायीं ओर से टैगोर की बहू प्रतिमा देवी, सांख्यिकीविद महालनोबिस और उनकी पत्नी। जर्मनी में, 1926।

'शांति का वासस्थान' टैगोर का मुख्य निवास

शांतिनिकेतन कोलकाता से पश्चिमोत्तर में 160 किलोमीटर की दूरी पर स्थित है। यहाँ पर रवींद्रनाथ टैगोर द्वारा स्थापित विश्व भारती विश्वविद्यालय है। विश्व भारती

जापान के कोबे में श्री र्यूहेई मुराकामी के घर में 1916 में। मध्य में रवीन्द्रनाथ टैगोर खड़े हैं। उनकी बायीं ओर श्री र्यूहेई मुराकामी (आसाही समाचार पत्र के संस्थापक), उनकी बेटी तोको, श्री रिइचि उएनो (आसाही समाचार पत्र के सह-संस्थापक) और श्री तइकान योकोयामा (जापानी चित्रकला के कलाकार) हैं। टैगोर की दायीं ओर प्रोफेसर एकाई कावागुची (बौद्ध धर्म के शोधकर्ता) और मुकुल डे (चित्रकार) हैं। पीछे टैगोर के सचिव विलियम पियर्सन खड़े हैं।

के नाम से ही प्रकट होता है कि यहाँ दुनिया भर से लोग आते हैं। इसे सामान्यत: शांतिनिकेतन (शांति का वासस्थान) या टैगोर इंटरनेशनल यूनिवर्सिटी के नाम से जाना जाता है। मेरे पति भी यहाँ के स्नातक हैं। प्राचीन काल से यह क्षेत्र बोलपुर के नाम से जाना जाता था। यहाँ कवि टैगोर के पिता, देवेन्द्रनाथ टैगोर की जमीन थी। कवि ने जब इस स्थान को शिक्षा का केंद्र बनाकर 'शांतिनिकेतन' नाम दिया, तब से व्यापक रूप से यह नाम प्रचलित हो गया।

1961 में मैं पहली बार शांतिनिकेतन गई थी, और कुल मिलाकर लगभग दस बार वहाँ जाने का अवसर मिला है। नवविवाहिता के रूप में तो पति के साथ, और फिर बाद में बच्चियों के साथ भी जा चुकी हूँ। कभी अकेले, कभी परिवार के साथ और कभी समूह के साथ जाने का अनुभव भी रहा है। हाल ही में कोलकाता से शांतिनिकेतन एक्सप्रेस के द्वारा लगभग दो घंटे में

पहुँच सकते हैं। इसलिए देश-विदेश के लोग लगातार वहाँ आते हैं। इस ऐतिहासिक और आनंद की हरी-भरी जगह की तलाश में भारत के विभिन्न हिस्सों से, विशेषकर कोलकाता की तरफ से बसने वालों की संख्या भी बढ़ रही है। सेकंड हाउस बनाने वाले भी कई हैं। विकास के साथ सुविधा तो बढ़ रही है लेकिन उसके साथ ही अतिक्रमण की प्रवृत्ति और ज़मीन की महँगाई भी बढ़ रही है। स्टेशन के सामने कंक्रीट की इमारतें खड़ी हो गई हैं, और चौड़ी ऐस्फाल्ट की सड़कें भी बन गई हैं।

पहली बार जब मैं वहाँ गई थी, स्टेशन के सामने जर्जर स्टाल्स शृंखला में लगी हुई थीं। भीड़, घोड़ा गाड़ी, रिक्शा, गाय-भेड़ के झुंड, और आवारा कुत्ते दिखाई दे रहे थे। यह एक उजड़े हुए गाँव में पहुँचने का आभास दे रहा था। लेकिन, रिक्शा पर चढ़कर दस मिनट भी नहीं गुजरे थे कि प्राकृतिक दृश्य मेरे सामने फैल गया। दूर तक फैले हल्के लाल मिट्टी के पहाड़ी इलाके पर आम और शाल के बड़े घने पेड़ थे और ताड़, खजूर, और पाम के ऊँचे पेड़ भी थे। छोटी-बड़ी नदियाँ और दलदली जगहें भी थीं और आसपास केले और पपीते के पेड़ उग आए थे। भैंसें नज़र आ रही थीं। दर्जनों बकरियाँ एक दूसरे पर चढ़ती हुई घर की ओर दौड़ रही थीं। सिर पर लाल साड़ी पहने हुए एक माँ कमर पर बच्चे को लिए हुए गुज़र रही थी। जब हरे भरे पेड़ों की छाया और गहरी हो गई थी, तब जल्द ही रिक्शा विश्वविद्यालय के परिसर में प्रवेश कर गया। आर्च वाले दरवाजे से अन्दर जाने पर कवि के मुख्य निवास 'उत्तरायण' के सामने पहुँची। नीलगिरी के ऊँचे पेड़ों को पार करते ही बाईं ओर एक बड़ी सफेद चूना पत्थर की इमारत दिखाई दी। इसे 'उदयन' कहते हैं जहाँ जीवन के अंतिम दिनों तक कवि रहे थे। उत्तरायण में इस भवन के अलावा तीन-चार छोटे विस्तृत बंगले भी थे। उनमें से एक 'पुनश्च' नामक बंगला हमारे ठहरने के लिए निश्चित किया गया था।

आने के अगले दिन, हमने उदयन का दौरा किया। इसे रवींद्र भवन भी कहा जाता है, जहाँ कवि की निजी वस्तुएँ, उनके कार्य, नोबेल पुरस्कार का स्वर्ण पदक आदि प्रदर्शित किए गए हैं। 1961 कवि टैगोर की जन्मशताब्दी और उनके निधन के बीस साल पूरे होने का वर्ष था। इस अवसर पर भारत ही नहीं बल्कि विश्व भर में विभिन्न स्मृति-समारोह आयोजित किए गए। इन समारोहों के एक भाग के रूप में यहाँ पर पहले कभी प्रदर्शित नहीं किए गए उनके कुछ निजी सामान भी प्रदर्शित किए गए।

शांतिनिकेतन में कविगुरु के मुख्य निवास 'उत्तरायण' में स्थित उदयन नामक इमारत।

लाल मिट्टी के मैदान के सामने मुख्य द्वार है। प्रवेश द्वार के पास डहेलिया, गुलाब, बोगनवेलिया आदि के फूल खिले हुए हैं। मुख्य द्वार से अन्दर प्रवेश करते ही एक विशाल अतिथि कक्ष में मिलता है। उसके मध्य भाग में हाथ को आराम देने और बैठने के लिए सुन्दर तकिये लगे हुए हैं। शायद कवि यहाँ बैठकर अपने मेहमानों से मुलाक़ात करते थे। चारों ओर की दीवारों पर उनके द्वारा बनाए गए चित्र लगे हुए हैं। यहाँ पर अपारदर्शी ग्वाश वाटरकलर पेंटिंग्स हैं, साथ ही स्याही, पेस्टल, और क्रेयॉन चित्र भी हैं। स्व-चित्र, परिदृश्य, माँ-बच्चे, पुरुष-महिला के चित्र, फूल-पौधे, जानवर, जंगली पक्षी, स्थिर जीवन, अमूर्त चित्र आदि विषय बहुत विविध हैं। उनकी साहित्य और संगीत क्षेत्र में प्रतिभा और उपलब्धियाँ बचपन से ही प्रकट हो गई थीं, लेकिन कला के क्षेत्र में प्रतिभा का विकास उनके जीवन के अंतिम वर्षों में हुआ। उन्होंने गम्भीरता से चित्रकला शुरू की थी जब वे साठ वर्ष की आयु पार कर चुके थे। अपने देहांत से पूर्व के बीस वर्षों में उन्होंने 3000 से अधिक कृतियाँ बनाईं। ये सभी कृतियाँ उच्च स्तरीय और प्रशंसित थीं। भारत में ही नहीं, यूरोप, रूस, अमेरिका, और जापान में भी उनकी एकल प्रदर्शनियाँ आयोजित की गई थीं। भारत सरकार ने उनकी जन्मशताब्दी के अवसर पर 'टैगोर का चित्रकला संग्रह' प्रकाशित किया,

और ‘लाइफ’ पत्रिका ने संता रामराव के व्याख्यान के साथ उनकी चित्रकला पर टैगोर विशेषांक जारी किया। मेरे लिए भी उनकी हरेक कलाकृति को देखना हमेशा एक आश्चर्यजनक अनुभव होता है। उनके कार्यों की आकृति, रंग, और संरचना, हर बार सामान्य सौंदर्यबोध को तोड़ती हैं। ये कृतियाँ जटिल और गहरी भावनाओं को प्रकट करती हैं।

1961 में, शांतिनिकेतन में लेखिका, प्रतिमा देवी (रवीन्द्रनाथ टैगोर की बहू), और उनकी दत्तक पुत्री एक पेड़ के नीचे बैठी हुईं। पीछे लेखिका के पति संदीप टैगोर खड़े हैं।

यह वही स्थान था जहाँ मेरे पति की प्रिय बड़ी बुआ, इंदिरा देवी चौधरानी (कवि टैगोर के दूसरे भाई की बेटी, 1960 में निधन) रहती थीं। मेरे लिए, वह समय टैगोर परिवार की बहू के रूप में पहली बार समाज के लोगों से मिलने का अवसर था, इसलिए मैं लगातार रिश्तेदारों के घर जाकर मिलती रहती थी। मीरा देवी (कवि टैगोर की तीसरी बेटी, 1960 के दशक के अंत में निधन), प्रतिमा देवी (कवि टैगोर के पहले बेटे की पत्नी, 1968 में निधन) और अन्य कई रिश्तेदारों से गर्मजोशी भरा आतिथ्य प्राप्त करके मैं बहुत अभिभूत हुई।

संगीतकार के रूप में भी उनकी प्रतिभा असाधारण थी। उन्होंने अपनी कई कविताओं को धुनों में ढालकर गीत बनाए, जो आज भी पूरे भारत में बहुत लोकप्रिय हैं। यह संगीत रवींद्र संगीत के रूप में एक विशेष संगीत श्रेणी में आ चुका है। उनके गीतों की संख्या पाँच हजार से अधिक कही जाती है। भारत का राष्ट्रगान ‘जन

गण मन' उनके द्वारा लिखित और संगीतबद्ध है। बांग्लादेश ने भी उनके लिखे और संगीतबद्ध किए गए 'आमार सोनार बांगला' को अपना राष्ट्रगान बनाया है। एक ही व्यक्ति की रचनाओं को दो देशों के राष्ट्रगान के रूप में अपनाना दुनिया में अब तक अनोखा है।

कविगुरु रवीन्द्रनाथ टैगोर ने भारत के राष्ट्रगान की रचना की थी।

आगे एक पुस्तकालय है। वहाँ रवींद्रनाथ टैगोर की अपनी रचनाएँ और उनसे संबंधित हजारों किताबें हैं। इनमें मूल बंगाली भाषा के अलावा, विभिन्न भारतीय भाषाओं, अंग्रेजी, रूसी, फ्रेंच, जर्मन, एशियाई भाषाओं में चीनी, कोरियाई, बर्मी, जापानी अनुवादों की पुस्तकें भी दिखाई देती हैं। लाल रेलिंग वाली सीढ़ियाँ चढ़ने पर लगभग पचास वर्गमीटर का एक अध्ययन कक्ष है।

रवीन्द्रनाथ टैगोर की चित्रकला और दायें रवीन्द्रनाथ टैगोर के आत्मचित्र पर 1987 में जारी डाक टिकट।

रवीन्द्रनाथ टैगोर की चित्रकला का डाक टिकट, 1978 में।

प्रवेश द्वार पर एक बुजुर्ग, सांवले रंग के सज्जन खड़े हैं। उनका नाम नाथ है, जो लम्बे समय से कवि टैगोर की सेवा करते थे, और अब भी अपने स्वर्गीय मालिक के कमरे की देखभाल करते हैं। कमरे के मध्य में एक भव्य मेज़ है। उस पर ऑक्सफ़ोर्ड का एक मोटा शब्दकोश रखा है। इस मेज़ पर कई कृतियाँ लिखी गई होंगी। ग्लास के शोकेस में फ़ाउंटेन पेन, पेन स्टैंड, इंक पॉट, पेपर कटर, चश्मा, चाकू, कैंची, चाय का प्याला, तूलिका, लोटा, रंग, पैलेट आदि रखे हैं। वहाँ एक जापानी तलवार भी है। उसके हैंडल पर चेरी ब्लॉसम की नक्काशी है। मुझे याद है कि मैंने एक लेख में पढ़ा था कि जब वे जापान गए थे, तब ओकाकुरा तेनशिन ने उन्हें यह तलवार भेंट की थी। क्या यह वही तलवार हो सकती है? उन्होंने तलवार और चेरी ब्लॉसम के ऊपर कविता भी लिखी है, शायद इसी तलवार के लिए होगी।

एक कोने में सोफे के सामने चमड़े की एक जोड़ी स्लिपर है। यह लगभग तीस नंबर के किंग साइज की है। दीवार पर कई पोशाकें हैं। वहाँ उनके द्वारा रोज़ाना पहने जाने वाले जुब्बा और एक खूबसूरत कश्मीरी शॉल है। एक गहरे नीले रंग का चीनी सिल्क का रोब भी है। यह वही है जो कवि को 1924 में चीन की यात्रा के दौरान स्वागत समारोह में सम्राट द्वारा भेंट किया गया। सम्राट ने उनकी प्रशंसा करते हुए कहा था, "आप ही पूर्वी काव्य जगत के सम्राट हैं।" एक अन्य केस में बंगाली और अंग्रेजी भाषा में लिखित ड्राफ्ट की मूल प्रतियाँ प्रदर्शित हैं। लिखावट बहुत सुन्दर है। नोबेल पुरस्कार विजेता कविता संग्रह 'गीतांजलि' भी है। नोबेल की मूर्ति वाला स्वर्ण पदक एक मख़मली केस में रखा है। 'गीतांजलि' के अलावा, 'माली (The Gardener)', 'दूज का चाँद (The Crescent Moon)', 'जीवन स्मृति (My Reminiscences)' आदि के ड्राफ्ट भी हैं। अस्थायी रूप से ही सही, कॉलेज के दिनों में मेरे शोध प्रबंध का विषय रवींद्रनाथ टैगोर की कविताएँ थीं। इसलिए असली मूल प्रतियों को सामने देखकर मेरी भावनाएँ जाग्रत हो उठीं।

विश्व भारती विश्वविद्यालय में

सात किलोमीटर में फैले इस विशाल चौकोर कैम्पस में प्रार्थना सभागृह, कक्षाएँ, व्याख्यान हॉल, रवींद्र भवन, उत्तरायण, चीनी अध्ययन संस्थान, प्राथमिक एवं माध्यमिक स्कूल, कला संग्रहालय, संगीत हॉल, मुद्रणालय, डाकघर, अतिथि गृह, छात्रावास, शिक्षकों और कर्मचारियों के आवास, आवासीय इकाइयाँ आदि बने हुए हैं। सफेद दीवारों पर सूर्य की चमक दमकती है, और लाल रंग की धरती तपती नज़र आती है। चारों ओर सघन छायादार विशाल वृक्ष हैं।

विश्व भारती विश्वविद्यालय की स्थापना 1901 में, रवींद्रनाथ टैगोर ने चालीस वर्ष की उम्र में की थी। एक साहित्यकार ने क्यों स्कूल की स्थापना की। इसे समझने के लिए हमें उनके पिता, देवेंद्रनाथ टैगोर के काम को समझना होगा। देवेंद्रनाथ उस समय के ब्रिटिश उपनिवेशवादी शिक्षा प्रणाली से गहरा असंतोष महसूस करते थे। उनका मानना था कि भारतीय बच्चों और युवाओं को राष्ट्रीय सम्मान और स्वतंत्रता की भावना प्रदान करने वाली शिक्षा की आवश्यकता है। उन्होंने अपने परिवार के बच्चों को इकट्ठा करके खुले में शिक्षा देना शुरू किया। उन्होंने इसे 'वनविद्यालय' का नाम दिया। इस छोटे से पारिवारिक समूह को स्कूल में बदलना कठिन था। उस समय के हिसाब से यह एक खतरनाक काम भी था, और सहयोग देने वाले लोग कम थे। कवि टैगोर ने अपने पिता के इस विचार से सहमति जताई। साथ ही, उनके बचपन में स्कूली शिक्षा के अप्रिय अनुभवों ने उन्हें एक नए शिक्षा दर्शन पर आधारित स्कूल की स्थापना के लिए प्रेरित किया। उस अनुभव के बारे में उन्होंने अपनी पुस्तक 'जीवन स्मृति' में निम्नलिखित रूप में वर्णन किया है।

"मैंने महसूस किया कि मेरे बचपन में शिक्षकों द्वारा दी गई शिक्षा मशीनी, दमनकारी, अव्यक्तिगत और अनुपयुक्त थी। बच्चे बाहरी दुनिया की चीजों के प्रति बहुत संवेदनशील और नाजुक होते हैं। इस संवेदनशीलता के साथ, वे स्वाभाविक रूप से भाषा सीखते हैं और उसके अर्थ और अर्थछायाओं को समझते हैं। ऊपर से दी जाने वाली शिक्षा उनके स्वाभाविक उभरने वाले विचारों और चीजों को देखने के तरीके को दबा देती है। वयस्क अपने दिल में विकृतियाँ और भ्रम रखते हैं, और इससे बच्चों के जीवंत विचारों और दृष्टिकोणों को नष्ट कर देते हैं। अपने अनुभव से मैं सोचता हूँ कि बच्चों के लिए सबसे महत्वपूर्ण बात प्रकृति के बीच में होना है। प्रकृति ही वह चीज है जो अपने द्वारा बनाए गए सभी जीवों को प्राकृतिक रूप से शिक्षित और समृद्ध करती है।"

इस विचार के आधार पर, उन्होंने अपने पिता की बोलपुर वाली जमीन को अपने आदर्श शिक्षा के स्थल के रूप में चुना। यह उनके घर कोलकाता से एक सौ साठ किलोमीटर दूर एक वीरान इलाक़ा था। इसलिए उन्होंने इस जगह को शांति का निवास यानी शांतिनिकेतन नाम दिया था।

एक शिक्षाविद् के रूप में खुद को ढालने की प्रक्रिया को उनकी पुस्तक 'द रिलिजन ऑफ मैन' में देखा जा सकता है।

"मनुष्य पवित्र है—यह विचार मेरे मन में अचेतन रूप से काम कर रहा था, जिसने मुझे मेरे साहित्यिक करियर की एकांतता से बाहर निकलने और व्यावहारिक गतिविधियों की दुनिया में अपनी भूमिका निभाने के लिए विवश किया। अनंत ध्यान से मिलता एकांत आनंद मुझे अब संतुष्ट नहीं करता था, और मेरी मौन उपासना के लिए जो पाठ मैंने इस्तेमाल किए थे वे बिना मेरे जाने ही अपनी प्रेरणा खो बैठे थे। मैं निश्चित हूँ कि मुझे धुंधला सा महसूस हुआ कि मेरी आवश्यकता मनुष्य के जीवन में किसी निस्वार्थ सेवा के माध्यम से आध्यात्मिक आत्म-साक्षात्कार थी। यह वह समय था जब मैंने हमारे बंगाल के बच्चों के लिए एक शैक्षिक संस्थान की स्थापना की। इसका अपना एक विशेष चरित्र है जो अभी भी अपनी पूर्ति की खोज में जूझ रहा है; क्योंकि यह एक जीवित मन्दिर है जिसमें मैंने दिव्यता को पाने का प्रयास किया है। ऐसी जगह पर शिक्षा अनिवार्य रूप से मनुष्य के पूर्ण जीवन की तैयारी बन जाती है, जो केवल उस जीवन को जीने, ज्ञान और सेवा के माध्यम से, आनंद और सृजनात्मक कार्य के माध्यम से सम्भव बन सकती है। यह आवश्यकता मेरी अपनी थी, क्योंकि मैं इससे स्वप्न-जगत में अपने निर्वासन से सत्य की पूर्णता में वापस आने के लिए प्रेरणा महसूस करता था।"

कवि यह भी कहते हैं कि, "सर्वोत्तम शिक्षा वह है जो केवल ज्ञान देने के बजाय, हर जीवित प्राणी को हमारे जीवन में सुचारु रूप से समायोजित करने के लिए प्रशिक्षित करती है।" पहले और दूसरे विश्व युद्ध की क्रूरता ने उन्हें यह महसूस कराया कि दुनिया भर के लोगों को नस्ल, विचार, धर्म, संस्कृति, भाषा, जीवनशैली आदि की भिन्नताओं को पार करके सह-अस्तित्व में रहना चाहिए। अपने से अलग चीजों को नष्ट करने या दबाने के बजाय, हमें एक समग्रता में सभी को समाहित करना चाहिए। सामंजस्यपूर्ण समग्रता सामंजस्यपूर्ण मानव से उत्पन्न होती है। यह मानव और मानव, मानव और प्रकृति, मानव और ईश्वर के सह-अस्तित्व और सामंजस्य की ओर जाता है, और यह सब एक व्यक्ति की गरिमा से शुरू होता है।

उनके द्वारा महत्व दिए गए सेवा कार्य शांतिनिकेतन से लगभग दो किलोमीटर दूर स्थित श्रीनिकेतन में देखे जा सकते हैं। श्री यानी खुशहाली के वासस्थान का अर्थ रखने वाली यह जगह एक प्रकार का गाँव-समुदाय है, जहाँ गरीब किसानों और दलित कही जाने वाली संथाल जनजाति को मदद प्रदान की जाती है। कृषि मार्गदर्शन, हस्तशिल्प जैसे उद्योगों का मार्गदर्शन, जीवन सुधार, चिकित्सा सेवा, स्कूल, सहकारी समिति, सहकारी बैंक आदि गतिविधियाँ सम्पन्न होती हैं। सभी मानव स्वतंत्र और समान हैं—इस विश्वास के साथ टैगोर ने जातिवाद को नकारा है। आज भी, उनके विचारों से सहमत लोग यहाँ इकट्ठा होकर सेवा का काम करते हैं।

शांतिनिकेतन में शिक्षा, जैसा कि टैगोर ने दृढ़ता से बताया था, केवल ज्ञान प्राप्ति के लिए नहीं होती, बल्कि धरती पर रहकर जीवन जीने में निहित होती है। जैसे प्रकृति के साथ रहना, सादा जीवन अपनाना, और पारिवारिक गर्मजोशी और सद्भाव से भरे जीवन को जीना। सिद्धांतत:, सभी छात्रों को छात्रावास में रहना होता है। जब मैं 1960 के दशक में आई थी, तब छात्रावास काफी सरल और मिट्टी के बने हुए थे। दीवारें मिट्टी की बनी हुई थीं, छतें ताड़ के पत्तों से ढकी हुई थीं। बाहरी दीवार पर संथाल जनजाति के अर्धनग्न पुरुष, महिलाएँ और बच्चे, कूबड़ वाली गाय, ताड़ और पीपल के पेड़, जलपक्षी, हिरण आदि इस क्षेत्र में आम तौर पर देखे जाने वाले दृश्यों को बारीकी से चित्रित किया गया था। ऐसे कई मिट्टी के घर, घने बड़े पेड़ों के नीचे छिपे-छिपे नजर आते थे। इनमें बिल्कुल भी कृत्रिमता नहीं थी और ये प्रकृति के साथ अच्छी तरह से मेल खाते थे। ये स्थानीय संथाल जनजाति के घरों के आधार पर बनाए गए थे। प्रत्येक घर में दो या तीन छात्र सामूहिक जीवन व्यतीत करते थे। अन्दर का वातावरण विशाल और आरामदायक। साधारण लकड़ी के बिस्तर, हाथ से बनाई गई किताबों की अलमारी, सितार और तबला आदि कोने में रखे गए थे। कैंपस में नंगे पाँव चलना छत्रों का सिद्धांत था, इसलिए कमरे का फर्श भी मिट्टी से बना हुआ था। नंगे पाँव चलने का उद्देश्य माँ पृथ्वी से अधिक निकटता से जुड़ना है।

अब एक राष्ट्रीय विश्वविद्यालय बने इस संस्थान में विशेष रूप से कला विभाग और साहित्य विभाग पर महत्त्व दिया गया है। कला विभाग चित्रकला, शिल्पकला, संगीत, नृत्य के विभागों में विभाजित है। यह भारत में कला का एक प्रमुख केंद्र बना। कैंपस में अक्सर कला विभाग के छात्रों को अपनी कृतियों का निर्माण करते हुए देखा जा सकता है। वहाँ चित्रकारी के लिए विषयों की कोई कमी नहीं। ढीले रेत के टीले, लाल मिट्टी के मैदान, बड़े और छोटे विभिन्न प्रकार के पौधे, आसपास के स्थानीय निवासी और उनकी जीवनशैली, पक्षी और जानवर, अनंत आकाश,

मौसम का परिवर्तन... ये सब उन्हें अनेक प्रेरणाएँ देते हैं। संथाल जनजाति प्राकृतिक वातावरण में जीवन व्यतीत करती है। पुरुष और महिलाएँ दोनों ही मेहनती होते हैं। पुरुषों के शरीर और मांसपेशियाँ मजबूत होती हैं। महिलाएँ अपने विशाल स्तनों को प्राय: नहीं ढकती हैं और सभी गर्व से चलती हैं। अच्छी तरह से देखभाल किए उनके काले बालों में फूल सजाए जाते हैं। मुस्कराने से उनके सफेद दांत दिखते हैं। पुरुषों के चहरे अधिकतर भूरे रंग के और तेजस्वी होते हैं। आर्ट स्टूडियो में मूर्तिकला विषय के छात्रों के लिए मॉडल संथाल जनजाति का एक मध्यम आयु का पुरुष था। और, बाहर हरियाली में ही मैंने संगीत की कक्षा का अवलोकन किया। छात्र, शिक्षक के आसपास बैठकर सितार, तबला, वीणा, तानपुरा जैसे वाद्ययंत्रों को बजाते थे। कुछ लोग गायन अभ्यास भी कर रहे थे। विशाल मैदान में सुर लगाना भारत में तो ठीक है, लेकिन जापान में नहीं हो सकता। यह प्रचुर प्राकृतिक और खुला स्थान बिलकुल अनोखा है।

बीस-तीस साल में मैं शांतिनिकेतन बार बार आई थी। वहाँ साल दर साल बदलाव दिखाई देता रहा। नंगे पाँव वाले छात्रों की संख्या कम हो गई। अधिकतर छात्र अब जूते, सैंडल या रबर की चप्पल पहनते हैं। विश्व भारती यानी 'सम्पूर्ण विश्व का एकत्रित स्थान' के नाम के अनुरूप है तो सही, छात्रों, शिक्षकों, विदेशियों, स्थानीय निवासियों की संख्या बहुत बढ़ गई है। इमारतें भी अनियंत्रित रूप से बढ़ी हैं। मिट्टी के बने छात्रावास लगभग गायब हो गए हैं, इसमें से बचे हुए कुछ घर अब केवल प्रदर्शनी की चीज़ बनकर रह गए हैं। बाक़ी नीरस कंक्रीट का जंगल में बदल गए हैं। क्षितिज और पहाड़ी क्षेत्र अब दृष्टि से बाहर हैं। मकानों और कृत्रिम रूप से लगाए गए पौधों ने आसमान की सृष्टि को ढक लिया है। हालाँकि, कोलकाता जैसे भीड़-भाड़ वाले शहर से आने पर यह जगह अभी भी हरीभरी और आश्रय स्थल है। लेकिन पुराने शांतिनिकेतन को जानने वालों के लिए यह निराशाजनक है।

जापान के प्रमुख चित्रकार, अकिनो फुकु की प्रदर्शनी का निमंत्रण पत्र पाकर 3 फरवरी 1994 को मैं वहाँ पहुँची। उन्होंने पचास की उम्र के बाद विश्व भारती विश्वविद्यालय में अतिथि प्रोफेसर के रूप में काम किया। तब से छियासी वर्ष की उम्र तक, भारत को मुख्य विषय के रूप में लेकर चित्रकारी में लगी रहीं। (2001 में निधन, तिरानवे वर्ष की आयु में।) मैंने उनकी 'सूर्यास्त में मैदान' (1964) और 'मैदान' (1964) नामक कृतियों में शांतिनिकेतन के भव्य दृश्यों को देखा। 'मैदान'

में चित्रकार द्वारा एक व्याख्या संलग्न थी कि "लाल मिट्टी का मैदान हर बारिश के द्वारा कटाव से उभरी हुई धाराओं के साथ दूर तक फैला हुआ है। कभी-कभी आवारा कुत्ते के शव पर गिद्ध मंडराते दिखाई देते हैं। यह शांतिनिकेतन के आसपास का परिदृश्य अब मकानों की पंक्तियों से ढक गया है।" मैं इस महान कृति के सामने कुछ समय के लिए खड़ी रही। तब, तीस साल पहले का शांतिनिकेतन उज्ज्वल और विस्तृत रूप में दिखाई दिया। लाल मिट्टी पर उगी हुई घास, हवा में झुके हुए ताड़ के पेड़। आसपास चलते संथाल ग्रामीण। सिर पर लकड़ी का ढेर ढोने वाले, बोरा उठाने वाले, सफेद और काली बकरियों के साथ चलते हुए लड़के। दूर क्षितिज में कोवाई नदी धीरे-धीरे तिरछी होकर चमकती दिखाई देती है। यह दृश्य 'कोवाई' (जापानी में "डरावना" का अर्थ) कहलाता है। उस दिन लोगों को 'कोवाई, कोवाई!' चिल्लाते हुए देखकर मुझे हँसी आ गई थी।

विश्वविद्यादय जाने के रास्ते में मैंने एक बार बकरी को बच्चा पैदा करते हुए देखा। एक संथाल पुरुष लाल मिट्टी के मैदान में बैठकर दर्द से कराहती मादा बकरी के फूले हुए पेट को सहला रहा था। जल्द ही, खड़ी बकरी ने मिमियाते हुए बच्चे को जन्म दिया और पुरुष ने उसे अपने हाथों में पकड़ लिया। टपकता हुआ खून लाल मिट्टी में खो गया। पुरुष ने झूलती हुई बोरी जैसी उसकी झिल्ली को हटाकर माँ बकरी को वह खिला दी। फिर उसने अपनी धोती के सिरे से गीले बच्चे को लपेट कर उठाया।

चित्रकार अकिनो के द्वारा चित्रित मैदान और मेरे द्वारा देखे गए पहाड़ी इलाके अब अधिकांशत: घरों से घेर लिए गए हैं। क्या टैगोर द्वारा आदर्श मानी गई प्रकृति और धरती के साथ का जीवन आगे भी संरक्षित रहेगा?

जापान के प्रति उम्मीदें

रवींद्रनाथ टैगोर ने 1916 में शुरू करके 1917, 1924, और 1929 में चार बार जापान की यात्रा की। पहली यात्रा के बाद, उन्होंने एक यात्रा वृत्तांत 'जापान यात्री' (जापानी अनुवाद भी 1960 में प्रकाशित) लिखा है, जिससे जापान के प्रति उनकी गहरी रुचि और समझ का पता चलता है। विशेष रूप से जापान ने विभिन्न क्षेत्रों में दिखाई गई मजबूत सृजनात्मकता, उच्च कला संस्कृति, इसे जापानी में "यमातो दमाशी" कहा जाता है जिसमें उन्होंने जापानी आत्मा की शुचिता की प्रशंसा की। जापान के प्रसिद्ध बुद्धिजीवी ओकाकुरा तेनशिन और प्रमुख चित्रकार योकोयामा

ताइकान जैसे विख्यात लोगों की मित्रता के माध्यम से उन्होंने जापानी संस्कृति की समझ को गहरा किया। साथ ही, जापान के राजनीतिक और आर्थिक विकास और प्रगति की भी उन्होंने प्रशंसा की थी। उन्होंने कहा, "जापान सदियों से चले आ रहे सामंतवाद को काटकर आगे बढ़ा है। जापान पूर्वी देशों में राजनीतिक पुनर्जागरण लाने वाला देश है।"

लेकिन उन्होंने आँख मूँदकर जापान की प्रशंसा नहीं की थी। विकास को सकारात्मक मानते हुए उन्होंने पश्चिमी देशों से जापान में आयातित मशीनी सभ्यता की आलोचना की, जो मानवता को भी मशीनीकृत कर रही थी। उन्होंने ऐसे चेतावनी दी कि "जापान को पश्चिमी देशों के भौतिक और सतही तरीकों की नकल नहीं करनी चाहिए, बल्कि अपना अलग रास्ता चुनना चाहिए, और वह रास्ता उच्च नैतिक मूल्यों पर आधारित होना चाहिए।" बाद की जापान यात्राओं में भी, उन्होंने नैतिकता से मुक्त जापान की चाल, आक्रामक साम्राज्यवाद, सैन्यवाद की गति की कठोर आलोचना की। "सभ्यता का कार्य लोगों के बीच एकता लाना और शांति और सहयोग स्थापित करना है" ऐसे संदेश उन्होंने भेजे। हालाँकि इस नोबेल पुरस्कार विजेता, जिसका जापान ने कभी उत्साहपूर्वक स्वागत किया था, उस जापानी जनता ने, उनके द्वारा प्रस्तावित शांतिवाद को हारे हुए की आवाज़ के रूप में खारिज कर दिया। जापानी लोग मानवतावाद में पूर्णतः रमे हुए उनके उच्च विचारों और विश्वासों को समझने में सफल नहीं हुए। उनकी रचनाओं के प्रकाशन पर प्रतिबंध भी लगा दिया गया था। टैगोर की जापान के प्रति चेतावनी को नहीं सुना गया, लेकिन उन्होंने अपने जीवन के अंत तक जापान और वहाँ के लोगों के प्रति अपनी आशा और प्रेम को नहीं खोया। उन्होंने जापान को "पूर्वी देशों का महान, शांति की खोज करने वाला आदर्शवादी" कहा। और "महान प्रेम के साथ, विश्व को शांति की ओर ले जाने की आशा" व्यक्त की।

आज, रवींद्रनाथ टैगोर की रचनाओं को फिर से सराहा जा रहा है। उनका सम्पूर्ण संग्रह भी प्रकाशित हो रहा है। वे 1941 में इक्यासी वर्ष की उम्र में चल बसे। इक्कीसवीं सदी की सभ्यता की जड़ों में छिपी समस्याएँ अत्यंत गम्भीर हैं। अगर हम लोग टैगोर की गहरी बुद्धि और मानवता के प्रति उनके असीम प्रेम और विश्वास पर ध्यान रखेंगे तो वे हमें बड़ी उम्मीद, खुशी और प्रकाश ज़रूर देंगे।

क्या जापान वास्तव में टैगोर की उम्मीदों के अनुसार शांति की दिशा में दुनिया को अग्रसर कर पाएगा?

शांतिनिकेतन में मुलाकातें

शांतिनिकेतन में, मुझे अपने पति के गुरुओं और दोस्तों, जान-पहचान वालों से कई बार मिलने का अवसर मिला। उनमें से, कविगुरु टैगोर के व्यक्तित्व, शिक्षा दर्शन और जीवन शैली से प्रभावित होकर, दूर-दूर से वहाँ एकत्रित हुए और जीवंत शिक्षा का अभ्यास कर रहे लोगों से मिलना बहुत बड़ी खुशी और सौभाग्य की बात थी। हालाँकि टैगोर के साथ समय बिताने वाले अधिकतर वरिष्ठजन अब इस दुनिया में नहीं हैं।

जापान के नागासाकी में उनज़ेन नामक शहर के एक होटल में, सन् 1924 में। मध्य में रवीन्द्रनाथ टैगोर बैठे हैं। उनकी बाईं ओर नंदलाल बोस, और दाईं ओर श्रीमती तोमी वादा (ताकादा) (दुभाषिया और राजनीतिज्ञ), और क्षितिमोहन सेन (अमर्त्य सेन के नाना) बैठे हैं। पीछे बाईं ओर से चौथे स्थान पर कालिदास नाग (इतिहासकार), और दाईं ओर से तीसरे स्थान पर लियोनार्ड एल्महर्स्ट (डार्टिंगटन हॉल प्रोजेक्ट के संस्थापक) खड़े हैं।

उनमें से एक हैं आचार्य नंदलाल बोस (1882-1966)। वे आधुनिक भारतीय कला के महान कलाकार कहे जाते हैं। आधुनिक भारतीय चित्रकला के पितामह, अबनींद्रनाथ टैगोर के शिष्य थे। अबनींद्रनाथ टैगोर (1871-1951) कविगुरु टैगोर के भतीजे थे। उन्होंने अपने भाई, गगनेन्द्रनाथ (1867-1938) के साथ बंगाल स्कूल के नाम से जाने जाने वाली एक नई शैली की स्थापना की थी। नंदलाल बोस जब

सैंतीस वर्ष के थे, तब कवि टैगोर के निमंत्रण पर शांतिनिकेतन आकर वहाँ के कला विभाग के प्रमुख बने। वे टैगोर के उत्साही भक्त रहे। टैगोर परिवार के माध्यम से, उस समय उसी घर में ठहरे हुए महान जापानी लोगों, जैसे ओकाकुरा तेनशिन, योकोयामा ताइकान, हिशिदा शुन्सो आदि से मिले थे। 1924 में उन्होंने कवि टैगोर के साथ एशिया की यात्रा की और जापान भी आए थे। इस प्रकार जापान से संबंध रखने के कारण, उनकी कला पर जापानी चित्रकला का गहरा प्रभाव पड़ा।

चित्रकार नंदलाल बोस का डाक टिकट

यह फरवरी 1961 की एक दोपहर की बात है। जापान से लौटे हुए मेरे पति अपनी नवविवाहिता पत्नी के साथ इन महान शिक्षक (नंदलाल) के यहाँ गए, जब वे बिस्तर से उठने की स्थिति में नहीं थे। फिर भी उन्होंने अपने पूर्व छात्र से उसकी आगामी योजनाओं और उनकी कृतियों की स्थिति के बारे में विस्तृत प्रश्न पूछे। वे एक शिक्षक के रूप में चिंतित होना और प्रोत्साहन देना नहीं भूले। "एक वास्तविक कलाकार कभी भी सामग्री का चयन नहीं करता। अगर ब्रश नहीं है तो पेड़ की टहनी का इस्तेमाल करो, उंगलियों का प्रयोग करो।

रामकिंकर बैज (1905-1980)

अगर रंग नहीं है तो फूलों और पौधों का उपयोग करो। प्रकृति तुम्हें पर्याप्त देती है।" गुरु ने कभी भी अपने तरीके को छात्रों पर नहीं थोपा, बल्कि हमेशा छात्रों के स्वतंत्र दृष्टिकोण, संवेदनशीलता, और अभिव्यक्ति की क्षमता का सम्मान किया। उन्होंने अपनी जीवन शैली के माध्यम से यह सिखाया कि "चित्रकार को जीवनभर अध्ययन करना होता है।"

रामकिंकर बैज (1905-1980) की सूरज की तरह चमकती मुस्कान कभी नहीं भूल सकती। वे बच्चे की तरह उदार और बिना किसी द्वेष की मुस्कान वाले भारतीय मूर्तिकला क्षेत्र के शीर्ष कलाकार थे। उनका जन्म बंगाल क्षेत्र के बांकुड़ा में आदिवासी परिवार में हुआ। उन्होंने जल्दी ही अपने माता-पिता को खो दिया था। उनका बचपन गरीबी और उतार-चढ़ावों से भरा था। हालाँकि उन्होंने स्वतंत्र और उदार शैली को कभी नहीं खोया। एक दिन जब वे गाँव के नाटकघर में प्रोप्स पेंट करने में मदद कर रहे थे, तब विचारक और टैगोर के सहयोगी रामानंद चट्टोपाध्याय ने उन्हें देखा और शांतिनिकेतन भेज दिया। वहाँ उन्होंने नंदलाल बोस से शिक्षा प्राप्त की और अपनी कलात्मक प्रतिभा को विकसित किया। तब से उन्होंने शांतिनिकेतन में ही रहकर अपने मन से कलाकृतियों पर काम किया। संथाल आदिवासियों का ताक़त और ख़ुशी से भरा जीवन उनके लिए प्रमुख विषय था। वे अक्सर बीरभूम क्षेत्र के संथाल गाँवों का दौरा करते, कभी-कभी वहाँ रहते, उनके जीवन और त्योहारों को सीखते, और प्राकृतिक तथा जीवन शक्ति से भरपूर कई मूर्तियाँ बनाते।

राधा चरण बागची द्वारा बनाया गया संदीप टैगोर का चित्र

पहली बार जब मैं अपने पति के साथ उनसे मिली, वे कला भवन के बड़े स्टूडियो में थे। वे उस समय छात्रों को प्रशिक्षण दे रहे थे। पूरा शरीर, सिर के बाल और उनके कपड़े प्लास्टर के पाउडर से भरे हुए थे। प्रणाम करते अपने छात्र का उन्होंने दृढ़ता से गले लगाकर स्वागत किया। उनके गहरे काले चेहरे पर पिता जैसी

करुणा छलक रही थी। मेरे पति के अनुसार, कक्षा के भीतर किंकर दा एक आदर्श गुरु थे। लेकिन स्कूल के बाहर ही उनकी प्रतिभा स्पष्ट थी। वे अपने छात्रों को लेकर कोपाई नदी के किनारे और साल वृक्षों के वन में घूमते, और रवींद्र संगीत और बाउल के गीत ज़ोर से गाते। 1976 में, जब मैं अपनी किशोर बेटियों के साथ उनसे मिला, तो उन्होंने सबसे पहले बेटियों से पूछा कि शांतिनिकेतन कब आ रही हैं। और उन्होंने हमसे भी आग्रह किया कि अवश्य ही अपनी बेटियों को उनके पिता के विद्यालय में लाएँ। उस समय वे सत्तर की उम्र पार कर चुके थे और स्वास्थ्य खराब था। फिर भी उन्होंने हमें अपने साथ विश्व भारती में अपने द्वारा बनाई गईं मूर्तियाँ दिखाईं। संथाल जोड़े की मूर्ति, जानवर, अल्ट्रा मॉडर्न अब्सट्रैक्ट आदि शामिल थे। प्रत्येक कृति से मजबूती और आकाश की ओर उन्मुखता का आभास होता था। निश्चित ही उनकी आत्मा हमेशा आकाश की ओर उन्मुख रही, और सूर्य से साक्षात्कार करती होगी।

राधा चरण बागची (1910-1977) ने कोलकाता कला महाविद्यालय में पश्चिमी आधुनिक कला की शिक्षा प्राप्त की थी। वे एक प्रथम श्रेणी के तैल चित्रकार थे। उनके प्रतिनिधि कार्य 'शकुंतला' को भारत सरकार द्वारा जारी किए गए एक स्मारक डाक टिकट पर चित्रित किया गया है। मैं उनसे वसंत ऋतु में शांतिनिकेतन में मिली, जब ज्वाला की तरह पलाश के फूल खिल रहे थे। द्वार पर इंतज़ार करते समय, मैं बगीचे के बड़े पेड़ों को देख रही थी। सूखी टहनियों पर लाल पंखुड़ी फड़फड़ा रही थीं, जो सुन्दर भी थीं और भयानक भी। इस फूल का आकार इसके अंग्रेजी नाम 'फ्लैम ऑफ द फॉरेस्ट' (जंगल की ज्वाला) के अनुरूप है। "आसुन, आसुन (आइए, आइए)" मुस्कराते हुए कहकर हमें कमरे में बुलाया गया। अन्दर जालीदार खिड़कियाँ बंद होने से हल्का अंधेरा था। वे सामान्य कद-काठी के थे। उनकी त्वचा हल्की सांवली, और उनके बाल कंधों तक लम्बे थे। उनके शालीन चेहरे की विशेषताएँ एक बुद्धिमान ब्राह्मण की याद दिलाती हैं। उनके सौम्य स्वभाव में भी एक शिक्षक की कठोरता महसूस की जा सकती थी। उनके द्वारा बनाए गए तैल चित्र पोर्ट्रेट्स में से एक चित्र में मेरे पति युवा संदीप टैगोर की छवि होना एक सम्मान की बात है।

बंगाल स्कूल के प्रतिष्ठित चित्रकार प्रशांत रॉय अवनींद्रनाथ टैगोर के शिष्य थे और गगनेंद्रनाथ टैगोर से भी प्रभावित थे। वे कला भवन के क्यूरेटर भी थे। जब मेरे पति वहाँ के विद्यार्थी थे, तब वे उन्हें बहुत प्यार करते थे। मेरे पति हमेशा पूर्वपल्ली के प्रशांत दा के घर जाया करते थे। वे साथ में खा पीकर गाना गाते देर रात तक रहना पसंद करते थे। मेरे पति कहते हैं कि प्रशांत दा का हार्मोनियम बहुत ही उत्कृष्ट

था। जब उनसे मेरी मुलाकात हुई, तो बहुत खुशी जाहिर करके उन्होंने मुझे अनेक वॉश पेंटिंग्स दिखाईं, जिनमें से कुछ व्यंग्यचित्र भी थे। उनके पत्र अक्सर जापान में हमारे यहाँ आते थे। मैं उन्हें पढ़ सकूँ इसलिए वे उन्हें अंग्रेजी में लिखते थे। जापानी कागज, ब्रश, सुज़ुरी (स्याहीदान) और स्याही जैसी जापानी चित्रकला की सामग्री लाने के लिए वे अक्सर अनुरोध करते थे। मेरे पति उन्हें जापान में निजी प्रदर्शनी के लिए आमंत्रित करना चाहते थे। लेकिन दुर्भाग्य से 1973 की सर्दियों में उनका निधन हो गया।

उनके बड़े बेटे रोनोदीर रॉय अद्वितीय इसराज वादक थे। वे प्रसिद्ध संगीतकार आशीष बंद्योपाध्याय के शिष्य और संगीत भवन (संगीत विभाग) के प्रोफेसर भी थे। 1976 में, जब हम परिवार के साथ गेस्टहाउस रतन कुटीर (टाटा बिल्डिंग) में ठहरे हुए थे, तब टुक (रोनोदीर का उपनाम) कोलकाता में ख़ुद बनवाए अपने इसराज को गर्वित होकर लाए। उन्होंने लगभग दो घंटे तक वह इसराज बजाया। मेरे पति और बेटी ने तानपूरे पर संगत की। यह एक सुन्दर और अद्‌भुत शाम थी। उसके कुछ साल बाद उनकी मृत्यु की दुखद खबर हमें मिली।

ए. पेरुमाल दक्षिण भारत के मदुरई के रहने वाले थे। वे रवींद्रनाथ टैगोर के प्रशंसक थे, इसलिए शांतिनिकेतन आए थे। कला भवन में नंदलाल बोस से शिक्षा प्राप्त करके बंगाल स्कूल के कलाकार हुए। और पैंतालीस वर्षों तक कला भवन में छात्रों को प्रशिक्षण दिया। पेरुमाल दा प्रकृति और वन्य जीवों से अत्यंत प्रेम करते थे। उनके कार्यों में गाय, घोड़े, बकरी, सुअर, पक्षी जैसे पास के जीव अधिकतर दिखाई देते हैं। संथाल गाँव के मिट्टी के घरों में और बोलपुर के मित्रों के घरों में भी उन्होंने कई दीवार चित्र बनाए। उनके साथ लम्बे समय का संबंध सिर्फ़ शांतिनिकेतन में नहीं था। लगभग बीस वर्ष पहले जब उन्होंने क्योतो में एक वर्ष तक कला का अध्ययन किया था, उस समय वे ओसाका के हमारे घर में आए थे। जब हम लोग दक्षिण भारत की यात्रा पर गए थे, तो उन्होंने हमें चेन्नई, मदुरई, कोडैकनाल, केरल आदि विभिन्न स्थानों का भ्रमण कराया। हर बार उन्होंने हमें अपने परिवार और मित्रों से मिलवाया। केरल के पेरियार वन्यजीव अभयारण्य में उन्होंने तुरंत स्केचबुक निकालकर हाथी और हिरण का चित्र बनाना शुरू किया, जिसका उत्साहित रूप मुझे याद है। अस्सी साल की उम्र में भी वे मदुरई में चित्रकला में लगे हुए हैं। जब भी हम भारत आते हैं तो हम पेरुमल दा का आशीर्वाद प्राप्त करने के लिए मदुरई तक 2000 किलोमीटर की यात्रा करते हैं।

अब तक के उल्लेखनीय शानदार लोगों के अलावा, हम शांतिनिकेतन में कितने ही महत्वपूर्ण लोगों से मिले हैं! जैसे दिलेंद्र देवबर्मन (त्रिपुरा राजघराने के चित्रकार), विश्वरूप बोस (नंदलाल बोस के बड़े बेटे, चित्रकार, प्रोफेसर), गौरी देवी बंज (नंदलाल बोस की बड़ी बेटी, डिजाइनर, प्रोफेसर), सुदीर कस्तगीर (चित्रकार), श्यामली खास्तगीर (सुदीर की बेटी, चित्रकार), मुकुल दे (चित्रकार), अनिल चंदा (राजनेता), रानी चंदा (लेखिका), दिनकर कौशिक (चित्रकार, प्रोफेसर), सोमनाथ होर (चित्रकार), शांतिदेव घोष (संगीतकार, प्रोफेसर), कोनिका बनर्जी (संगीतकार, प्रोफेसर), आशीष बंद्योपाध्याय (संगीतकार), कृष्णा कृपलानी (साहित्यकार, रवींद्रनाथ टैगोर के पोते से विवाह), शिशिर कुमार घोष (अंग्रेजी साहित्यकार, प्रोफेसर), अन्नदा शंकर राय (लेखक), लीला राय (लेखिका, अमेरिका से), क्षितीश राय (सम्पादक, लेखक), सुप्रियो टैगोर (शिक्षाविद), ईता घोष (पुस्तकाध्यक्ष, टैगोर के काव्य पाठक, हंगरी से) आदि।

ये सभी लोग रवींद्रनाथ टैगोर द्वारा कहे गए "मानव जीवन में आध्यात्मिक ज्ञान" प्राप्त करने के लिए, "मनुष्य और मनुष्य, मनुष्य और प्रकृति, मनुष्य और ईश्वर के साथ संबंध और सामंजस्य" में विश्वास करते हुए वहाँ एकत्र हुए थे। अधिकांश लोग पहले ही इस धरती से विदा हो चुके हैं। हालाँकि "महान आत्माएँ, सुन्दर फूल तुम्हारे हाथों में सौंपे गए हैं, नई सुबह में वे नए रूप में पुनर्जीवित होंगे" (रवींद्रनाथ टैगोर की कविता का एक अंश)।

समुद्र का दर्शन करने वाला शहर : ओडिशा

सम्राट अशोक से जुड़ी हुई जगह

पश्चिम बंगाल के दक्षिण-पूर्व में स्थित ओडिशा राज्य बंगाल की खाड़ी के किनारे पर बसा एक विशाल क्षेत्र है। मध्य से बंगाल की खाड़ी की ओर बहती महानदी सहित बड़ी और छोटी कई नदियाँ प्राचीन काल से कलिंग देश में समृद्धि लाती रही हैं।

विद्यार्थी जीवन में विश्व इतिहास पढ़ते समय सीखी गई चीजें, भले ही पहले और बाद का इतिहास धुंधला पड़ जाए, किसी न किसी तरह से आकर्षित करते हुए स्मृति में बनी रहती हैं, जैसे कि प्राचीन भारत के मौर्य साम्राज्य, सम्राट चंद्रगुप्त, सम्राट अशोक, और मकदूनिया के सिकंदर महान के अभियान आदि। उन लोगों से संबंधित घटनाएँ कलिंग, जो आज का ओडिशा है, के साथ अटूट रूप से जुड़ी हुई हैं।

बुद्ध प्रतिमा।

इतिहास की विश्वसनीय कथाओं के अनुसार, सिकंदर महान ने विश्व विजय का लक्ष्य रखकर छोटे एशिया, मध्य एशिया, फारस पर आक्रमण किया। फिर काबुल और समरकंद होकर सिंधु नदी की ऊपरी घाटी में पहुँचकर भारत को जीतने के लिए आगे बढ़ा। वहाँ से उसने पश्चिमोत्तर के ख़ैबर दर्रे को पार कर, रावलपिंडी से तक्षशिला होते हुए भारत में प्रवेश किया। लेकिन, भारतीय राजाओं के जवाबी हमलों और भारतीय पक्ष के तेज हमलों की शक्ति के सामने बेबस होकर पीछे हट गया। कहा जाता है

कि भारत से लौटते हुए सिकंदर मकदूनिया की ओर लौटते समय, ईसा पूर्व 322 में खाने और पानी की कमी के कारण बेबीलोन में मर गया। इसके बाद मौर्य साम्राज्य का उदय हुआ। चंद्रगुप्त मौर्य ने भारत के उत्तर-पश्चिमी भाग में एक विशाल साम्राज्य की स्थापना की, और सिकंदर महान के सेनापति सेल्यूकस की बेटी से विवाह किया। उनके पोते, सम्राट अशोक (ईसा पूर्व 268 में राज्याभिषेक) ने राजवंश को आगे बढ़ाया। उन्होंने दक्षिण-पूर्व के कलिंग क्षेत्र को भी जीतने की कोशिश की। कलिंग के लोग अशोक की सेना से बहादुरी से लड़े। अशोक की कलिंग विजय दस लाख लोगों की हत्या और पंद्रह लाख लोगों को बंदी बनाने की भारी कीमत पर हुई। सम्राट अशोक का इस युद्ध की क्रूरता के बाद हृदय परिवर्तन हो गया। तब से, वे पश्चाताप से ग्रस्त होकर युद्ध से घृणा करने लगे और फिर कभी युद्ध न करने का प्रण लिया।

विश्व प्रसिद्ध राजा अशोक ने इस प्रकार कलिंग की विजय के बाद, बौद्ध धर्म में शरण ली और उसके प्रचार में अपनी शक्ति को समर्पित किया। सम्राट अशोक की मृत्यु के बाद, भारत में हिन्दू धर्म ने प्रमुखता प्राप्त की और बाद के युगों में इस्लाम जैसी नवोदित शक्तियों के साथ मिलकर विशिष्ट धार्मिक संस्कृति और समाज का निर्माण किया। आज के ओडिशा में राजधानी के पास धौली में अशोक के अभिलेख के अलावा, उनके बौद्ध संस्कृति के अवशेष कम ही दिखाई देते हैं। उनके द्वारा अत्यधिक समर्थित बौद्ध धर्म भारत में ही नहीं रुका, लेकिन मध्य एशिया, दक्षिण पूर्व एशिया, चीन, कोरिया, जापान तक फैला और आज भी व्यापक प्रभाव डाल रहा है। जब मैं इस पर विचार करती हूँ, तो ओडिशा और जापान के बीच के गहरे संबंधों का अनुभव होता है।

मैंने पुराने कलिंग, आज के ओडिशा का दौरा 1970 और 1990 में किया था। दोनों में बीस साल का अंतर है। 'अनंत काल' भारत के लिए एक प्रसिद्ध विशेषण बन जाता है, लेकिन बीस साल का समय, चाहे कितना भी अनंत काल वाला देश हो, परिवर्तन अनिवार्य होता है। देश की प्रगति और विकास तो दिया ही है, आधुनिकीकरण की बाहरी लहरों से बच पाना सम्भव नहीं है। खासकर ओडिशा राज्य के उत्तरी हिस्से में, राउरकेला नामक प्रमुख लौह अयस्क उत्पादक खनन क्षेत्र हैं, और हिंदुस्तान स्टील वर्क्स, हीराकुड बाँध के बड़े पैमाने पर हाइड्रोइलेक्ट्रिक पावर प्लांट भी हैं। जापान, यूरोप, अमेरिका, रूस के लिए लौह अयस्क का निर्यात भी बहुत बढ़ा है। इस तथ्य से ही ओडिशा के, और इससे आगे भारत के समग्र आधुनिकीकरण का अनुमान लगाया जा सकता है। वास्तव में, आदिवासी भी ज्यादातर

पिछले तीन हजार वर्षों से बनाए रखी गई शिकार और कृषि की जीवन शैली से दूर होकर आसपास के इस्पात कारखानों और हाइड्रोइलेक्ट्रिक द्वारा सम्भव बनाए गए विभिन्न आधुनिक घरेलू उद्योगों में समाहित हो गए हैं। सुना है कि उनका जीवन आज मूलभूत रूप से बदल रहा है।

केवल कुछ दिनों के लिए होटल में रुककर प्रसिद्ध पर्यटन स्थलों की ही यात्रा करने वालों को इस तरह के स्थानीय हालात और लोगों के जीवन की सिर्फ़ ऊपरी सतह ही समझ में आती है। फिर भी ओडिशा की राजधानी भुवनेश्वर में पहुँचने से ही इन बीस वर्षों में हुए परिवर्तन की व्यापकता स्पष्ट होती है। कलिंग काल से चली आ रही पुरानी राजधानी कटक की जगह 1956 में महत्वपूर्ण हिन्दू धार्मिक नगरी भुवनेश्वर को राजधानी बना दिया गया। इस शहर के नाम का अर्थ है 'ब्रह्मांड के ईश्वर'।

पहले कोलकाता के हावड़ा स्टेशन से वहाँ जाने के लिए दक्षिण भारतीय रेलवे पर चढ़कर दस घंटे का समय लगता था। अब कोलकाता से हवाई जहाज़ से एक घंटे का सफर है। हवाई अड्डा हो या रेलवे स्टेशन हो, भुवनेश्वर पहुँचने पर ऊँची-ऊँची इमारतें दिखाई देती हैं। पहले ग्राहकों के लिए प्रतिस्पर्धा करने वाले रिक्शावाले अब संकोच करते हुए दूर से ही ग्राहकों का इंतजार करते हैं। उनकी जगह काले पीले रंग की मजबूत देशी टैक्सी और एम्बेसडर धनी यात्रियों को लेकर तेजी से चली जाती हैं। चमचमाती पर्यटन बसें भी कतार में खड़ी होती हैं। अधिकतर उनकी मंजिल आधुनिक पश्चिमी शैली के लिए प्रसिद्ध 'कलिंग अशोक' या 'होटल प्राची' वग़ैरह होती है। होटल में एयर कंडीशनर, आरामदायक बेड, सोफा और टेबल, बाथटब और शावर से सुसज्जित बाथरूम उपलब्ध हैं। ब्रिटिश साम्राज्य के समय से चली आ रही सफेद छोटी जैकेट वाली यूनिफॉर्म में स्मार्ट बेयरा ट्रे में सुबह की चाय लेकर कमरे तक आते हैं। "गुड मॉर्निंग सर, गुड मॉर्निंग मैडम" कहकर सम्मानपूर्वक अभिवादन सुनना अच्छा ही लगता है। ओडिशा के इस होटल में ठहरें, या जापान के किसी बड़े होटल जैसे होटल ओकुरा, हिल्टन या कार्लाइल में ठहरें तो बात बराबर ही होगी। डाइनिंग रूम विदेशी पर्यटकों से भरा हुआ है। जूस से शुरू होकर, सिरियल, टोस्ट, अंडे आदि का नाश्ता भी आराम से लेने का समय नहीं है। निर्धारित समय तक बस में बैठना जरूरी है। पूरे दिन, सीमित समय के भीतर कार्यक्रम के अनुसार, स्थानीय गाइड के साथ जल्दबाजी में घूमना है।

कोलकाता के रास्ते भुवनेश्वर आने वाले पर्यटकों की मंजिल हमेशा यही दो स्थान होते हैं, बंगाल की खाड़ी की ओर अस्सी किलोमीटर दूर कोणार्क और साठ

किलोमीटर दूर पुरी। ट्रैवल एजेंसी द्वारा डीलक्स बस अगर उपलब्ध कराई गई तो वह हाईवे पर दौड़कर कोणार्क और पुरी की यात्रा एक साथ में करा देती है। इस तरह निर्धारित मन्दिरों और पुरातत्व स्थलों की यात्रा तो पूरी की जा सकती है। लेकिन जो धीरे-धीरे प्रकृति का निरीक्षण करना चाहते हैं, इसकी सराहना करना चाहते हैं, या स्थानीय लोगों की मानवीयता को महसूस करने की खुशी प्राप्त करना चाहते हैं, उनके लिए यह यात्रा अपर्याप्त साबित होगी। समूह यात्रा में जल्दबाजी में चलने की आवश्यकता होती है इसलिए उसमें आराम से घूमने का कोई विकल्प नहीं है। सोचा जाए तो इन बीस वर्षों में बदलाव सिर्फ ओडिशा की जगह में ही नहीं हुआ है, बल्कि अपने में भी गम्भीर परिवर्तन हुआ है। आज सोचें तो फिर कल विदेश जाना भी सम्भव हो गया है। 1960 और 1970 के दशक में जापानी लोगों के लिए विदेश यात्रा केवल एक सपना ही था। अगर मेरे पति के पैतृक घर जाने की आवश्यकता नहीं होती, तो शायद मैं भारत आने का अवसर नहीं पाती। उस समय की गरीबी और यात्रा को कीमती मौका मानकर ही आने के कारण हर पल को महत्वपूर्ण समझकर हर एक दृश्य को दिल में संजोने की इच्छा और संतोष था। दूसरी बार ओडिशा आने पर सब कुछ फीका पड़ गया, यह परिवेश के परिवर्तन के कारण हुआ, या अपने आराम और उत्साह की कमी के कारण हुआ, या फिर पहली छाप की अति ताजगी के कारण हुआ, मैं नहीं बता सकती।

कोणार्क में प्रेम का नृत्य

जनवरी 1970 में, मैं और मेरे पति ओडिशा की यात्रा पर निकले। कोलकाता के हावड़ा स्टेशन से शाम पाँच बजे चलकर मद्रास जाने वाली एक्सप्रेस खूबसूरत बंगाल की खाड़ी के किनारे किनारे 440 किलोमीटर चली। मध्यरात्रि के बाद, दो बजे हम भुवनेश्वर स्टेशन पर पहुँचे। कंबल और कपड़ा अपने सिर तक ओढ़े हुए लोग, सामान की तरह प्लेटफॉर्म पर और स्टेशन के अन्दर सो रहे थे। सूटकेस और होल्डॉल ले जाते मेरे पति के पास, काफ़ी रात होने के बावजूद लाल पगड़ी वाले चार-पाँच कुली दौड़कर आए थे।

"आपका सामान उठाने दीजिए, साहब, होटल कौन सा है?"

सामान पर हाथ रखने वाले कुलिओं को "हम यहीं ठहरने वाले हैं। तुम्हें समान उठाने की ज़रूरत नहीं है" कहकर हमने उन्हें झटक दिया और सीढ़ियाँ चढ़ गए।

हमने स्टेशन के ऊपर स्थित आवास में ठहरने का इंतजाम किया था। कोलकाता से निकलने से पहले दक्षिण भारतीय रेलवे पर इसका आरक्षण किया गया था। यह सरकार संचालित आवास सस्ता और सुविधाजनक है, जो प्रांतीय बड़े स्टेशनों और पर्यटन स्थलों पर अक्सर पाया जाता है। काले रंग की बंद गले की वर्दी में सिर पर शॉल गोल गोल लपेटे हुए झपकी ले रहे आवास का नाईट गार्ड हमारी उपस्थिति महसूस करते ही घबराकर खड़ा हो गया। वह हमारे सामान को एक हाथ में लेकर हमें कमरे तक ले गया।

लगभग सत्रह वर्गमीटर के कमरे में दो बिस्तर थे जिस पर सफेद स्टार्च वाली चादरें बिछी हुई थीं, और पुराने फैशन की मच्छरदानी लगी हुई थी। शॉवर सहित शौचालय, बाथरूम लगभग तेरह वर्गमीटर का था। होटल की तरह टॉयलेट पेपर तो नहीं था, लेकिन एल्युमिनियम का लोटा मौजूद था। पानी की सुविधा भी ठीक, और साफ़ ही थी। कमरे सामान्यत: प्रथम, द्वितीय, तृतीय श्रेणी में विभाजित होते हैं। हमारा प्रथम श्रेणी वाला था। तृतीय श्रेणी में तो बड़े कमरे में जमीन पर ही सोना पड़ता है। द्वितीय श्रेणी में बिस्तर तो होता है, लेकिन बिस्तर का सामान नहीं मिलता। कुछ स्थानों पर चादर तो दे देते हैं, पर कंबल और तकिया न होना सामान्य है। भारत गर्मी के लिए प्रसिद्ध होने के बावजूद, पूर्वी भारत की सर्दी काफी तेज़ होने से कंबल की जरूरत पड़ती है। इसलिए कंबल वग़ैरह अपना बिस्तर सामान लेकर आना पड़ता है। लोग होल्डॉल कहे जाने वाले बिस्तर को पीठ पर लादकर घूमते हैं, जैसे घोंघे। विशाल भारत में ट्रेन यात्रा में रात भर या दो रातें बिताना भी असामान्य नहीं है। उस समय भी यह होल्डॉल काम आता है। द्वितीय और तृतीय श्रेणी के शुल्क के बारे में तो नहीं मालूम किया मैंने लेकिन सस्ता ही रहा होगा। प्रथम श्रेणी का कमरा एक व्यक्ति प्रति रात दस रुपये, ट्विन के लिए बीस रुपये था। शहर के मध्यम वर्गीय होटल में चालीस, पचास रुपये, कोलकाता या दिल्ली, मुंबई जैसे बड़े शहरों के अच्छे होटल में सौ से दो सौ रुपये तक होता है, इसकी तुलना में यह सार्वजनिक होटल बहुत सस्ता है।

हमने उस रात इस भुवनेश्वर स्टेशन के ऊपर बने इस गेस्ट रूम में गहरी नींद ली। मोटे पर्दों के पार से आने वाली तेज सूरज की रोशनी और सीटी, लोगों की चीख-पुकार, बातचीत, रेल के चलने की थरथराहट, चाय और खाने की चीजें बेचने वालों की पुकार, कौओं की काँव-काँव...नीचे से आने वाले शोर से आँख खुली, और अहसास हुआ कि हम स्टेशन पर ठहरे हुए थे।

स्टेशन से थोड़ी दूरी पर बस स्टॉप तक हम साइकिल रिक्शा से गए। वहाँ से सुबह साढ़े आठ बजे की कोणार्क जाने वाली बस पर चढ़े। यह एक सार्वजनिक परिवहन की बस थी जो गाँवों के आसपास चलती है। जापान में युद्ध समाप्ति के तुरंत बाद भी ऐसी बस देखने को नहीं मिली, इसमें भरे हुए यात्रियों के साथ, बस अपने भारी शरीर को हिलाते हुए और काले धुएँ को निकालते हुए, जी जान से दौड़ी। हमें ऐसा बताया गया कि कोणार्क तक लगभग अस्सी किलोमीटर की दूरी में तीन घंटे से अधिक समय लगेगा। सख्त लकड़ी की सीटों पर, इतने झटकों को सहते हुए बैठे रहने पर कमर दर्द हो जाना कोई आश्चर्य की बात नहीं थी।

दस मिनट भी नहीं हुए कि आसपास की बस्तियाँ पीछे छूट गईं। फैली हुई सूखी लाल मिट्टी पर केवल ताड़ के पेड़ ही गौरवपूर्ण तरीके से खड़े दिखते थे। उनकी गहरी हरी रंग की पत्तियों ने शायद सूखी हुई भूमि से सभी सम्भव जल को खींच लिया होगा। यहाँ वहाँ बड़े पत्थरों को एक के ऊपर एक जमा कर बनाए गए हिन्दू मन्दिर थे। इनके शीर्ष पर लाल त्रिकोणीय कपड़े का झंडा लहरा रहा था। यह भूमि हजारों वर्षों से हिन्दू धर्म का मुख्य धार्मिक केंद्र रही है, और वर्तमान में हजारों मन्दिर हैं। ऐसा कहा जाता कि यहाँ पुराने समय में सात हजार से अधिक मन्दिर थे।

भुवनेश्वर से कोणार्क जाते समय का दृश्य। दो बैलों की जोड़ी वाली बैलगाड़ी भारी सामान खींचते हुए नज़र आई थी।

लाल मिट्टी के बीचोंबीच बनी एस्फाल्ट की सड़क सीधे आगे बढ़ती थी। जल्द ही सड़क के दोनों ओर आम के पेड़ों की कतारें दिखने लगीं। उसके घने पत्ते

पूरे रास्ते को मानों एक बड़ी सुरंग जैसा बना रहे थे। बड़े पेड़ों के तने सफेद रंग से पुते थे, और उन पर नंबर लिखे थे। मुझे बताया गया कि राज्य सरकार द्वारा प्रत्येक पेड़ को रजिस्टर किया गया है। दो बैलों की जोड़ी वाली बैलगाड़ियाँ हमारी बस के बगल से कभी-कभी गुजरती थीं। लाल या पीली पगड़ी बाँधे हुए बैल चालक लम्बे चाबुक को चलाते हुए बैठे थे। वे शायद सुबह की मंडी में सामान ले जा रहे थे क्योंकि पहाड़ जैसे भारी सामान—कृषि उत्पाद, मटके, ईंट, भूसा आदि—को खींचते हुए शहर जा रहे थे। बड़े सींग और गुलड़ा/ गांठ वाले भारतीय सफेद बैल बहुत सुन्दर होते हैं। वे गर्व और शानदार चेहरे वाले होते हैं। खिड़की से बाहर का दृश्य धीरे-धीरे सूखे क्षेत्र से हरे भरे क्षेत्र में बदल गया। मिट्टी के घरों के समूह थे जो केला, ताड़, और पाम के पेड़ों से घिरे थे। ताड़ के पेड़ कीमती फल देते हैं, इसलिए जिस घर में यह पेड़ अधिक होते हैं, वह अधिक समृद्ध होता है। सफेद और काली भेड़ों के झुंड, काले सूअरों का समूह, नंगे पाँव दौड़ते बच्चे, दूर तक फैले पीले सरसों के फूल, हरे भरे गेहूं की खेत, और उनमें काम करते हुए सफेद कपड़े पहने किसान—ये सभी नज़दीक आते और फिर दूर हो जाते थे।

बस रास्ते में हाथ उठाकर खड़े लोगों को बैठाती और उतारती थी। जब लोगों और दुकानों से भरे गाँवों में आई तो थोड़ा आराम से चलने लगी। चूंकि यह एक लंबी यात्रा थी, इसलिए ड्राइवर सहित अधिकांश यात्री बस से उतरकर पास की दुकान में गरम चाय पीने और कुछ समय आराम करने चले जाते थे। ड्राइवर दुकानदार के साथ जान पहचान का होने के कारण मिलने पर जोर से बातें कर रहा था। कोई-कोई झाड़ियों में घुसकर शौच कर लेते थे, कुछ लोग कुएँ पर अपना मुँह धोते थे, कुछ झोपड़ीनुमा दुकान में खरीदारी करते थे। बस के निकलने के समय आवाज़ लगने तक सभी अपनी-अपनी मर्जी से कुछ न कुछ करते थे। इस प्रकार यहाँ वहाँ ब्रेक लेते हुए, निर्धारित समय से लगभग एक घंटे की देरी से अंततः दोपहर के बाद कोणार्क पहुँच गए।

कोलकाता के रिश्तेदारों से सुनी गई कहानी के अनुसार, पचास-साठ साल पहले कोणार्क जाने के लिए बिना रास्ते के रास्तों पर चलना पड़ता था। लोग बैलगाड़ी पर या हाथी की पीठ पर हिचकोले खाते हुए मन्दिर की ओर बढ़ते थे। प्राचीन राजधानी कटक से शाम को निकलकर, रात में चाँद और तारों को निहारते हुए चले जाते थे। जंगल और नदियों को पार कर, खाना पकाने की मेहनत भी करते हुए कोणार्क पहुँचना अगले दिन दोपहर बाद में होता था। रास्ता भटकना, बैलगाड़ी का पहिया

निकल जाना और उसकी मरम्मत में समय लगना आम बात थी। शायद लोग अछूते इलाके में प्रवेश करने वाले साहसी यात्रियों की तरह महसूस करते होंगे। फिर भी उन्हें उत्साहित तीर्थयात्रा की भावना ने सम्भवतः आगे बढ़ाया होगा। यह सब अब बीते समय की बात है।

बस से उतरने पर सूर्य मन्दिर सामने दिखाई दिया। जनवरी होने के बावजूद, दोपहर का सूरज तेज था, और पैरों के नीचे की रेत से भी गर्मी की भभक उठ रही थी। हम मन्दिर के द्वार में दाखिल हुए। प्रवेश मार्ग के दोनों ओर पत्थरों की दीवारें थीं, और वहाँ पर देवी-देवताओं की मूर्तियाँ कतार में उकेरी गई थीं। 'ब्लैक पगोडा' कहा जाने वाला टावर जैसा विशाल मन्दिर सूरज की रोशनी में चमक रहा था। यह मन्दिर अपने नाम के अनुसार, कोणार्क नामधारी भगवान सूर्य को समर्पित है। 1250 ईस्वी के आसपास बनाया गया यह मन्दिर कलिंग क्षेत्र की पत्थर की वास्तुकला का एक उत्कृष्ट नमूना माना जाता है। ऐसा कहा जाता है कि उस समय के शासक, नरसिंह ने सूर्य को पूजने के लिए बारह वर्षों का समय लगाकर इसे बनवाया। कुछ कथाओं के अनुसार, इस हिन्दू राजा ने इस्लामी शक्तियों के आक्रमण से विजय प्राप्त करने के बाद उसी की स्मृति में यह बनवाया था।

कोणार्क का सूर्य मन्दिर

मन्दिर की इमारत एक रथ के आकार में है, जो अन्य मन्दिरों की वास्तुकला से पूरी तरह अलग है। सूर्य देव को समर्पित यह मन्दिर लगभग अस्सी मीटर के

ब्लैक पगोडा के साथ, सात पवित्र घोड़ों द्वारा खींचे जा रहे चौबीस पहियों के बड़े रथ पर सवार होकर, अद्‌भुत आकाश से प्रकट होता हुआ, या आकाश की ओर उड़ान भरता हुआ रथ—यही इसका मूल रूप है। आज मन्दिर का आधार और कुछ बड़े पहिये ही बचे हैं। इस क्षेत्र की नरम रेतीली मिट्टी के कारण अधिकांश भाग ढह गया है। और ढहना आज भी जारी होगा। बीस वर्षों के बाद फिर से आने पर, इस बीच का परिवर्तन मेरी आँखों के सामने स्पष्ट था। पहले की तुलना में काफी सिकुड़ गया था और हर जगह सीमेंट से की गई मरम्मत के निशान दिखाई दिए। फिर भी, मन्दिर और पहियों पर अतीत का स्मरण कराने वाली मूर्तियाँ बची हैं, जो पर्यटकों और तीर्थयात्रियों को आकर्षित करती रहती हैं।

मूर्तियों से भरी सूर्य मन्दिर की दीवार

खजुराहो की मैथुनरत मूर्तियाँ

कोणार्क की मूर्तियाँ, खजुराहो की मूर्तिकला के साथ विश्वव्यापी रूप से प्रसिद्ध है। मन्दिर, ब्लैक पगोडा की पत्थर की दीवारों से लेकर पहियों की सजावट तक, बारीकी से उकेरी गई जटिल मूर्तियों से ढका हुआ है। हिन्दू देवता, अप्सराएँ, पुरुष और स्त्रियाँ, देवताओं की सेवा करने वाली नर्तकियाँ, संगीतज्ञ, जीव-जंतु और वनस्पतियाँ आदि, हर प्रकार की आकृतियाँ यहाँ निर्मित की गई हैं। इनमें मिथुन मूर्तियाँ विशेष रूप से प्रसिद्ध हैं। ये सब भारत में प्राचीन काल में लिखे गए कामसूत्र' पर आधारित

हैं। हिन्दू धर्म-चिंतन में, यौन सुख का अनंत आनंद अमर है और अविनाशी देवता का ही रूप माना जाता है। इस दृष्टिकोण से देखा जाए तो सूर्य के नीचे आनंद से चमकती मिथुन की मूर्तियाँ अमर जीवन के प्रतीक के रूप में समझी जा सकती हैं।

इसे कवि रवींद्रनाथ टैगोर ने निम्नलिखित तरीके से वर्णित किया हैं।

"जहाँ भी नज़र जाती है, और जहाँ नहीं भी जाती, वहाँ कलाकार की अनवरत क्रिया उत्कीर्णित है। मन्दिर अच्छाई और बुराई, महानता और नगण्यता सहित जीवन और रोजमर्रा की घटनाओं को विभिन्न रूपों में प्रकट करता है। इसका आशय यह है कि ईश्वर हमारे हृदय में है, और ईश्वर मौन में मानव के जीवन और मृत्यु, खुशी और दु:ख, पाप और कृपा, मुक्ति और आसक्ति के साथ खड़े हैं। मानव जीवन ही ईश्वर का अनंत मन्दिर है।"

रात हो या दिन, सूर्य मन्दिर में अंकित हिन्दू देवी और देवताओं की मूर्तियाँ, मानव की सभी आसक्तियों को नियति के रूप में स्वीकार करती हैं, और विशेष रूप से यौन सुख की प्रशंसा को उज्ज्वल और जीवंत तरीके से दर्शाती हैं। शायद यही कारण है कि यहाँ आने वाले लोगों को निश्छल भावनाओं में ले आता है, और उन्हें खुशी और आनंद की भावना से भर देता है।

मन्दिर से लगभग एक किलोमीटर की दूरी पर कोणार्क का संग्रहालय है, जहाँ कलिंग की मूर्तियों की विविधता ने मुझे प्रभावित किया। ढह चुके और टूट चुके अवशेष भी एकत्रित और संरक्षित किए गए हैं। संग्रहालय से फिर लगभग एक किलोमीटर दूर, कैक्टस से भरे पहाड़ी इलाके को पार करके एक विश्रामगृह मिलता है। हमने वहाँ देर से दोपहर का भोजन करने का निश्चय किया। आस-पास लम्बे बालों और नंगे पैर चलने वाले हिप्पी जैसे दिखते पश्चिमी लोग इकट्ठे हो रहे थे। विश्रामगृह के भोजनालय में, पेय पदार्थों का आनंद ले रहे दो-तीन भारतीयों के अलावा कोई नहीं था। खाली बैठे वेटर को जब हमने खाने का ऑर्डर लेने के लिए बुलाया, तो उसने गर्व के साथ अपने मेन्यू की जानकारी देना शुरू किया। उसके सुझाव के अनुसार, हमने झींगा कोफ्ता और सब्ज़ियों का ऑर्डर दिया, लेकिन एक घंटे से भी ज्यादा इंतजार करते-करते हम लोग परेशान हो गए। उन्होंने ऑर्डर लेने के बाद ही खाना बनाना शुरू किया था, इसलिए देरी होना तो स्वाभाविक था। मेरे पति ने मुस्कुराते हुए कहा, 'लगता है खरीदारी तो पहले ही हो चुकी है, थोड़ा इंतजार तो बनता है।'

अंतिम बस शाम छह बजे थी, निकलने ही वाली थी। हम फिर से हिचकोले मारती बस में बैठकर भुवनेश्वर की ओर लौट आए। वापसी की बस

ने रास्ते में बिना कहीं रोके ओडिशा के जंगलों को पार किया। आकाश भर की लालिमा धीरे-धीरे संध्या के अंधेरे में समा गई, और खिड़की से आने वाली हवा थोड़ी ठंडी हो चुकी थी। अनंत आकाश में सितारे चमक रहे थे, और चाँद से नीला प्रकाश नीचे आ रहा था।

जगन्नाथ मन्दिर में विदेशियों का प्रवेश वर्जित

पुरी, भुवनेश्वर से बंगाल की खाड़ी की ओर लगभग 60 किलोमीटर दक्षिण में स्थित है। उत्तरी हिमालय क्षेत्र के बद्रीनाथ, दक्षिण में रामेश्वरम, और पश्चिम, गुजरात के द्वारका के साथ यह वैष्णव सम्प्रदाय के प्रमुख तीर्थस्थलों के रूप में माना जाता है। यहाँ ब्रह्मांड के स्वामी, जगन्नाथ को समर्पित एक मन्दिर है। धर्मपरायण हिंदुओं के लिए पुरी की यात्रा अनिवार्य है। यहाँ तीन रात ठहरने पर, जीव-जंतु या कीड़े आदि के रूप में पुनर्जन्म से मुक्ति पाई जाती है। और मोक्ष मिलता है।

जो लोग धर्मपरायण तीर्थयात्री हों या सिर्फ घूमने के लिए बस से आने वाले समूह यात्री हों, उनके लिए जगन्नाथ मन्दिर को छोड़ना असम्भव है। मौसम की परवाह किए बिना, पूरे साल और दिन भर लगातार यात्री यहाँ आते रहते हैं। उन तीर्थयात्रियों की भीड़ के बीच हम जब मन्दिर के द्वार पर पहुँचे तो सूरज ढलने वाला था। मन्दिर ऊँची-ऊँची दीवारों, पत्थर की सीढ़ियों और लोगों की भीड़ के बीच छिपा हुआ लगता है। सिर्फ शिखर पर फहराती धार्मिक पताका ही किसी तरह नीचे से दिखाई दे रही थी। द्वार पर, जैसा कि उम्मीद थी, तेज आवाज में कुछ लोग चिल्ला रहे थे कि विदेशियों का मन्दिर में प्रवेश सख्त मना है। हमारे समूह में से किसी ने भी इसका विरोध नहीं किया, सिर्फ नजदीक से फोटो खींचने में ही संतुष्ट रहे। उन्होंने बड़े प्रवेश द्वार वाले रास्ते पर सजे बाजार में ख़रीदारी करने का इंतज़ार किया।

मन्दिर से विदेशियों को बाहर रखने का प्रयास सम्भवत: पंडों का समूह कर रहा था। वे मोटे शरीर पर पवित्र जनेऊ पहनकर, माथे पर विष्णु भगवान के पदचिह्न (विष्णुपाद) के लिए यू आकार में चंदन लगाए हुए थे। उनकी आँखें लाल थीं, और वे मुंह से थूक निकालते हुए, विदेशियों और गैर-हिन्दूओं के मन्दिर में प्रवेश पर पाबंदी के बारे में चिल्ला रहे थे, बीस साल पहले भी ऐसा ही था। उस समय मैं एक हिन्दू पति के साथ थी। एक हिन्दू पत्नी के रूप में पूजा करने की अनुमति की अपेक्षा कर रही थी, लेकिन विदेशियों के प्रवेश से शाप लगने या अपवित्रता के आरोपों के कारण वापस जाने के लिए मजबूर हो गई थी।

सुनने में आया है कि जगन्नाथ मन्दिर मूल रूप से एक बौद्ध मन्दिर था। लेकिन आज बौद्ध भक्त भी बाहरी ही माना जाता है। मुस्लिम, ईसाई, और पारसी आदि के लिए तो प्रतिबंध और सख़्त होता है। भारत की पूर्व प्रधानमंत्री स्वर्गीय इंदिरा गांधी तक को भी मना कर दिया गया था, इससे उनकी कठोरता का पता चलता है। यह उनके पति फिरोज गांधी के पारसी होने के कारण हुआ था। लेकिन, अपवाद हमेशा होते हैं। कहा जाता है कि जब ओकाकुरा तेनशिन टैगोर परिवार के यहाँ रह रहे थे, उन्हें जगन्नाथ मन्दिर जाने का सुझाव दिया गया। वे न केवल मन्दिर के अन्दर गए बल्कि जगन्नाथ जी का दर्शन भी कर आए थे। उस समय भी विदेशियों के लिए प्रतिबंध कड़ाई से लागू था। तो उन्होंने "खुल जा सिम सिम" का जाप किया होगा क्या? अबनींद्रनाथ टैगोर (कवि रवींद्रनाथ टैगोर के भतीजे) की यादों के अनुसार, तेनशिन ने राजा की तरह गर्व से मन्दिर में प्रवेश किया और द्वारपाल भी उनके सामने झुक गए।

मन्दिर जाने वाले रास्ते की दुकानों पर लाल रंग में छपे श्लोकों वाली पीली धोतियाँ, माला, पुरी के समुद्र से प्राप्त शंख आदि का ढेर लगा था। इनमें से विशेष रूप से ध्यान खींचने वाली चीज यह थी कि जगन्नाथ भगवान के चित्र और लकड़ी की मूर्तियाँ। जगन्नाथ जी अपने भाई बलराम और बहन सुभद्रा के साथ खड़े हैं। जगन्नाथ देवता का दर्शन तो नहीं हुआ, फिर भी मैंने उन देवताओं के चित्र खरीदकर कम से कम कुछ सांत्वना पाई। इन मूर्तियों में तीनों देवता बिना पैर के छोटे शरीर के हैं, उनके चेहरे पर बड़ी आँखें और कानों तक फैला हुआ बड़ा मुँह है। श्याम रंग के चेहरे वाले देवता जगन्नाथ हैं, जिन्हें विष्णु और कृष्ण के साथ समान माना जाता है। हिन्दू देवताओं के इतने सारे नाम और कथाएँ हैं कि एक बार सुनने पर याद रख पाना मुश्किल है। पुरी के जगन्नाथ जी से जुड़ी निम्नलिखित कथा प्रसिद्ध है।

भगवान विष्णु के अंत्यन्त श्रद्धालु भक्त राजा इंद्रद्युम्न ने जगन्नाथ की मूर्ति की इच्छा करके विष्णु से प्रार्थना की। इस पर भगवान ने शिल्पकार देवता विश्वकर्मा को मूर्ति निर्माण का आदेश दिया। लेकिन विश्वकर्मा ने एक शर्त रखी कि मूर्ति पूर्ण होने तक कार्यशाला में झांकना मना है। राजा इस शर्त को खुशी से स्वीकार करके पूर्णता का इंतजार करते रहे। एक सप्ताह बीत गया, दो सप्ताह बीत गए, लेकिन विश्वकर्मा कार्यशाला से बाहर नहीं निकले। अंततः बेसब्र होकर राजा ने पंद्रहवें दिन, चुपके से कार्यशाला में झांक लिया। इसे जानकर विश्वकर्मा क्रोधित हो गए और अपना काम उसी समय अधूरा छोड़ दिया। इस कारण विष्णु भगवान का चेहरा

अपूर्ण रह गया। उनके बड़े चेहरे से सीधे हाथ निकले और पैर भी नहीं बने थे। राजा अपने प्रण को तोड़ने के लिए पछताया और सर्वशक्तिमान ब्रह्मा से सहायता के लिए कठिन तपस्या की। ब्रह्मा ने राजा पर दया की और अपूर्ण विष्णु भगवान की मूर्ति को पूजने के लिए कहा। और उन्होंने खुद मूर्ति में बड़ी आँखें और आत्मा डालकर प्राण प्रतिष्ठा समारोह किया।

दूसरी कथा के अनुसार, वहाँ के लोक धर्म और हिन्दू धर्म के मिलन से जगन्नाथ जी की मूर्ति का निर्माण हुआ। इस कथा से जटिल और विविध धार्मिक संस्कृति प्रदर्शित होती है। उल्लिखित विश्वकर्मा का नाम, मैंने जापान में भी एक स्थान पर सुना है। यह ओसाका के एक शहर तकात्सुकी में स्थित कबूसन मन्दिर के मुख्य पुजारी कोंडो ताइदो जी की बात में विश्वकर्मा का जिक्र आया। यह मन्दिर 673 ई. में एक योगिन द्वारा निर्मित तेन्दाई सम्प्रदाय का मन्दिर है। मुख्य हॉल में वैश्रवण की मूर्ति (राष्ट्रीय खजाना) स्थापित है, जिसे "बिशुकत्सुमा" द्वारा उकेरा गया था, जैसा कि परंपरा में कहा गया है। शब्दकोश में बिशुकत्सुमा को देखने पर, "इंद्र का एक सेवक जो विभिन्न चीज़ों का निर्माण करता है और वास्तुकला का प्रबंधन करता है" का उल्लेख मिलता है। बौद्ध धर्म का बिशुकत्सुमा हिन्दू धर्म का विश्वकर्मा ही है, जैसा कि मुख्य पुजारी ने कहा।

पौराणिक कथाओं के अनुसार, देवताओं का जीवन मानवों जैसा है—शायद ऐसा सोचना अधिक उपयुक्त होगा कि मानव ही देवताओं का अनुकरण करते हैं—कि आम तौर पर माता-पिता, भाई-बहन, पति-पत्नी और बच्चे होते हैं। मायका और ससुराल होते हैं, मुख्य घर और अन्य घर भी होते हैं। देवताओं का जीवन इन समृद्ध संबंधों में विविध आदान-प्रदान से भरपूर होता है। देवताओं के महत्वपूर्ण पर्वों को मनाने के लिए अनेक त्योहारों का जन्म हुआ। इनमें से पुरी की रथ यात्रा सबसे बड़े त्योहारों में से एक मानी जाती है।

गर्मी के मौसम, आषाढ़ महीने में, जगन्नाथ देवता अपने मुख्य मन्दिर से लगभग चार किलोमीटर दूर स्थित गुंडिचा मन्दिर में विश्राम के लिए जाते हैं। इस दिन, मुख्य देवता की मूर्ति को रथ पर रखा जाता है, और पुजारियों और भक्तों की बड़ी भीड़ इस रथ को खींचते हुए पूरे शहर के चक्कर लगवाती है और फिर यह रथ मन्दिर की ओर जाता है। टेंट से ढका हुआ रथ लगभग चौदह मीटर ऊँचा होता है और इसमें सोलह विशाल पहिए लगे होते हैं। इससे थोड़े छोटे दो अन्य रथों पर भाई बलराम और बहन सुभद्रा की मूर्तियाँ स्थापित की जाती हैं, दोनों छोटे रथ जगन्नाथ

के रथ का अनुसरण करते हैं। जुलूस के दौरान, रथ को छूने की इच्छा रखने वाले भक्तों की भीड़ इतनी अधिक होती है कि हर साल इससे कई लोगों को चोट लग जाती है और कुछ लोग मर भी जाते हैं। इस दुर्घटना में मरने वाले को सीधे स्वर्ग में जाने का सौभाग्य मिलता है, इसलिए कुछ भक्त स्वेच्छा से रथ के पहियों के नीचे अपने आप गिर जाते हैं। सात दिन बाद, रथ फिर से जगन्नाथ देवता को लेकर मुख्य मन्दिर में वापस आता है।

सूरज की तेज गर्मी में भारत भर से आए लाखों भक्तों की धक्का-मुक्की और उत्तेजना की आवाजें बड़ी तेज होती हैं। यह कार्यक्रम शायद क्योतो के गिओन महोत्सव के समान हो सकता है। मैंने भी कई बार यसाका मन्दिर से निकलकर, शिजो मार्ग के पास से यामाबोको जुलूस को देखा है। उस उत्साह और ऊर्जा से भरपूर वातावरण का जोश पुरी के रथ यात्रा उत्सव के समान लगता है। आजकल गिओन महोत्सव 17 जुलाई से 24 जुलाई तक मनाया जाता है, हालाँकि पहले यह जून के मध्य में होता था, जो कि पुरी की रथ यात्रा उत्सव से मिलता जुलता है। लेकिन गिओन महोत्सव महामारी को दूर करने और इस दुनिया को छोड़कर गए लोगों की आत्माओं को शांत करने के लिए लगभग एक हज़ार वर्ष पहले शुरू किया गया था, ताकि वे आफत न लाएँ। इसलिए दोनों उत्सवों की उत्पत्ति में शायद कोई संबंध नहीं है। फिर भी, क्योतो से दूर पुरी में, दोनों शहरों के प्राचीन समय से जारी उत्सवों की धूम और जोश एक दूसरे से मिलते जुलते प्रतीत हुए थे, और मैं कुछ समय के लिए विस्तृत रास्ते के छोर पर खड़ी रही।

चमड़ा बाज़ार में मज़ा: अजगर की खाल के जूते

बंगाल की खाड़ी के पूर्व में स्थित पुरी, हिंदुओं के धर्मस्थल होने के साथ एक समुद्री रिसॉर्ट भी है। समुद्र के किनारे समुद्री हवाओं से पोषित चीड़ के पेड़ लहराते हैं। ये पेड़ जापान के चीड़ और देवदार का मिश्रण जैसे दिखते हैं, जिनकी छाल में लालिमा होती है, पत्तियाँ लंबी और पतली हैं। और वे देवदार की तरह खड़े होते हैं। इस क्षेत्र में मैं समय की चिंता किए बिना मनमर्जी से घूम सकी थी, जब यात्रा डीलक्स बसों के बजाय, तेज धूप में पसीना बहाते हुए रिक्शे से की गई थी। यह बीस साल पहले की बात है।

जब एक रिक्शेवाले ने स्टेशन के सामने भीड़ में से दो सवारियों को पाकर खुशी से उत्साहित हो गया। वह सबसे पहले हमें जगन्नाथ मन्दिर ले गया था। हालाँकि,

विदेशी होने और अपवित्र माने जाने के कारण मुझे मन्दिर में प्रवेश की अनुमति नहीं दी गई। तब रिक्शे वाले ने दोषारोपण या सांत्वना के स्वर में कहा, "मैडम, आपको मन्दिर में प्रवेश के लिए बहुत सारी बक्शीश देनी चाहिए थी।" और फिर मानो क्षतिपूर्ति कर रहा हो, पुरी के अन्य दर्शनीय स्थलों का भ्रमण कराने में उसने उत्साह दिखाया।

रिक्शे वाले ने हमें ओडिशा के प्रसिद्ध चमड़ा बाजार का दौरा कराया। झुलसाने वाली गर्मी में, उस रिक्शे ने गड्ढों वाली पत्थर की सड़कों और धूल भरी गलियों को पार किया। जल्द ही हम एक चौड़ी डामर वाली सड़क पर पहुँचे, जिसके दोनों ओर ताड़ के पत्तों या मोटे कपड़े की छत वाली अस्थायी दुकानें लगी हुई थीं। दुकानों के आगे, अजगर की खालें और सिर, हाथ पैर जितने बड़े मगरमच्छ, बड़ी छिपकली, हिरण, बकरी आदि की खालें लटक रही थीं। सड़क पर भी लंबी खालें धूप में सुखाई जा रही थीं, जो काली, नीली, और चांदी के रंग जैसी चमक रही थीं। "ये सभी ओडिशा के उत्पाद हैं", रिक्शे वाले ने गर्व से कहा।

यहाँ से पश्चिम में पूर्वी घाट के नाम से जानी जाने वाली पर्वत शृंखला है, और वहाँ के घने जंगलों से ये सभी जीव-जन्तु लाए जाते हैं। जंगल में गोंड, जुआंग, उराँव जैसी आदिवासी जनजातियाँ बसती हैं, जो शिकारी जीवन शैली अपनाती हैं। हिरण, सांप, बड़ी छिपकलियाँ आदि भी उनके नियमित आहार में शामिल हैं, इसलिए बाजार में उपलब्ध खालें निश्चित रूप से उनके शिकार की होंगी। कुछ जनजातियाँ आज भी बिना कपड़ों के, केवल पत्तियों को अपने शरीर पर लपेटकर जीवनयापन करती हैं। बहुविवाह और विवाह-पूर्व यौन संबंधों को स्वीकार्य मानने वाली इन जनजातियों की जीवन शैली, जैसे आदम और हव्वा के युग से चलती चली आ रही हो। या फिर यह अल्ट्रा-मॉडर्न जीवन शैली कहलाने योग्य होगी?

इस तरह बाजार के समृद्ध उत्पाद जंगल से आते हैं। हमारे पास आते ही दुकानों से तेज-तेज बुलाने वाली आवाजें आने लगीं। जूते और सैंडल के ढेर लिए पुरुष हमारे पास आए और उन्हें हमारे पैरों के सामने रखकर कहने लगे, "देखो, ये बिलकुल फिट हैं, पहनकर देखो।" छोटी दुकानों के सामने जूते परदे की तरह लटक रहे थे और दीवारों पर भी जूते टँगे हुए थे। अलिफ़ लैला के राजा या राजकुमारी के जूतों जैसे ऊपर की ओर मुड़े हुए पंजे वाले जूते और अंगूठे को डालने की जगह वाली सैंडल थे। स्लिपर्स, बूट्स, हैंडबैग्स, बेल्ट, दीवार की सजावट, कालीन आदि भी थे। सब कुछ असली साँप, मगरमच्छ, और बकरों की खाल से बना था, और यदि आप फिनिश पर ध्यान न दें तो, (इनकी उच्च कीमत के कारण) ये सभी चीजें जापान में

दुर्लभ वस्तुएँ हैं। विशेष रूप से सुन्दर वस्तुएँ हिरण की खाल से बनी हैं। नीलगाय और मृग आदि अनेक प्रकार के बड़े और छोटे हिरण यहाँ सफेद धब्बों वाले सुन्दर जूते और कालीन में बदल जाते हैं, और इन दुकानों को भव्य बनाते हैं। दुकान में बैठे पुरुष बड़ी खालें फैलाकर, पैटर्न के अनुसार काटते, सिलते, गोंद लगाते, कील ठोकते आदि काम में व्यस्त थे। मैं अपनी आँखों के सामने जूते को बड़ी सावधानी से बनते हुए ध्यानपूर्वक देख रही थी।

दुकानवाले विभिन्न जूते दिखाते गए और मैं इनको पहनती गई। लेकिन हर जूता ज़्यादा बड़ा या छोटा था, या तो बहुत भारी, या बहुत सख्त था, सही माप के जूते ढूँढ़ना मुश्किल था। स्टॉक में मौजूद सभी सामान भी काम नहीं आए, वे दूसरी दुकानों से भी एक-दो बोझ उठा लाए। "मैम साहिब, यह कैसा लगा? यह विश्व का सर्वश्रेष्ठ एयरकंडीशन शूज़ है," एक युवक ने मेश सैंडल पेश किया। इस चतुर नवाचार शब्द पर मुझे हँसी आ गई। मुगल साम्राज्य के चरम काल में शाहजहां और मुमताज़ महल द्वारा पसंद किए गए जूतों की नकल वाले भी आजमाए। ये कलिंग के जंगलों से पकड़े गए बड़े साँप की खाल से बने जूते थे। "नहीं खरीदेंगे तो नुकसान ही है, हम आपकी भलाई सोचकर सलाह दे रहे हैं," दुकानदार के एक बड़े आदमी ने जोर देकर कहा, तब रिक्शे वाले ने साथ दिया, "पूरे भारत में ढूँढ़ लीजिए, इतना अच्छा और सस्ता माल कहीं नहीं मिलेगा, जरूर ख़रीदिए।" सम्भवत: वह जूते की दुकान से कमीशन प्राप्त कर रहा था। इस प्रकार हमें चमड़े की कुछ वस्तुएँ अच्छे दाम पर बेच दी गईं।

चमड़ा बाज़ार से निकलकर दोपहर का खाना खाने हम पुरी में सबसे बेहतर रेस्तराँ के रूप में जाने जाने वाले "बनारस हिन्दू होटल" में गए। पुरी में होते हुए भी बनारस नाम रखना कुछ अजीब-सा है, पर शायद मालिक बनारस से हो। होटल का मतलब ठहरने की जगह नहीं बल्कि "उच्च श्रेणी का भोजनालय" है। उच्च श्रेणी तो कहते हैं लेकिन यह सड़क के किनारे के खाने के स्टैंड या ढाबे जैसी ही है। होटल के सामने गायें लेटी हुई थीं, आवारा कुत्ते घूम रहे थे, और मक्खियाँ भिनभिना रही थीं। प्रवेश द्वार के पास अपनी धोती उठाए एक आदमी बैठा हुआ था। वह लघु शंका कर रहा था या दीर्घ शंका, यह देखना भी नहीं चाहा। "कोई और साफ-सुथरा रेस्तराँ नहीं है?" मैंने पीछे हटते हुए कहा तो रिक्शे वाले ने जवाब दिया, "इससे बेहतर शहर में कहीं नहीं मिलेगा।"

हार मानकर हम अन्दर चले गए। दुकान के अन्दर मोटे पर्दे से अँधेरा कर रखा था। आँखें जब अँधेरे से अभ्यस्त हो गईं तो पता चला कि रेस्तराँ लोगों से भरा

हुआ था। पास आया हुआ वेटर हमें पर्दे से अलग की गई विशेष टेबल पर ले गया। पानी के बजाय कोला मँगवाया और खाने का इंतजार कर रहे थे। बाहर इंतजार कर रहे रिक्शे वाले के लिए भी हमने एक डिश ऑर्डर की। कभी कभी, खाली है या नहीं देखने के लिए या जानबूझकर, दूसरे ग्राहक पर्दे को उठा दे रहे थे। खाना आ गया। सब्ज़ियाँ, चिकन कोरमा, मछली का व्यंजन और कुछ अन्य चीजें परोसी गईं। मीठे में रसगुल्ला परोसा गया। बंगाल की मशहूर मिठाई होने से कोलकाता में तो हम अक्सर खाते हैं, लेकिन इतना बड़ा कभी नहीं देखा। वास्तव में, शहर के सबसे अच्छे रेस्टोरेंट की प्रतिष्ठा के अनुरूप, भोजन बहुत ही उत्कृष्ट था।

दुकान से निकलने के बाद, छाया में बैठे इंतजार कर रहे रिक्शे वाले से पूछा, "खाना कैसा लगा, पेट भर गया?" तो उसने तिरस्कार से जवाब दिया, "कैसे भरेगा, उस थोड़े से में!"

बंगाल की खाड़ी के आसपास के भक्त

उच्च लहरों वाली बंगाल की खाड़ी के तट पर सफेद रेत और हरे चीड़ के जंगल फैले हुए थे। वृक्षों के बीच इमारतें बिखरी हुई थीं। विशेष कर बंगाल में दिखती गोलाकार बालकनी वाली विलाओं से पता चला कि इसके मालिक बंगाली हैं। दरवाजे, गेट, खंभों आदि पर जटिल नक्काशी की गई थी, और शशि विला, विजय मनोर, लक्ष्मी निवास, सूर्य निवास जैसे सुघड़ नाम खुदे हुए थे। निर्माण की तारीख 20वीं शताब्दी की शुरुआत में, और 19वीं शताब्दी के अंत की भी दिखती थीं। गर्मियों के मौसम में बहुत लोग यहाँ आते हैं और यह स्थान चहल-पहल से भरा रहता है, लेकिन सर्दियों में यह सुनसान और शांत रहता है। बड़े बड़े घरों के दरवाजे बंद दिखे थे। कोई नजर नहीं आया, और कभी-कभी जंगल से गुजरने वाली हवा खिड़कियों के कांच को हिला देती थी। उस ध्वनि ने मुझे पुरानी फिल्म "ऑन द बीच" की याद दिला दी। शायद एंथनी पर्किंस और एवा गार्डनर इसमें अभिनय कर रहे थे।—परमाणु युद्ध से तबाह हुए एक शहर से समय-समय पर अजीब रेडियो संकेत भेजे जाते थे। उसका पता लगाने के लिए विकिरण से बचाव का गियर पहने हुए एक रेडियो ऑपरेटर ने वहाँ जाकर देखा कि आधा टूटा हुआ एक खिड़की का फ्रेम हवा में हिलता हुआ ट्रांसमिशन टॉवर को छू रहा था।—इस इलाके के दिन के समय के सुनसान दृश्य कुछ डरावने थे।

"कैसा रहेगा अगर आप लोग यहाँ एक बंगला किराए पर लेकर कुछ समय रहेंगे तो?" रिक्शे वाले की तेज आवाज़ ने शांति को भंग कर दिया। "एक महीने के

लिए, सिर्फ 150 से 200 रुपए खर्च करने से एक बड़ा विला आपका हो सकता है। नौकर चाहे जितने भी हों, मैं उनकी देखभाल करूँगा।" बढ़िया प्रस्ताव है। हमारी बच्चियों के साथ शहरी विला मालिकों के बच्चों और कुछ कुत्तों के साथ खुशी-खुशी खेलने की मैंने कल्पना की। वे बड़े पेड़ों पर आसानी से चढ़ सकती हैं, छुपनछुपाई और पकड़म-पकड़ाई का मजा ले सकती हैं। समुद्र तट पर दौड़ सकती हैं, सुबह और शाम को क्षितिज पर चमकते सूर्य को देख सकती हैं...। न, हम लोग जापान में रहते हैं, यह सिर्फ एक दिन का सपना ही रहेगा। "अगली बार जब हम आएँ तो कृपया हमारी मदद करें," मैंने अफसोस के साथ उत्तर दिया। उसने मुझे पीठ दिखाई और रुके हुए रिक्शे पर चढ़ गया।

कितनी तेज़ रोशनी है! धूप का चश्मा पहनने पर भी गर्म रेत की चमक से बच नहीं पा रही थी। सोलहवीं शताब्दी में इसी समुद्र तट पर हिन्दू धर्म के प्रमुख संत चैतन्य ने निर्वाण प्राप्त किया था। इसलिए इसे ऐतिहासिक महत्व का स्थान माना जाता है। विशाल समुद्र के अनंत विस्तार में, बंगाल की खाड़ी की ऊँची लहरें उछल रही थीं। ऊँचे तटबंध के नीचे, काले अधनंगे लोग बैठे थे। वे पाम के पत्तों से बनी नुकीली टोपी पहने हुए नुरिया कहलाने वाले मछुआरे हैं, जो समुद्र के रक्षक भी हैं। हमें देखकर उनमें से एक हमारे पास आया। उसने कहा—

"अभी लहरें बहुत तेज हैं, अगर आप समुद्र तट पर जाना चाहते हैं, तो मैं आपके साथ चलूँगा।"

समुद्र तट पर बड़ी लकड़ी की कुछ पाल नौकाएँ बंधी हुई थीं। ये मछली पकड़ने की नावें हैं जिनमें दो पालों को स्थिरता के लिए जोड़ा गया है। विश्व प्रसिद्ध बंगाल की खाड़ी की तेज लहरों को पार करके मछली पकड़ने जाने वाली ये बहादुर नावें अब जाल में ढकी हुई चुपचाप विश्राम कर रही थी। मैंने गहरी साँस ली और समुद्र के किनारे पर नंगे पैर धीरे-धीरे चलने लगी। अंतहीन नीला आकाश, सोने की तरह चमकता हुआ क्षितिज, और सफेद सीगल आराम से उड़ रहे थे।

रिक्शा उज्ज्वल समुद्र तट चलता रहा। समुद्र के सामने विशाल सफेद बंगले कतार में लगे थे, और चीड़ तथा नारियल के पेड़ों के पत्ते लहरा रहे थे। पुरी शहर का सबसे उत्कृष्ट होटल, एस. ई. आर. होटल समुद्र तट की ओर मुंह करके स्थित था। लाल पगड़ी और काली वर्दी में सजे दो भव्य शरीर वाले दरबान गम्भीर चेहरे के साथ खड़े थे। बगीचे में लिली, गुलाब, बोगनवेलिया, साल्विया आदि रंग-बिरंगे फूल और अच्छी तरह से सजी लॉन की हरियाली आँखों को भाती थी। इस होटल

का ठहरने का खर्च एक रात के लिए सौ से दो सौ रुपये था। बीस साल बाद, 1990 में यह दस गुना से भी अधिक बढ़ गया था। मामूली पैसा देकर एक महीने के लिए विशाल विला किराए पर लेने की बात कर रहे थे, उसकी तुलना में यह काफी बड़ी राशि है। ग्राहक भारत के अमीर लोग होंगे या पाउंड या डॉलर क्षेत्र से आने वाले अमीर ग्राहक होंगे। अब जापानी येन भी काफी मजबूत है, लेकिन उस समय विदेश यात्रा, और वह भी समूह में फाइव स्टार होटल में रहने की बात सोची भी नहीं जा सकती थी।

होटल को पार करते हुए अगली मंजिल स्वर्गद्वार नामक हिन्दू मन्दिर में आए। यह मन्दिर जगन्नाथ मन्दिर के मुख्य देवता, जगन्नाथ के मातृ पक्ष के घर के रूप में प्रसिद्ध है। हिन्दू धर्म में देवताओं के भी सामान्य जनता की तरह परिवार होते हैं। माता-पिता, पति-पत्नी के रिश्तेदार से लेकर प्रेमी या विरोधी तक होते हैं। इसलिए माता का मायका और पिता का पैतृक घर भी होता है। ग्यारहवीं शताब्दी में निर्मित इस मन्दिर में विष्णु भगवान को पूजा जाता है। कलिंग वास्तुकला के ओडिशा के हिन्दू मन्दिर ऊँची सीढ़ियों को चढ़कर पहुँचे जाने वाली चट्टान पर स्थित हैं जहाँ ऊपर से समुद्र दिखाई देता है। जगन्नाथ मन्दिर में जैसा हुआ था वैसा ही यहाँ भी डर था कि मैं विदेशी होने के कारण प्रवेश नहीं कर पाऊँगी- इस चिंता के बावजूद भी मैंने अपने जूते उतार दिए। तभी वीरान सीढ़ियों के मध्य में पत्थरों के ढेर से बनी गुफा से केवल सफेद धोती पहने हुए एक आदमी बाहर आया। उसने हमारी ओर विनम्रता से हाथ जोड़ते हुए कहा, "मैं इस मन्दिर का पुजारी हूँ। मैं आपका मार्गदर्शन करूँगा"। उन्होंने मेरे जन्म स्थान या मूल की परवाह बिलकुल भी नहीं की। उनके पीछे चलते हुए हम सीढ़ियाँ चढ़ गए। ऊपर पहुँचने पर लोहे के दरवाजे वाला मन्दिर था। जब उन्होंने दरवाजा खोला तो अन्दर के आसन पर चमकदार काले पत्थर से बने कृष्ण भगवान भरपूर मुस्कान के साथ दिखाई दिए।

उन्होंने भगवान के सामने माथा टेका। हमने भी उनके पीछे हाथ जोड़ लिए। कृष्ण भगवान पर सफेद रजनीगंधा और गेंदे की मालाएँ सजी हुई थीं। केले, नारियल जैसे प्रसाद भी रखे गए थे। उन्होंने हमारे सिर पर पवित्र जल छिड़का और माथे पर चंदन लगाकर आशीर्वाद का संकेत दिया। "मैं चालीस साल से भी अधिक समय से यहाँ विष्णु भगवान की सेवा में लगा हूँ। मैं उनके लिए खाना बनाता हूँ, सफाई करता हूँ और पूजा करता हूँ।" और उन्होंने शांत निगाहों से हमें देखकर कहा, "दूरदराज के इस स्थान पर बहुत कम लोग आते हैं। आपका यहाँ आना स्वागत योग्य है।"

उनका व्यवहार बहुत धार्मिकता और आत्मीयता से भरा था। जगन्नाथ मन्दिर के मोटे और शोर मचाने वाले पंडों से बिल्कुल अलग थे। उन्हें वास्तविक देवदूत कहा जा सकता था। वे दुनियावी इच्छाओं को त्यागकर भगवान के प्रति अपना प्रेम और आस्था समर्पित करने वाले संत थे। भक्ति ही हिन्दू धर्म की आदर्श अवस्था और क्रिया है। जगन्नाथ मन्दिर में लाल आँखों से घूरे जाने और धक्के खाकर भगाए जाने के बाद, जिस महान भक्त ने हमारा आत्मीयता से स्वागत किया, उसकी सौम्य नज़रें मैं कभी नहीं भूल सकूँगी।

चाय की दुकान में मिले परिवार

स्वर्गद्वार मन्दिर से दक्षिण की ओर थोड़ी दूर जाने पर ताड़ के पत्तों से बनी एक साधारण चाय की दुकान थी। हम जब वहाँ गए, तो अब तक हँसी मजाक करते हुए चाय पी रहे दो-तीन ग्राहक खड़े होकर हमें अपनी जगह देने लगे। शायद वे दुकान के नियमित ग्राहक थे, उनमें से एक आदमी ने दुकान के मालिक की ओर देखते हुए कहा, "अम्मा बाड़ी (मायके, यानी स्वर्गद्वार मन्दिर) में इतने दिनों बाद दूर से कोई आया है।" दुकानदार ने चूल्हे पर रखी केतली में उबलती चाय को हिलाते हुए हमें देखा और प्यार से मुस्कुराते हुए कहा, "हाँ, बिलकुल। आप कहाँ से आए हैं?" मेरे पति ने "कोलकाता से" जवाब दिया। तब तक कोने में बैठा एक आदमी जो पहले से ही हमें देख रहा था, बोला, "लेकिन मेमसाहब कोलकाता की तो लगती नहीं हैं, आप कहाँ से हैं?" "जापान, जापान" मेरे पति ने जवाब देने से पहले ही बाहर बैठे रिक्शे वाले ने जवाब दे दिया। "आह, जापान..." सामने बैठी महिला की शैली और भाषा अलग होने के कारण वे समझ गए होंगे। इस दूर-दराज़ वाले स्थान पर उन्हें जापान के बारे में कितनी जानकारी होगी, यह तो नहीं पता। कोलकाता जैसे शहर में भी जापान को हांगकांग का एक हिस्सा समझने वाले भी कम नहीं हैं। फिर भी, दूर से आए मेहमान के प्रति अपनापन दिखाने वाले उनके व्यवहार ने हमें स्वागत योग्य महसूस कराकर खुशी दी थी।

जल्द ही एक मिट्टी के कप में दूध से भरी चाय डाली गई। इलायची की खुशबू आहिस्ता से फैल रही थी। मैंने गरम चाय की चुस्की ली। हाँ, बाहर इंतजार कर रहे रिक्शे वाले को भी एक चाय दिलवाना नहीं भूलना चाहिए। समुद्र के किनारे सूर्यास्त जल्दी होता है। जैसे आग का गोला बनकर, घूमते हुए सूरज क्षितिज के पार चला गया। लालिमा में रंगे हुए समुद्र की लहरों के पार से ठंडी समुद्री हवा चल रही थी।

बंगाल की खाड़ी की नमकीन हवा को पूरे शरीर में महसूस करते हुए, उठती हुई लहरों की आवाज़ सुनते हुए चाय का स्वाद लेना कितना सुखद था। "जल्दी चलो!" रिक्शे वाले द्वारा जल्दबाजी किए जाने पर मैं धीरे से उठने लगी, तभी एक पुरुष ने मेरे पति की ओर हाथ जोड़कर "साहब..." कहते हुए संकोच के साथ बातचीत शुरू की। "क्या आप मेरे घर आ सकते हैं? यहाँ से ज़्यादा दूर नहीं है..." कहकर उसने इशारा किया। सिर्फ़ एक कप चाय के साथ कुछ शब्दों का आदान-प्रदान करने के बाद, एक अजनबी को इतने आसानी से अपने घर आमंत्रित करना... क्या यही वह बात है जिसे कहते हैं कि एक मौके की मुलाकात भी एक गहरे संबंध की शुरुआत हो सकती है? जापान के हिसाब से सोचें तो यह थोड़ा बेशर्मी लग सकती है, लेकिन शायद इस भारतीय सोच के अनुसार कि अतिथि भाग्य लेकर आते हैं, मेरे पति ने तुरंत उसके आमंत्रण को स्वीकार कर लिया।

इस इलाके में समुद्र, मन्दिर और यह छोटी सी चाय की दुकान के अलावा और कुछ नहीं दिख रहा था। लेकिन जब चोरोपोती जी सौ मीटर दूर हमें ले गए, पेड़ों का एक बगीचा और पेड़ों की छाया में कुछ छोटे से घर—इन्हें झोंपड़ी कहना अधिक उपयुक्त होगा – दिखाई दिए। हमारे पास आते ही, बिना आवाज़ किए, हर घर के दरवाजे से साड़ी पहने महिलाएँ और बच्चे निकल आए। चोरोपोती जी के घर के सामने पहुँचते ही, उन्होंने जोर से कहा, "एइ, अतिथि आसछे। (मेहमान आ गए हैं)"। उनकी आवाज़ सुनकर घर के अन्दर से बच्चे दौड़ते हुए आए। पाँच-छः बच्चे थे। ढीले ढाले हाफ पैंट पहने एक बच्चा, लंबी बाजू का स्वेटर पहने एक बच्चा, और चोटी बनाए एक बच्ची थी। हमें बिछाए गए आसन पर बैठने को कहा गया। कमरे के बीच में एक मन्दिर था जिसमें अगरबत्ती जल रही थी। इस मन्दिर के अन्दर नीले चेहरे वाले विष्णु भगवान की एक तस्वीर थी। मूर्ति के ऊपर, सात सिर वाले बड़े नाग का मुँह था जिससे लाल जीभ दिखाई दे रही थी, जो दीपक से प्रकाशित होकर जलती हुई लपट की तरह दिख रही थी। यदि बालक कृष्ण की तरह की निर्दोष मुस्कान न होती, तो साँप की जीभ और चार भुजाओं वाले विष्णु भगवान की मूर्ति एक राक्षस की तरह ही भयानक होती।

पर्दा उठाकर उनकी पत्नी ने अपना चेहरा दिखाया। सिर से फिसलती सफेद साड़ी को ठीक करते हुए, शर्माते हुए वे मुस्कुराई। उनके सफेद दांत दिखे। शायद, मेहमानों के आने की खबर सुनकर वे जल्दी कपड़े बदलकर आई थीं। स्टार्च वाली सूती साड़ी अभी भी उसके शरीर के अनुकूल न होकर थोड़ी बड़ी लग रही थी। उनके

पति ने आदेशात्मक लहजे में कुछ कहा, तो वे सिर हिलाकर एक बार अन्दर गईं और फिर हाथ में एक थाली लेकर तुरंत बाहर आ गईं। पानी से भरा गिलास और मिठाई हमारे सामने रखने के बाद, वे मेरे सामने बैठ गईं। अजनबियों के आगमन पर भी बिना किसी नाराजगी के चेहरे, बल्कि दस साल के पुराने परिचित की तरह घनिष्ठता से व्यवहार करके सामने रखी मिठाई जल्दी से खाने को कहा। "वाह, यह खजूर से बना गुड़ है, बहुत स्वादिष्ट है," ऐसा कहते हुए मेरे पति ने एक भूरे टुकड़े को मुँह में डाला। इसे देखकर मैंने भी एक टुकड़ा लिया। बच्चे भी मुस्कुराते हुए देख रहे थे। जब मैंने उनकी तरफ थाली बढ़ाई, तो पहले वे संकोच कर रहे थे, लेकिन माँ के सहमति वाले सिर हिलाने पर उन्होंने एक-एक करके टुकड़े उठा लिए। मीठा खाने के बाद माहौल और भी अनुकूल हो गया, और चोरोपोती जी की पत्नी भी मुझसे कुछ न कुछ बातें करने लगीं। लेकिन वे ओड़िया भाषा में बोल रही थीं, इसलिए मैं समझ नहीं पाई।

इशारों और मेरे पति की मदद से मुझे पता चला कि वे हमारे बच्चों के बारे में पूछ रही थीं। "मेरी दो बेटियाँ हैं," मैंने गर्व से कहा। लेकिन उसने चिंतित होकर कहा, "यह तो बहुत दुख की बात है। लेकिन आप अम्मा बाड़ी में आईं हैं, भगवान निश्चित रूप से आपको एक बेटा देंगे।" उसके कहने का मतलब यह था कि सिर्फ लड़कियों से संतोष नहीं होता, एक बेटा होने पर ही माँ पूरी तरह से संतुष्ट हो सकती है। यह हिंदुओं के लिए कोई अजीब बात नहीं है। ऐसा माना जाता है कि बेटा ही माता-पिता को स्वर्ग पहुँचा सकता है। बेटियाँ तो शादी के समय माता-पिता की सम्पत्ति खत्म कर देती हैं।

अपने बेटों से साथ वह बहुत खुश लग रही थी। बड़ी-बड़ी आँखों वाले लड़के माँ की गोद में बैठेकर या कंधे से लिपटकर लाड़ कर रहे थे।

"आप हमारे एक लड़के को अपने साथ ले जा सकती हैं... क्या तुम, छोटू, बुआ जी के साथ जापान जाओगे?" कहकर लगातार लड़के का सिर सहला रही थीं। शायद लड़का नहीं जानता था कि कहाँ की बात हो रही थी, फिर भी वह अपनी माँ से जोर से लिपट गया। इसे देखकर सभी हँस पड़े।

हमारी भौतिक समृद्धि देखकर ईर्ष्या का भाव न होकर केवल बेटा न होने के लिए सहानुभूति दिखाना और पुत्र की कामना करना, उसका दिल कितना प्यारा है! अंधेरे में, जहाँ बिजली की रोशनी तक नहीं थी, उनकी निश्चिंत, दयालु मुस्कान विशेष रूप से उज्ज्वल प्रतीत होती थी।

"थोड़ा और समय रुकिए" कहकर रोकने वाले मेजबान परिवार से विदा लेने में मुझे बहुत दुःख हुआ। चोरोपोती जी हमें उस चाय की दुकान तक छोड़ने आए, जहाँ रिक्शे वाला हमारा इंतजार कर रहा था। समुद्र के किनारे पूरी तरह से अंधेरी सड़क पर रिक्शा तेजी से चला। लहरों की आवाज़ और भी तेज हो गई थी।

एक धार्मिक शहर : बनारस

हिन्दू धर्म का केंद्र

भारत का पूर्वी दरवाजा कहे जाने वाले कोलकाता से रात के दस बजकर पैंतालीस मिनट पर चलने वाली दून एक्सप्रेस लगभग 670 किलोमीटर की दूरी रात भर में तय करने के बाद, अगले दिन सुबह ग्यारह बजे बनारस में गंगा नदी के ऊपर बने पुल को धीरे-धीरे पार कर रही थी। सूरज की रोशनी में चमकती हुई विशाल गंगा के किनारे भारत का सबसे पुराना शहर बनारस (आधिकारिक नाम वाराणसी) स्थित है। यहीं हिन्दू धर्म का सबसे बड़ा नदी किनारे बसा नगर, देवों का शहर माना जाता है। ट्रेन से देखने पर बनारस में शानदार मन्दिरों, ऊँचे पत्थर के सीढ़ियों वाले घाटों, पत्थर की बनी इमारतों की एक लंबी श्रृंखला दिखाई देती है, जो एक भव्य दृश्य प्रस्तुत करती है। हालाँकि, शहर के अन्दर एक कदम रखते ही, भव्यता से कोसों दूर होने का आभास होता है। ईंट से बनी, बड़ी तो हैं लेकिन जर्जर इमारतें, अव्यवस्थित और भीड़-भाड़ वाली दुकानें, मन्दिरों को जाने वाली भूलभुलैया जैसी संकरी गलियों में घूमते लोगों का समूह। भिखारी भी हैं, साधु भी हैं और विदेशी पर्यटक भी हैं। वाहन के रूप में कारें, टैक्सी, ट्रक से लेकर साइकिल रिक्शा, हाथ रिक्शा, बैलगाड़ी तक हैं। गायें, भैंसें, घोड़े, सूअर, बकरियाँ, आवारा कुत्ते, कौवे, चील, तोते... छोटे बड़े सभी प्रकार के जीव भी यहाँ मौजूद हैं।

यह स्थान, 1995 में छियानवे करोड़ से अधिक भारतीय आबादी के लगभग पचासी प्रतिशत हिंदुओं का मुख्य तीर्थ है। मुसलमानों के लिए 'मक्का' जैसे सर्वोत्तम स्थान माना जाता है, इसलिए यहाँ पर तीर्थयात्री साल भर आते रहते हैं। भक्ति भाव से भरे श्रद्धालु जीवन में एक बार वाराणसी अवश्य आते हैं। यहाँ पर मरने से मोक्ष प्राप्ति होती है, ऐसा माना जाता है। इसलिए, मृत्यु के निकट होने का आभास होने पर लोग अपने घर और परिवार से विदा लेकर, अकेले मरने के लिए ही यहाँ आते हैं। इनमें से अधिकतर के पास न तो रहने का घर होता है और न ही खाना खरीदने

बनारस में साधु

बनारस में भिखारी

के लिए पैसे। वे बाकी जीवन भिक्षा मांगकर गुजारते हैं। इसी कारण वाराणसी में बहुत सारे वृद्ध भिखारी देखने को मिलते हैं। इसके अलावा, 1960 के दशक में एक समय यह जगह गाँजे की तलाश में भारत आने वाले हिप्पियों का अड्डा भी बन गई थी। और अब यह सारनाथ जैसे बौद्ध धर्म से जुड़े धर्मस्थलों की यात्रा में आने वाले विदेशी पर्यटकों के लिए एक मान्य स्थल भी है।

बनारस में असंख्य हिन्दू मन्दिरों का मुख्य केंद्र, विश्वनाथ मन्दिर को अंग्रेजी में गोल्डन टेम्पल कहा जाता है। यह नाम उसके गोलाकार उच्च शिखर पर सोने मढ़े

जब भी, जहाँ भी जाएँ, तुरंत बच्चे इकट्ठा हो जाते हैं और कैमरे को देखकर खूब मुस्कराते हैं।

होने के कारण पड़ा है। मुख्य सड़क से मुड़कर मन्दिर तक जाने वाली संकरी गली में, ऊबड़-खाबड़ और टेढ़ी-मेढ़ी पत्थरों की सीढ़ियों पर चलना पड़ता है। रास्ते के दोनों ओर अगरबत्ती, चंदन, पीतल की ढलाई, देवताओं की तस्वीरें और मूर्तियाँ, पूजा में लगने वाले लाल और पीले रंग के सिंदूर, फूलों की माला आदि बेचने वाली दुकानें लगी होती हैं, और "ले लीजिए, सस्ता दे दूँगा!" की आवाज़ें गूंजती रहती हैं। रास्ता और भी संकरा हो जाता है, जहाँ जमीन पर बैठे भिखारी बढ़ जाते हैं, लोग एक-दूसरे को धक्का देते हैं, और मोटे पंडे गुलाब, चमेली, गेंदे के फूलों की माला थमाते हैं, यही विश्वनाथ मन्दिर का प्रवेश द्वार है।

चिकने सफेद नंदी बैल के चार-पाँच सिर मन्दिर के प्रवेश द्वार को रोके हुए हैं। हम जूते उतार कर, पुजारियों के नेतृत्व में अन्दर प्रवेश करते हैं। सफेद और काले मार्बल का फर्श गीला है। यह भक्तों द्वारा पीतल के घड़े में लाए गए और मूर्ति पर चढ़ाए गए पवित्र गंगा जल की बूँदें और गायों के मूत्र की वजह से है। कान फाड़ने वाली घंटे की आवाज़, मंत्रों की आवाज़, धूप के धुएँ से घुटन, और 'धक्का मत दो' की चीख़ों के बीच भक्तों की भीड़ को चीरते हुए अन्दर जाने पर एक चांदी की बाड़ है, जिसके केंद्र में शिवलिंग विराजमान है।

भगवान शिव हिन्दू धर्म में सर्वोच्च देवता के रूप में, ब्रह्मा और विष्णु के साथ आराध्य हैं। शिवलिंग प्रजनन, जातीय वृद्धि और इस प्रकार सृष्टि के सभी तत्वों के मूल और सृजन का प्रतीक है। श्रद्धालु पुरुष और महिलाएँ पहले होने की होड़ में उस पर फूल और जल चढ़ाते हैं। वे काले और चिकने पत्थर के शिवलिंग को सहलाकर अपने हाथों को अपने सिर पर रखने के बाद प्रार्थना करते हैं। लिंग को सहलाना, विदेशियों की नज़र में अश्लील क्रिया हो सकती है, पर यह विश्वास का काम है। इस प्रकार पुरुष शिवलिंग के साथ अपने लिए शुभ होने की कामना करते हैं, महिलाएँ अच्छे पति की, स्वस्थ पुत्र की, पहले पति के न मरने की प्रार्थना करती हैं। फिर पुजारी से माथे पर चंदन का तिलक लगवाती हैं, और पवित्र गंगा जल को अपने हाथों में लेकर पीती हैं।

किसी भी धर्म में भक्ति विविध रूपों में व्यक्त होती है। भक्ति कुछ ऐसी चीज़ है जिस पर बहस नहीं की जा सकती, इसे केवल महसूस किया जाता है। यह बात आनंदित और संतुष्ट भक्तों के चेहरे और व्यवहार से स्पष्ट देखी जा सकती है। उनके लिए भगवद्भक्ति सुबह अपने मुँह धोने, शौचालय जाने, खाना खाने जितनी स्वाभाविक और आवश्यक प्रतीत होती है। इसमें संदेह, भ्रम, प्रतिरोध, तर्क या शर्म के लिए कोई जगह नहीं है। देवताओं का नाम लेना अपने माता-पिता और बच्चों को बुलाने जितना सामान्य और अंतरंग है। हिंदुओं के लिए देवता एक महत्वपूर्ण पारिवारिक सदस्य से कम नहीं हैं। दूसरी ओर हर देवता के अपने-अपने परिवार होते हैं। एक देवता के माता-पिता, पत्नी और बच्चे हैं। वह समय और परिस्थितियों के अनुसार विभिन्न रूपों में अवतार लेते हैं और पृथ्वी पर उतरकर दया, उद्धार और शुभ कार्य करते हैं। इससे स्वयं देवताओं के प्रति सहानुभूति, कृतज्ञता, और अंतरंगता उत्पन्न होती है, और लोग प्रतिदिन देवता का नाम जपते उनकी प्रशंसा करते हैं। लेकिन सभी भक्त निष्कलंक और आदर्श व्यक्ति तो नहीं हैं। कुछ दुश्मन को शाप देने के लिए प्रार्थना करते हैं, और कुछ प्रार्थना करने के बाद दूसरों की बुराई करते हैं।

"सीता-राम, सीता-राम, जय-राम, जय-राम"

ऐसा कहते हुए एक हाथ दूसरे की जेब में, एक पैर दूसरे के घर में घुसाने वाले चोर लोग भी होते हैं। वे सोचते होंगे कि अगर वे देवता का नाम जपते रहें, तो बुरा करने पर भी कोई सजा नहीं मिलेगी, भगवान उन्हें माफ कर देंगे।

हिन्दू धर्म को वैज्ञानिक रूप से समझने के लिए, पंडितों और गुरुओं से शिक्षा पाकर वेद-पुराण, धर्मशास्त्र और विविध पौराणिक कथाओं तथा काव्यों की

दरभंगा घाट पर सूरज को नमस्कार करते हुए स्नान करते श्रद्धालु। बनारस में बहती गंगा नदी में स्नान करना हिंदुओं की जीवन की सबसे बड़ी इच्छा होती है।

ऐतिहासिक पृष्ठभूमि को जानना आवश्यक है। विद्वानों के अनुसार, हिन्दू धर्म की जंगल के दलदल से भी तुलना की जा सकती है। यह कहा जाता है कि अगर एक बार इसमें भटक जाएँ, तो अथाह दलदल में फंस जाएँगे। ऐसे गहन धर्म के रहस्यों को आम भक्त पूरा तो नहीं जानते हैं। उनके लिए, देवताओं के नाम और प्रार्थना मंत्र जन्म से ही लोरी की तरह कानों में बजते रहे हैं। इसीलिए धर्म और विश्वास, शरीर में खून की तरह, रोजमर्रा की जिंदगी में बिना किसी विरोध के बहते हैं। जब लोगों को एकाग्रता से प्रार्थना में लीन देखते हैं, तो लगता है कि जीवंत विश्वास का यही स्वरूप है।

मन्दिर के चारों ओर स्थित शिवलिंगों की पूजा करके बाहर निकलते समय, पहले ही सूरज ढलने लगा था। उस समय तक, "पैसा अपवित्र होता है, इस अपवित्र धन को त्यागने के बाद ही व्यक्ति शुद्ध होता है" कहकर प्रचार करने वाले पुजारियों की बदौलत मेरा पर्स काफी हल्का हो चुका था। सुगंधित चमेली के फूलों की माला

पुरुष धोती और स्त्रियाँ साड़ी पहने हुए गंगा में डुबकी लगाती हैं। कई लोग हाथ जोड़कर गंगा को नमन करते हैं।

भी शिव भगवान के वाहन माने जाने वाले सफेद पवित्र नंदी बैल के पेट में जाकर समाप्त हो चुकी थी। फूल की माला सुगंधित होती है, लेकिन कभी भी इसकी खुशबू नहीं सूंघनी चाहिए। खुशबू भगवान को अर्पित की जाती है, और अगर इंसान इसे सूंघे, तो वह फूल अशुद्ध हो जाता है। इसलिए, अगर आप गलती से फूलों को खरीदते समय अपना चेहरा पास ले जाते हैं, तो फूल बेचने वाला आप पर चिल्ला सकता है। अशुद्ध फूल बेचने योग्य नहीं होते हैं।

गंगा जल की शक्ति

पवित्र गंगा नदी में स्नान करते हिंदुओं की छवि के बिना बनारस का ज़िक्र अधूरा होता है। गंगा नदी भारतीयों के लिए मोक्षदायिनी मानी जाती है। विशेष रूप से, बनारस में गंगा नदी में स्नान करना हिंदुओं की जीवन की सबसे बड़ी इच्छा होती है। यहाँ स्नान करके सभी पवित्र हो जाते हैं, और यह माना जाता है कि इसके बाद ही भगवान की कृपा प्राप्त कर सकते हैं। तीर्थयात्री साल भर, समय की परवाह किए बिना भारत के सभी कोनों से आते हैं। दूर-दराज से आने वाले लोग अपने सम्प्रदाय के मठ में ठहरकर उसके पास बने घाट पर स्नान करते हैं। गंगा नदी के पश्चिमी

किनारे में, मन्दिर और घाट कतार में लगे हैं। इनमें से, दशाश्वमेध घाट सबसे बड़ा घाट है जो सामान्य जनता के लिए भी खुला है।

सूर्योदय के समय स्नान करने से सबसे अधिक पुण्य प्राप्त होता है—इस विश्वास के साथ सुबह के समय बहुत से भक्त घाट पर इकट्ठे होते हैं। ऊपरी शरीर को ढके बिना साधु-संत यहाँ वहाँ बैठे ध्यान लगाते रहते हैं। पूर्व दिशा में सूरज उगने के साथ, भक्त गंगा में डुबकी लगाते हैं और सिर के ऊपर हाथ जोड़कर मंत्र जपते हैं। फिर मुँह धोते हैं, मुँह में पानी भरकर कुल्ला करते हैं, और शरीर साफ करते हैं। नदी का पानी कीचड़ जैसा गंदा और भूरे या हरे रंग का दिखाई देता है। सुबह की सूर्य की किरणों से सुनहरी लहरें बनती हैं। ध्यान से देखने पर नदी की धारा विभिन्न प्रकार की वस्तुओं को लेकर आती है। कभी कचरा तक तैरता हुआ आता है, लेकिन लोग धारा को हल्के से हाथ से धकेलकर, फिर बिना किसी चिंता के मुँह में पानी भरकर कुल्ला कर लेते हैं। थोड़ी दूर पानी में भैंसों का झुंड भी नहाता दिखता है। हिन्दू न होने वालों की नज़र में, यहाँ सब कुछ गंदा और अस्वच्छ समझ में आता होगा।

स्नान आदि करने के बाद, लोग गंगा के पानी को कंटेनर या कमंडल में भरकर घर ले जाते हैं। दूर-दराज़ से आए तीर्थयात्रियों के लिए बोतलों या धातु के कंटेनरों में भरा पवित्र जल बेचा जाता है। वे इस पवित्र जल को घर ले जाते हैं और इसे नित्य पूजा और विशेष पर्वों के लिए उपयोग करते हैं। यह पवित्र जल मृतकों को शुद्ध करने के लिए भी महत्वपूर्ण है। हिंदुओं के शुद्ध और अशुद्ध के विचार मूल रूप से विश्वासों पर आधारित हैं, और सामान्य स्वच्छता की धारणा से नहीं आँके जा सकते। स्वास्थ्यविज्ञान के दृष्टिकोण से बैक्टीरिया आदि की चिंता यहाँ नहीं की जाती है। गंगा का पानी शुद्ध है और पवित्र है। यह उनका विश्वास है। सच कहूँ तो, गंगा की शुद्धता न मानने वाली मेरे जैसे व्यक्ति, भले ही हिन्दू से विवाह किया हो, हिन्दू नहीं कहला सकते हैं। मैंने कभी गंगा में स्नान नहीं किया। अनुभव के लिए एक बार ऐसा करने की कोशिश तो की, लेकिन केवल अपने पैर डुबोने से ज्यादा कुछ नहीं कर पाई। हालाँकि, मैंने गंगा किनारे से सूर्योदय को देखा है। भोर में घाट पर पहुँचकर, पूर्वी किनारे पर उगते सूरज को देखकर दिल से अभिभूत होकर हाथ जोड़ लिए।

एक बार मैंने गंगा जल की शक्ति देखने का अनुभव किया है, जो जापान में हुआ था। कुछ वर्ष पहले, भारत में भी प्रसिद्ध संस्कृत भाषा के विद्वान कुछ समय

के लिए ओसाका के हमारे घर में ठहरे थे। उन्होंने कनाडा में आयोजित अंतरराष्ट्रीय संस्कृत सम्मेलन में भाग लिया था और वापसी के रास्ते में जापान आए थे।

उनके एक कट्टर ब्राह्मण होने के नाते और शाकाहारी होने की जानकारी पहले से ही दी गई थी। भारतीय शाकाहारी भोजन बनाने में मैं भी अनुभवी थी, इसलिए घर पर खाने में कोई समस्या नहीं थी, लेकिन बाहर जाने पर दिक़्क़तें हुई थीं। वे भारतीय भोजन के अलावा कुछ भी नहीं खाते थे। नारा नामक शहर को घुमाने के दौरान एक दिन, हमने दोपहर के भोजन के लिए एक रेस्तराँ में वेजिटेबल करी ऑर्डर की। वेटर को मैंने शाकाहारियों के भोजन के लिए जोर देकर कहा। जल्द ही, करी की तीन प्लेटें टेबल पर आ गईं। एक चम्मच मुँह में डालते ही पता चला कि यह वेजिटेबल करी शायद नॉन-वेज करी से सिर्फ़ मांस के टुकड़े निकालकर बनाई गई थी। मैंने उन्हें ध्यान न दिलाते हुए, मुस्कुराते हुए चेहरे के साथ, अपने पति को जापानी में बताया, "लगता है कुछ नॉन-वेज का स्वाद आ रहा है।" "लगता तो ऐसा ही है," पति भी अपने चेहरे का भाव बदले बिना खाना खाते रहे।

विद्वान महोदय की ओर देखने पर, शायद उन्हें बहुत भूख लगी थी या उन्हें स्वाद पसंद आया था, क्योंकि वे जल्दी-जल्दी खा रहे थे। उसे देखकर मैं घबरा गई और मेरी भूख लगभग चली गई। थाली खाली होने के बाद, मेरे पति ने उनसे बंगाली में एक या दो शब्द कहे। उन्होंने एक चौंकाने वाली आवाज़ निकाली, लेकिन तुरंत ही उन्होंने अपनी जैकेट की जेब से एक छोटी बोतल निकाली। उन्होंने अपने मुँह में पानी की कुछ बूंदें डालीं और फिर कहा, "गंगा जले पाप कोइ (गंगा जल से पवित्र कर दिया)।" उसके बाद, उन्होंने और मेरे पति ने बातचीत जारी रखी। ऐसा लगा मानो कुछ हुआ ही न हो।

पवित्र गंगा नदी की उत्पत्ति

गंगा नदी को पवित्र नदी मानने का विश्वास पाँच हजार वर्षों से भी अधिक पुराने मिथक पर आधारित है, जो "रामायण" के समय तक जाती है।

राजकुमार अंशुमान ने युद्ध में कई सगे-संबंधियों और सैनिकों को खो दिया। वे कपिल मुनि के शाप के कारण मृत्यु को प्राप्त हुए थे। राजकुमार उन सगे-संबंधियों और सैनिकों के लिए श्राद्ध करना चाहते थे। इसके लिए पवित्र जल की आवश्यकता थी। हालाँकि, उस समय जल, सर्प, वज्र, जानवर, अछूत, और ब्राह्मण के शाप से मारे गए लोगों के लिए पवित्र जल से श्राद्ध करना निषेध था। राजकुमार के संबंधी

और सैनिक ब्राह्मण के शाप से मारे गए थे, इसलिए जल अर्पित करना वर्जित था। फिर भी, राजकुमार ने वर्षों तक देवताओं से श्राद्ध के लिए जल देने की प्रार्थना की। अंततः गरुड़ ने अंशुमान को सुझाव दिया।

"यदि तुम श्राद्ध करना चाहते हो तो हिमालय की कन्या, गंगा से कहो। गंगा के निर्मल जल से तो श्राद्ध किया जा सकता है। यदि इस जल में उनकी अस्थियों को बहा दें तो मृत व्यक्ति स्वर्ग में शांति प्राप्त करेंगे।"

इन शब्दों से प्रेरित होकर अंशुमान और उनके पिता सगर ने हिमालय की बेटी गंगा से प्रार्थना की। लेकिन दोनों की इच्छाएँ पूरी होने से पहले ही वे दिवंगत हो गए।

उनके वंशज में भगीरथ थे। वे बहुत धार्मिक इंसान थे, और उन्होंने अपने पूर्वजों की इच्छा को पूरा करने के लिए तपस्या की। तपती गर्मियों में चारों ओर आग जलाकर, उसके मध्य में बैठे, और ठंडे पहाड़ों में नंगे रहकर उपवास किया। वर्षों से ऐसे रहकर प्रार्थना की। उनकी ईमानदार प्रार्थना अंततः देवताओं तक पहुँची। देवताओं ने इकट्ठे होकर कहा, "आइए भगीरथ की इच्छा को पूरा करें।" भगीरथ ने प्रणाम किया।

"कृपया गंगा देवी को पृथ्वी पर भेजें। देवी द्वारा प्रदान किए गए पवित्र जल से मेरे पूर्वजों का श्राद्ध करने की अनुमति दें।"

देवताओं ने कहा, "ठीक है। गंगा पृथ्वी पर आएँगी। लेकिन देवी के नीचे आने की गति इतनी अधिक होगी कि उनका जल प्रवाह पृथ्वी को निगल सकता है। इसे रोकने के लिए महादेव से अनुरोध करना होगा। पहले उनसे प्रार्थना करो।"

फिर एक वर्ष तक भगीरथ ने अपनी एड़ी पर खड़े होकर प्रार्थना की। यह कठोर प्रार्थना अंततः भगवान शिव तक पहुँची, और उन्होंने वादा किया, "तुम्हारी इच्छा सुनी गई है। मैं गंगा को सहारा दूँगा।" इस प्रकार अंत में गंगा शिव के सिर पर उतरीं। लेकिन उतरने के बावजूद, गंगा की धारा कई वर्षों तक शिव की जटाओं में भटकती रही। अंततः शिव ने गंगा को पृथ्वी को निगलने से बचाने के लिए, जल को सात धाराओं में बाँटकर पृथ्वी पर गिराया। इन सात महान नदियों में से सबसे प्रसिद्ध गंगा नदी है, जिसे देवी के नाम पर रखा गया है। भगीरथ ने इस पवित्र गंगा जल से अपने पूर्वजों की आत्मा को शांति दिलाई, और अस्थियों को नदी में प्रवाहित करके सफलतापूर्वक श्राद्ध किया।

तब से, हिंदुओं के लिए, उनकी मृत्यु के तरीके की परवाह किए बिना, गंगा नदी में अस्थि विसर्जन करना एक धार्मिक कर्म माना जाता है। लोग गंगा में श्राद्ध

करते हैं, नित्य स्नान करते हैं, उसका पवित्र जल छिड़कते हैं, उसको मुँह में डालते हैं, और उसकी पूजा अर्पित करते हैं।

सूर्योदय के प्रति सांस्कृतिक आघात

गंगा नदी के किनारे पर सूर्योदय देखकर अभिभूत होने वाले लोग बहुत होंगे, मैं भी उनमें से एक हूँ। वास्तव में, मैं इतनी भावुक हुई कि मेरी आँखों से आँसू निकल आए।

पहले, मैंने टेलीविजन पर "यामामोतो योको की आश्चर्यजनक भारत यात्रा" (1986 में) नामक एक विशेष कार्यक्रम देखा था। बनारस के सूर्योदय के दृश्य में, भावनाओं से भरी हुई जापानी अभिनेत्री के आँसू बहुत प्रभावशाली थे। "वह मात्र अभिनय नहीं था," उस समय साथ गई एक लड़की ने कहा, जो गाइड और अनुवादक के रूप में काम कर रही थी। दरअसल, यह लड़की मेरी बेटी माया थी। यहाँ, मैं अपनी बेटी की प्रशंसा करने का इरादा नहीं रखती, बल्कि इस दृश्य को देखने वाले भारतीय लोगों की प्रतिक्रिया के बारे में चर्चा करना चाहती हूँ।

"वह सूर्योदय देखकर क्यों रो रही है?"

भारतीय लोगों ने पूछा। मैंने भी जब अपना रोने का अनुभव साझा किया, तो भारतीयों ने फिर से इसका कारण पूछा और कहा आप "क्यों" रोई थीं? जिसका जवाब मैं ख़ुद नहीं दे पाई थी। यह एक असंवेदनशील प्रश्न है। क्या उन्हें इंसानों की भावनाएँ समझ में नहीं आतीं—मैं नाराज हुई और आश्चर्यचकित भी। इतने अद्‌भुत और विशाल सूर्योदय और सूर्यास्त के आदी हो चुके भारतीय लोगों के लिए, यह शायद वह दृश्य नहीं है जो हर बार आँसू लाने जितना प्रेरक हो।

मौका मिलने पर मैंने उनसे पूछा कि जब वे बनारस का सूर्योदय देखते हैं तो क्या सोचते हैं, कैसा महसूस करते हैं? तब उनकी ओर से निम्नलिखित उत्तर आए:

सूर्य के साथ पुनर्मिलन की खुशी।

एक दिन की शुरुआत। आज फिर से नई पीड़ाएँ शुरू होंगी। लेकिन पीड़ा जीवित होने का प्रमाण है।

जीवन की सजीवता।

आशा का प्रकाश।

सूर्ज-मामार बिये-टा -सूरज मामा की शादी- बंगाल क्षेत्र में सूर्योदय के समय जोर से गाए जाने वाले एक बालगीत की यह पंक्ति है। ढोल के धमाकों के बीच, सजे-धजे सूरज मामा, एक सुन्दर सजी हुई घोड़ी पर सवार होकर खुशी-खुशी और धूमधाम से शादी करके, नारंगी रंग के देश में चले जाते हैं।

शायद, उन लोगों के लिए आँसू सूर्योदय से जुड़े नहीं हो सकते हैं।

नशे में छिपी सफलता का स्वाद

यह गाँजे से संबंधित कहानी है। भांग, गाँजा और हशीश आदि के नाम से भी जाना जाता यह पौधा मादक द्रव्य नियंत्रण कानून का उल्लंघन करता है, जो भारत के विभिन्न स्थानों पर, विशेषकर पहाड़ी क्षेत्रों में, अपने आप उगता है। भारत के बारे में तो कहना ही क्या, मैंने भी बचपन में तोक्यो के निकटवर्ती खेतों में इसी तरह के पौधे अक्सर देखे हैं। यह पतला पौधा जिसकी नाजुक पत्तियाँ और हल्के लाल रंग का फूल होता है, इससे बने सन के कपड़े गर्मियों में ताज़गी प्रदान करते हैं।

जब मैंने सुना कि गाँजा इसी पौधे से बनता है, तो मैं थोड़ा चौंक गई। कहा जाता है कि भारत की भांग में अनेक नशीले तत्व होते हैं। इसके विशेष नशीले प्रभाव का ज्ञान भारत में पाँच हजार वर्षों से है और इसका उपयोग रोगों के इलाज में किया जाता रहा है। प्राचीन आयुर्वेद के ग्रंथों में लिखा गया है कि भांग को सिरदर्द और प्रसव पीड़ा आदि के दर्द निवारक के रूप में, अस्थमा और काली खांसी, नेत्र रोगों के उपचार में भी प्रयोग किया जाता है। लेकिन, 1960 के दशक के अंत से 70 के दशक तक, जब भारतीय गांजा मारिजुआना के नाम से वियतनाम युद्ध से लौटे सैनिकों और युवाओं द्वारा सेवन किया जाने लगा, और अपराध से जुड़ने लगा तो यह नशीले पदार्थों के रूप में माना जाने लगा। फिर पश्चिमी देशों के साथ-साथ जापान में भी इस पर नियंत्रण सख्त किया गया। जनवरी 1980 में, पॉल मैकार्टनी को मारिजुआना रखने के अपराध में जापान के नरिता एयरपोर्ट पर गिरफ्तार करने का मामला दुनिया भर में सुर्खियों में रहा।

फिर भी, बनारस में गाँजा बड़े आराम से प्राप्त की जा सकता है। और हिन्दू धर्म में तो इसे पवित्र पौधे के रूप में माना जाता है। हिन्दू धर्म से इतर लोग भी गाँजे की तलाश में यहाँ लगातार आते रहते हैं।

गंगा नदी को देखते हुए ऊँची पत्थर की सीढ़ियों पर कुछ युवा पुरुष और महिलाएँ इकट्ठे बैठे थे। वे सुनहरे, लाल-भूरे बालों को बिना बांधे, नंगे पाँव, देखने में गंदे लग रहे थे। ढीली-ढाली भारतीय पोशाक में कपड़े का कंधों वाला बैग लिए हुए थे। कंगारू की तरह बच्चे को पेट पर बांधे हुए युवा जोड़े, और गर्भवती महिलाएँ भी थीं। कुछ पुरुष भारतीय हुक्का पी रहे थे। मैंने सिगरेट पीते एक आदमी को आवाज़ दी।

"एक्सक्यूज़ मी, हाउ डू यू लाइक इट? (आपको कैसा लग रहा है?)"

"ओह, सुपर!" उसने खुशी में उत्तर दिया।

"चक्कर तो नहीं आता?"

"नहीं, नहीं, यह स्वर्ग है, देखो, संगीत सुनाई दे रहा है न?"

मैंने कान लगाया तो दूर से हवा में तैरते हुए धीमे गीत की धुन सुनाई दी।

"यह दिखाई दे रहा है कि मैलोडी लहरों की तरह पास आ रही है... मेरे कान और आँखें एक साथ खुल गए हैं। मुझे नहीं पता था कि संगीत इतना सुन्दर हो सकता है। मैं अब संगीत के अन्दर ही जा रहा हूँ..."

उसने मेरे सवाल का इंतजार किए बिना तेजी से अंग्रेजी में बोलना जारी रखा। मूल रूप से "मारिजुआना, वंडरफुल" पर वे जोर देते रहे।

"मारिजुआना," मूल रूप से मेक्सिको में चलता एक स्पैनिश महिला का नाम था और यह एक कॉकटेल का नाम भी है जिसमें टकीला और नींबू का रस होता है। लेकिन तंबाकू की तरह इसे पीने वाले गाँजे को अमेरिकी युवा एक अनौपचारिक नाम के रूप में मारिजुआना कहने लगे और यह नाम व्यापक रूप से फैल गया। हिन्दी में इसके पत्तों को भांग कहा जाता है, और बीज, फूल, और फूलों के गुच्छों को गांजा कहा जाता है। संस्कृत में तो इसे "सिद्धि" कहा जाता है। मारिजुआना को सिद्ध यानी पूर्णता के नाम से पुकारना, विदेशियों के लिए यह समझना कठिन हो सकता है। लेकिन स्थानीय लोग ऐसा ही करते हैं। अधिकांश लोग इसे न तो सूंघते हैं और न ही इसे एक आपराधिक द्रव्य के रूप में देखते हैं। सिद्धि आसानी से उपलब्ध होती है। इसे शर्बत में मिलाकर पिया जाता है, और कभी-कभी आइसक्रीम में भी भाँग मिलाई जाती है।

असल में, मैंने भी एक-आध बार सिद्धि शर्बत और सिद्धि वाली कुल्फी का सेवन किया है। 1960 में पहली बार मैं भारत आई, और शादी करके एक भारतीय परिवार का हिस्सा बन गई। इसलिए स्वाभाविक रूप से, मैंने परिवार की शादियों और धार्मिक समारोहों में भी भाग लिया। ऐसे उत्सवों में परोसे जाने वाले स्वादिष्ट शर्बत और कुल्फी में सिद्धि मिलाई जाती थी। यह वयस्कों और बच्चों दोनों के लिए एक पसंदीदा व्यंजन था। उस समय मुझे नहीं पता था कि सिद्धि मारिजुआना के समान है। मारिजुआना के बारे में कुछ ज्ञान प्राप्त करने के बाद मैं चिंतित हो गई, तो परिवार के एक व्यक्ति ने शांत मुद्रा में जवाब दिया, "क्या, हम तो हजारों साल से इसे खा रहे हैं, सिद्धि तो भगवान शिव का पेय है।" वास्तव में, भगवान के पेय होने के नाते, बनारस का सिद्धि शर्बत एक प्रसिद्ध व्यंजन है, और इसे बेचने वाली दुकानों को ढूँढ़ना मुश्किल नहीं है। शीर्ष होटलों में भी संगीत और नृत्य के शो के दौरान अक्सर शर्बत परोसा जाता है।

सुना है कि बनारस के अधिकांश निवासी हर रात सिद्धि पीते हैं। रोज़ इसका सेवन करने के लिए शर्बत बनाना महँगा और कष्टसाध्य होता है। इसलिए, वे गोलाकार पेस्ट के रूप में सिद्धि खरीदते हैं और थोड़ी मात्रा को सादे पानी में मिलाकर पीते हैं। इसे पीने के कुछ समय बाद, उनका सिर भारी हो जाता है और शरीर थक जाता है। यह उन्हें दिन भर की थकान और तनाव से राहत देता है। इसीलिए वे सिद्धि का सेवन बंद नहीं कर सकते। कहते हैं कि इसमें वे शांति और आराम पाते हैं।

हालाँकि, सिद्धि एक प्रसिद्ध नशीला पदार्थ है, जो धीरे-धीरे नशे की लत बन जाती है। सबसे खराब स्थिति में, यह न्यूरोलॉजिकल डिसऑर्डर का कारण बन सकती है और मृत्यु तक ले जा सकती है। लोग इस बात को जानते हुए भी ख़ुद को रोक नहीं पाते हैं।

वैसे, मारिजुआना के बारे में विशेष जानकारी को शब्दकोश से उद्धृत करना चाहता हूँ। "मारिजुआना का सक्रिय घटक टेट्राहाइड्रोकैनाबिनॉल नामक केमिकल है। इसे एक नशीले पदार्थ के रूप में वर्गीकृत किया गया है। इसका प्रभाव एक से छह घंटे तक रहता है, और यह केंद्रीय तंत्रिका प्रणाली पर प्रभाव डालता है। संक्षिप्त कार्यकाल के दौरान, नशे का आनंद प्राप्त होता है, और इसके साथ ही, संवेदनशीलता में तीव्रता, समय और स्थान की धारणा में विकृति, विशेष रूप से मीठे पदार्थों के प्रति भूख में वृद्धि, नियंत्रण में कमी, हाल की स्मृति का हल्का अस्थायी नुकसान, और कभी-कभी, पारानॉयड विकार के समान अस्थायी लक्षण देखे जा सकते हैं। शारीरिक लक्षणों में, भारीपन का अहसास, कानों में शोर सुनाई देना, चक्कर आना, मुंह का सूखना, आंखों का लाल होना शामिल है, और शरीर की समन्वित गतिविधियाँ अस्थिर हो जाती हैं, अत्यधिक बातचीत या अकेले में हंसने की प्रवृत्ति होती है। कुछ लोगों को मतली आ सकती है या वे उल्टी कर सकते हैं। संभावित रूप से स्किज़ोफ्रेनिक प्रवृत्ति वाले व्यक्तियों के मामले में, वे स्किज़ोफ्रेनिया में विकसित हो सकते हैं।" ("अमेरिकी मुहावरों का शब्दकोश" से)

यह 'सिद्धि' का अंतिम परिणाम है तो कितना भयानक है!

बनारस की असली खासियत

सिद्धि यानी धार्मिक सफलता क्या है—यह हर व्यक्ति की अपनी समझ पर निर्भर करता है, लेकिन यह भी सच है कि बिना सिद्धि शर्बत पिए बनारस घूमना व्यर्थ है।

इसे पीकर चांदनी रात में गंगा नदी में नाव की सवारी करना ही बनारस का असली अनुभव है। यह फरवरी 1970 में बनारस की मेरी यादें हैं।

बनारस के रहने वाले विरजू मेरे पति की बचपन के दोस्त हैं। शाम को, विरजू, मेरे पति और मैंने एक बड़े बरगद के पेड़ के नीचे की दुकान पर सिद्धि शर्बत का ऑर्डर दिया।

"आप बादाम और चंदन में से क्या लेंगे?" अपने हाथों को मलते हुए साँवले चेहरे वाले दुकान के मालिक ने पूछा। शर्बत में बादाम मिलाना है या चंदन, यही सवाल था।

"मुझे चंदन अच्छा लगेगा," मैंने जवाब दिया।

काउंटर पर बैठकर उसने एक चौड़े मुँह वाली बोतल में दूध भर दिया, और उसमें पिसे हुए चंदन का सफेद पेस्ट और कुछ चीनी जल्दी से मिला दी। बोतल के मुँह को अपनी बड़ी हथेली से ढककर, उसने इसे जोर से ऊपर नीचे हिलाया। फिर एक गंदे कपड़े को फैलाकर बर्फ के टुकड़े को उसमें लपेटा। हथौड़ी से मारकर बर्फ को बारीक बना दिया, और तीन गिलासों में बराबर मात्रा में डाला। दूध डालने के बाद काली गोलाकार चीज़ को डिब्बे से निकालकर, इसे चीरकर गिलास में एक, दो, तीन कहते हुए डाला। एक छड़ी से इसे अच्छी तरह मिला देने के बाद कहा, "हाँ, आपका इंतजार खत्म हुआ।" यह काली चीज़ सिद्धि है, यानी मारिजुआना के पत्तों का पेस्ट। चंदन सिद्धि में एक उच्च कोटि की खुशबू होती है। यह मीठा है लेकिन इसमें एक तीखापन होता है जो इसके स्वाद को और भी गहरा बनाता है।

"अच्छा है," मेरे कहने से वह खुश हो गया। विरजू तक, जो हर रात सिद्धि पीता है, आज इस उच्च कोटि की और स्वादिष्ट सिद्धि को पीने का मौका मिलने पर बिना संकोच के दोबारा मांग रहा था। "ग्राहकों, आप लोग भाग्यशाली हैं, आज रात चांद विशेष रूप से सुन्दर है। गंगा नदी में नौका विहार के साथ, इसे पिए बिना मूड नहीं बनेगा," ऐसा कहते हुए दुकानदार ने चौड़े मुँह वाली बोतल को फिर जोर से हिलाया।

दुकान में अचानक ग्राहकों की भीड़ बढ़ गई। सूरज डूबने से पहले एक पेय पीने के लिए आनेवाले नियमित ग्राहक होंगे। काउंटर पर बैठे दुकानदार ने और उत्साह से ग्राहकों की सेवा शुरू कर दी। कहा जाता है कि इस शर्बत का असर

लगभग एक घंटे बाद आएगा। यह ऊबे हुए मन से थकान को दूर कर देता है। दुकान से बाहर निकलते समय मैं सोच रही थी कि अगर यह एक पेय से सिद्धि प्राप्त हो जाती है तो कितना बढ़िया है।

नाविक जी, धन्यवाद!

हम दशाश्वमेध घाट पर पहुँचे। यह बनारस में सबसे बड़ा घाट है जहाँ विशाल सीढ़ियाँ सीधे गंगा नदी तक जाती हैं। वहाँ बड़े-बड़े छाते इधर-उधर लगे हुए थे। फरवरी के महीने में बनारस में जब सूरज ढलने लगता है, तो नदी से उठने वाली हवा ठंडी हो जाती है। चाहे पुरुष हों या महिलाएँ, लोग अपने सिर पर चौड़ी ऊनी शॉल या कंबल ओढ़े हुए थे। फिर भी गंगा में स्नान करने के लिए आने वाले उत्साही भक्तों की कमी नहीं थी। महिलाएँ साड़ी में और पुरुष धोती में ही गंगा में प्रवेश करते थे। कीचड़ वाले पानी की परवाह किए बिना, मुँह में पानी भरकर कुल्ला करते थे, और बाल धोते थे। कुछ लोग अपने कान और नाक बंद करके डुबकी लगा रहे थे, जबकि बहुत से लोग हाथ जोड़कर प्रार्थना कर रहे थे।

जब हम घाट की सीढ़ियों से नीचे उतरे, तो चार-पाँच पुरुष हमारी ओर दौड़ते हुए आए। "साहब, बोटिंग करेंगे? रामनगर तक का राउंड ट्रिप सिर्फ पंद्रह रुपये में ले चलूँगा।" फिर दूसरा आदमी बोला, "पंद्रह रुपये? क्या बात कर रहे हो, यह लूट है। मेरी नाव से तो सिर्फ दस रुपये में ले चलूँगा।" उसने अपनी दस उंगलियाँ फैलाकर दिखाईं। "इस बेवकूफ को देखो! बेकार में बोल रहा है, तेरा कोई काम नहीं है। चुपचाप रह!" पुरुषों ने आपस में जोर-जोर से बहस शुरू कर दी, और नाव का किराया अचानक आठ रुपये और फिर अंत में छह रुपये तक गिर गया। हमने उस नाव वाले को तय किया कि यही ठीक है और घाट की ओर बढ़ गए। नाव छह-सात मीटर लंबी थी, जिसमें एक लंबा मोटा बांस लगा हुआ था। छोटे कद का सांवला नाविक सबसे कम की बोली में जीतकर ग्राहकों को पाने की खुशी छिपा नहीं पाया। "साहब और मेमसाहब को देखकर ही, मैं खुद को भी अमीर महसूस कर रहा हूँ" कहकर उसकी चप्पू चलाने की कला में जोश भर गया। भारत के बाहर हमें

कभी साहब या मेमसाहब नहीं बुलाया गया, और अमीर कहना तो और भी अजीब है। लेकिन एक अनजान नाविक द्वारा इस तरह से बुलाए जाने पर अचानक से एक महाराज और महारानी बन जाने का एहसास हुआ।

प्राचीन काल से ही गंगा नदी के पश्चिमी किनारे को वाराणसी और पूर्वी को काशी कहा जाता रहा है, और काशी में इस क्षेत्र के राजा का महल है। महल के आसपास का शहर रामनगर है, और हम अब नाव में बैठकर वहाँ की ओर जा रहे हैं। राजा का नाम रामनरेश है। भारत की स्वतंत्रता के बाद, उन्होंने अपनी रियासत का समर्पण कर दिया था, और पहले की तरह उनकी शक्ति नहीं रही। लेकिन वे अब भी बनारस के सबसे धनी व्यक्ति हैं और एक नेतृत्वकारी स्थिति में हैं।

गंगा नदी से वाराणसी का दृश्य शानदार है। नदी के किनारे, भारत के विभिन्न हिस्सों की पुरानी रियासतों के राजाओं द्वारा बनाए गए हिन्दू मन्दिरों और विलासिता पूर्ण आवासों की लंबी श्रृंखला है। राजस्थान के जयपुर से शुरू होकर जोधपुर, बीकानेर, कश्मीर, पटियाला, बर्धमान, त्रिपुरा आदि के मन्दिर, अपनी विशाल सीढ़ियों और घाटों के साथ अपनी प्राचीन भव्यता और शक्ति को प्रदर्शित कर रहे हैं। इनमें बंगाल के राजा, टैगोर परिवार का मन्दिर भी शामिल है। अब, दूर जापान से आए हुए एक व्यक्ति, जो टैगोर परिवार का एक सदस्य बन गई है, इस पवित्र शहर बनारस की यात्रा कर रही है, और गंगा नदी को नाव से पार करते हुए, परिवार के पूर्वजों के मन्दिरों को अपनी आँखों से देख रही है। यह कुछ अवर्णनीय संयोग होगा।

रामनगर के महल तक की दूरी लगभग चार किलोमीटर थी। नाव नदी की धारा के खिलाफ चली थी, इसलिए यह दो घंटे की लंबी यात्रा थी। गंगा नदी पर कोई बाधा नहीं होने से, महल पर पड़ने वाली सुनहरी शाम की रोशनी चमकदार होती थी, और यह किसी परीकथा के महल की तरह हवा में तैरता हुआ प्रतीत होता था। मानो पन्ना बिछाया गया हो, आसपास की हरियाली भी चमक रही थी। रामनगर का दौरा करके आने वाले लोग फिर से नाव पर सवार होकर बनारस वापस जा रहे थे। यात्रियों का गाना नदी की धारा के साथ दूर तक फैल रहा था। अब केवल नाव चलाने की 'गिर्र-गिर्र' की आवाज नियमित रूप से दोहराई जा रही थी। गंगा की ठंडी हवा को दिल खोलकर साँसों में भरते हुए, कब आसपास का वातावरण पूरी तरह से अंधेरे में खो गया, पता ही नहीं चला। चाँद नदी की सतह को चांदी की तरह चमका रहा था। उस समय तक, पहले पिया हुआ सिद्धि शर्बत शायद अच्छे से असर कर रहा था, और एक सुकूनभरा आराम मुझे घेर रहा

था। यह शांति, यह विस्तार, कितना सुन्दर है! निश्चित रूप से, अनंत आशीर्वादों से युक्त बनारस, एक अद्‌भुत शहर है।

रामनगर पहुँचने पर, पहले ही आठ से अधिक बज चुके थे। आसपास कोई स्ट्रीट लाइट नहीं थी और सब कुछ अंधेरे में डूबा हुआ था। फिर भी घाट लोगों और नावों से भरा पड़ा था। नाविक ने नाव को एक कोने में बाँधते हुए कहा, "आराम से घूमकर आइए। मैं यहीं आसपास इंतज़ार करूँगा।"

अंधेरी और लंबी रेतीली सड़क के आगे, लाइटों से जगमगाता एक शहर था, जहाँ अगरबत्ती, फूलों की माला, देवताओं की मूर्तियाँ, श्लोकों वाले शॉल, मिठाई, बच्चों के कपड़े आदि बेचने वाली दुकानें एक के बाद एक सजी हुई थीं। लोगों की भीड़ धीरे-धीरे चल रही थी, और बच्चों की खिलखिलाहट चारों ओर फैली हुई थी। रामनगर की ऊँची दीवारें दूर तक फैली थीं, और जहाँ ये दीवारें समाप्त होती थीं, वहाँ राजमहल का द्वार था। बनारस के राजा के योग्य, एक भव्य द्वार था। मैं चकित होकर गर्दन दर्द होने तक द्वार को ऊपर तक देखती रही। तभी, अचानक, आसपास एक विशेष शोर उठा, और एक सफेद बड़ी फोर्ड कार द्वार से बाहर निकली। द्वारपालों ने एक साथ अपनी बंदूकें उठाईं और सीधी मुद्रा में खड़े हो गए, और लोग चिल्लाए, "राजा, राजा!" मेरे सामने से गुजरती हुई कार में, एक भव्य मूंछों वाले सुन्दर मध्य आयु वाले सज्जन बैठे हुए थे। कार चौड़ी काली कोलतार वाली सड़क पर सीधे बनारस के शहर की ओर तेज़ी से भागी चली गई।

राजमहल के द्वार के किनारे एक छोटी सी चाय की दुकान थी। एक मोटे बरगद के पेड़ ने अपनी विशाल शाखाओं को फैलाकर दुकान को ढक लिया था। हमने वहाँ आराम करने का निश्चय किया। राजा की गाड़ी को देखकर मंत्रमुग्ध दुकानदार ने, हमें बैठे हुए और इंतजार करते हुए देखा तो घबराकर दुकान में आया और नौकर को डांटा।

"क्या खड़े हो, जल्दी से ग्राहकों का ऑर्डर लो!"

दस मिनट में, लाल भूरे रंग के अधपके मिट्टी के कुल्हड़ में गर्म चाय भाप उठा रही थी। चाय की पत्तियों, दूध और चीनी को उबाल कर, मसाले मिलाकर बनाई गई भारत की खास गर्म चाय पीते हुए मैंने सोचा कि राजा को देखा, राजमहल के द्वार पर एक ब्रेक लिया, अब कुछ भी कहने की जरूरत नहीं है। चाय की दुकान की मद्धम लाइट धीरे धीरे छाया डाल रही थी। दो-तीन मीटर आगे अंधेरा था, और लोगों को पहचानना मुश्किल था। नाव से उतरने के बाद, बहुत समय बीत चुका लगा।

अचानक, मुझे लगा कि नाविक उस अंधेरे में हमारी वापसी का इंतजार कर रहा होगा। नाव का किराया भी अभी तक नहीं चुकाया है, पर हम बस या टैक्सी से पुल पार करके बनारस के शहर में वापस जा भी सकते हैं। वह तीन गुना कम समय में वापस जाने का तरीका है, और ठंडी नदी की हवा का सामना भी नहीं करना पड़ेगा। लेकिन वह धीरज और विश्वास के साथ नाव पर अपने ग्राहकों की वापसी का इंतजार कर रहा होगा। धोखा देना तो सम्भव ही नहीं है... मैं धीरे-धीरे ऐसा सोच रही थी। तभी, किसी ने हल्के से मेरे कंधे को टैप किया।

"क्या आप सिद्धि नहीं मँगवाएँगी?" उसी ने कहा। उसके काले चेहरे में आँखें तेज चमक रही थीं। वह चेहरा कहीं देखा हुआ लगा था।

"अरे, यह तो नाविक है, है न?" मैंने अपने पति से पूछा।

"बिल्कुल! हम छह रुपये के ग्राहक हैं' मेरे पति ने मेरी आश्चर्यचकित दृष्टि को देखते हुए कहा। शायद मैं सिद्धि के नशे में थी, लेकिन आखिरकार मुझे चीजें स्पष्ट होने लगीं। हाँ, नाविक जितना मैं सोच रही थी उतना मूर्ख नहीं था। वह सही मायने में हमारा पीछा कर रहा था। जब हम बाजार में घूम रहे थे, और जब हम राजमहल के दरवाजे पर खड़े होकर राजा को देख रहे थे, उस दौरान भी, वह हमें बिना किसी चूक के देख रहा था। छह रुपये के ग्राहक को आसानी से जाने नहीं देगा।

दूसरे कप चाय का आनंद लेने के बाद, हमने सोचा कि अब वापस नाव पर लौटने का समय है। मैंने यह निश्चित तो नहीं किया था, लेकिन उस समय के चाय की दुकान के बिल में, नाविक द्वारा पिए गए हिस्से को भी निश्चित रूप से शामिल किया गया होगा।

दुकान से बाहर निकलकर चलते हुए अचानक मेरे पति चिल्लाए।

"बाप रे! बैग भूल गया!"

"ओह नो!" नशा एकदम से उतर गया, और मैंने गहरे गड्ढे में गिरा हुआ महसूस किया। शोल्डर बैग में जीवन के बाद सबसे महत्वपूर्ण पासपोर्ट के अलावा, नकदी, कैमरा आदि थे। जैसे जीने की कोई उम्मीद ही नहीं! और तभी, अंधेरे से एक आवाज आई।

"साहब, मेरे पास है, देखो!"

नाविक ने परिचित काला बैग ऊँचा उठाकर दिखाया। वाह, बच गए! धन्यवाद! उसके पीछे चलने और छह रुपये के ग्राहक के प्रति उसकी निष्ठा के लिए मुझे उसके पैरों पर गिरने की इच्छा हुई।

वापसी धारा के साथ है, इसलिए आने में लगे समय का आधा भी नहीं लगेगा। चाँद ऊँचा उठ रहा था, और उसकी शानदार रोशनी नदी के पानी पर बिखर रही थी। नाविक अकेले ही, सुनने वाले के बिना भी, एक दुखभरी धुन गुनगुना रहा था। नाव शांत गंगा नदी पर सरकती हुई नीचे की ओर चली।

परलोक जाते लोग

दशाश्वमेध घाट से लगभग एक किलोमीटर उत्तर में मणिकर्णिका श्मशान घाट है। यह सिर्फ़ वाराणसी में तो नहीं बल्कि दुनिया में सबसे प्रसिद्ध गंगा नदी के किनारे स्थित श्मशान है। अंधेरे में लाल आग भड़क उठती है, चमकती है, और काला धुआँ उठता है। वहाँ नाविक ने चप्पू चलाना बंद कर दिया।

नाव धारा के साथ तैरती हुई चल रही थी। आग और नजदीक और स्पष्ट होती गई। बड़े बड़े लकड़ी के गट्ठर रोशनी में उभर रहे थे। पास आते ही मुझे दिखाई दिया कि लकड़ी के बीच में मुख ऊपर की ओर करके रखे गए शव के सिर से एक गोल छाया बन रही थी। इसे ढकते हुए, लाल आग और अधिक तीव्रता से भड़क उठी और जोर से जलने लगी। एक समूह में खड़े परिवार के लोगों के चेहरे रोशन हुए, और कभी-कभी रोने की आवाज अंधेरे को चीर रही थी। आग की चिंगारियाँ ऊँची और ऊँची, काले आकाश की ओर उड़ रही थीं। आसपास काला और बैंगनी धुआँ लहरा रहा था, और मनुष्य के जलने की एक विचित्र गंध हवा में तैर रही थी। लगभग दस मीटर की दूरी पर एक अन्य अंत्येष्टि सम्पन्न हो रही थी। शव पूरी तरह से जल चुका था, और लॉग का आकार रखते राख के अवशेष गिरकर टूट रहे थे। और फिर, एक के बाद एक नए शव लाए जाते रहे।

मैंने पहली बार जब एक लाश को जलते हुए देखा था, तब मैं अभी प्राथमिक विद्यालय में ही थी। यह तब की बात है जब मैं चिबा प्रांत के याचियो में स्थित एक बौद्ध मन्दिर की शाखा में गई थी। मेरी बुआ उस मन्दिर के प्रमुख की पत्नी थीं। उन्होंने मुझे गर्मियों की छुट्टियों में कुछ समय के लिए ठंडे पहाड़ के मन्दिर में आने का निमंत्रण दिया था। मेरे चचेरे भाई भी वहाँ आए हुए थे। मैं अपने सात साल बड़े भाई के साथ खुशी-खुशी वहाँ गई थी। आज यह जगह तोक्यो के निकटवर्ती क्षेत्रों में गिनी जाती है और जनसंख्या वृद्धि वाली जगह है। उस समय तो यह पुराने गाँव के युग के अवशेषों से भरा था, और मन्दिर के आसपास कोई घर नहीं था, गहरे देवदार के जंगलों में शांति बिछी हुई थी। मन्दिर के परिसर में विशाल बेर के बाग

और तरबूज के सीढ़ीदार खेत थे। मैं एक दोस्ताना ग्रे शेफर्ड के साथ जंगल में घूमती रही। बेर के बाग की छाया में बनाया गया आउटडोर बाथ शहर में पले-बढ़े होने के कारण मुझे बहुत आकर्षित करता था। भले ही फूलों का मौसम न हो, सुगंधित ठंडी हवा बहुतायत से बह रही थी, और पसीने से भरे मौसम में यह एक अत्यंत विलासिता थी। मैंने लकड़ी जलाने वाले सेवक को हटाते हुए, "पानी का तापमान ठीक है?" पूछने वाले मेरे चचेरे भाई को वहाँ से भागने के लिए जोर से चिल्लाई और फिर बाथटब में कूद गई।

अगर यह सब यहीं पर खत्म हो जाता, तो उस गर्मियों की छुट्टियाँ एक मधुर सपने की तरह की स्वर्गीय यादें बन जातीं। लेकिन एक ऐसी घटना हुई जिसने मेरे सपनों को तोड़ दिया। मैंने एक लाश को जलते हुए देखा था! यह मन्दिर वास्तव में एक श्मशान था। जिस दिन अंत्येष्टि हो रही थी, मेरे चाचा ने मुझे अपने मजबूत हाथों से पकड़कर कहा, "यह भी देख लेना चाहिए, ऐसा दृश्य अक्सर नहीं देखने को मिलता।" मैं इस दृश्य देखने से हिचकिचा रही थी। उस दिन लाई गई लाश एक लड़की की थी, जो मेरी ही उम्र की थी। भट्ठी में रखे गए ताबूत को एक छोटी सी खिड़की के माध्यम से देखा जा सकता था। जैसे ही ओंबो (डोम जैसा काम करने वाले) ने गैस का नल खोला, ऊपर से और दोनों ओर से जोरदार आग फूट पड़ी, और साथ ही एक गर्जन ध्वनि के साथ, चंदन की लकड़ी का ताबूत तुरंत ही लाल और नीली लपटों से घिर गया। फूलों के गुच्छे, चित्र पुस्तकें, गुड़िया आदि से ढकी हुई लाश, लड़की के सफेद गाल, ताबूत के ढहने की आवाज़, तेज़ी से उस छोटी लड़की को जला देनी आग की भीषणता, और शव से धीरे-धीरे टपकता हुआ माँस-मज्जा.. उस समय का भयानक डर आज भी मैं भूल नहीं पाती हूँ। मैं स्तब्ध रह गई थी, हिल भी नहीं पा रही थी।

"कैसा है, डर लगता है क्या? शव का जलना और मछली का पकना, दोनों में कोई बड़ा अंतर नहीं है।"

मेरे चाचा ने हँसते हुए मेरे कंधे पर हाथ रखा, जिनका चेहरा मैं कांपते हुए देख रही थी। उनके शब्द केवल खोखली तसल्ली थे। मैंने वहीं झुककर उल्टी करनी शुरू कर दी।

मौत का डर, यह आज भी मुझे शांति से नहीं रहने देता, लेकिन एक लड़की के लिए तो असहनीय डर और घृणा से भरा अनुभव था। उसके बाद, मेरे आसपास के लोगों के चेहरे सब मुर्दा लगने लगे, मैंने अपने पिता, माँ, और खुद को भी शव में बदलते हुए और लपटों में घिरते हुए कल्पना की। फिर यह कल्पना दुनिया का

अंत, जलते हुए नरक में गिरने के डर में भी बदल जाती थी। उस डर से मैं कई सालों तक मुक्त नहीं हो पाई थी।

वाराणसी के अंधेरे घाट पर आग की चिंगारियाँ खत्म होने का कोई संकेत नहीं देते हुए, आसमान की ओर उछल रही थीं। इंसानों के जीवन के अंत को सामने देखते हुए, अब बचपन के उस घृणित डर से एक अलग तरह की अनुभूति हुई। सभी इंसानों को एक दिन श्मशान जाना ही है। कितना भी छटपटाओ, हाथ-पैर मारो, इंसान मौत से बच नहीं सकता। इंसान जिस दिन जन्म लेता है, उसी दिन से मौत की ओर बढ़ने लगता है। छटपटाते, हाथ-पैर मारते, मेहनत करते हुए आगे बढ़ता है, उस मौत की ओर जिसका मुकाबला करना सम्भव नहीं। "इंसान जब मर जाता है तो उसका शरीर यहीं रह जाता है, केवल आत्मा ही स्वर्ग में शांति पाती है।" मेरे पति की यह फुसफुसाहट मेरे कानों में दर्दनाक रूप से सुनाई दी।

हिन्दू धर्म में, शरीर को आत्मा का अस्थायी निवास माना जाता है। व्यक्ति की मृत्यु होने पर, आत्मा शरीर से निकल जाती है और जीवन के कर्मों के अनुसार, या तो स्वर्ग में आराम पाती है या पुनर्जन्म लेती है। स्वर्ग में आराम पाने का मतलब है, दोबारा जन्म न लेना और अनंत काल के लिए स्वर्ग में शांति से रहना। अगर फिर से जन्म लेना होता है, तो व्यक्ति मनुष्य के अलावा किसी अन्य प्राणी, जैसे कि सुअर, कुत्ते या कीड़े के रूप में भी जन्म ले सकता है। और फिर उसे अपने पूर्व जीवन के कर्मों का प्रायश्चित करना पड़ेगा। हालाँकि वाराणसी में मरने के बाद यहाँ के घाट पर दाह संस्कार होने वाले, अपने पूर्व जीवन के कर्मों की परवाह किए बिना, वह दोबारा जन्म नहीं लेता है और आत्मा को मोक्ष प्राप्त होता है। ऐसे विश्वास करनेवाले श्रद्धालु वाराणसी आते हैं। यहाँ दाह संस्कार किए गए शवों की संख्या एक दिन में सौ से अधिक होती है, और पूरे साल, दिन हो या रात, आग कभी नहीं बुझती। अस्थियों को प्रार्थना के साथ पवित्र गंगा नदी में प्रवाहित किया जाता है, और तभी आत्मा स्वर्ग में पहुँच जाती है।

हिन्दू धर्म की परंपरा के अनुसार, मृत शरीर को पुरुषों के लिए सफेद कपड़े में, महिलाओं के लिए लाल या नारंगी रंग के कपड़े में, और विधवाओं के लिए सफेद कपड़े में पूरी तरह से ढका जाता है। और उन्हें बांस की शय्या पर रखकर गंगा नदी के किनारे घाट पर ले जाया जाता है जहाँ उनका दाह संस्कार किया जाता है। शय्या को घाट तक ले जाने का काम नजदीकी संबंधी, जैसे कि पिता का निधन होने पर बेटे या भतीजे, बच्चे की मृत्यु होने पर पिता या भाई, चाचा आदि द्वारा किया जाता

है। परिवार के करीबी दोस्त भी इसमें भाग लेते हैं, लेकिन ये केवल पुरुषों के लिए सीमित कर्म है, क्योंकि यह माना जाता है कि मृत व्यक्ति केवल पुत्र या पुरुष संबंधी द्वारा ही स्वर्ग में पहुँच सकता है। इसी कारण से दाह संस्कार की पूरी प्रक्रिया मृतक के पुरुष संबंधी द्वारा सम्पन्न की जाती है। प्रक्रिया तो शव के मुँह में आग लगाने से शुरू होकर, गंगा नदी में अस्थियों को विसर्जन तक की होती है। हिन्दू परिवारों में पुत्र होने की इच्छा इसी धार्मिक कारणों से ही होती है।

जैसा कि पहले बताया गया है, हिन्दू लोग वाराणसी में गंगा नदी के मणिकर्णिका घाट पर दाह संस्कार कराने को आदर्श मानते हैं। लेकिन इसके अलावा उत्तर में गंडक, गागरा, पार्वती, उत्तर-पूर्व में यमुना, हुगली (कोलकाता क्षेत्र की गंगा), उत्तर-पश्चिम में सिंधु, साबरमती, मध्य-दक्षिण में कृष्णा, दक्षिण में गोदावरी, नर्मदा, कावेरी जैसी नदियाँ भी हिन्दू तीर्थस्थलों के रूप में पूजी जाती हैं। और इन नदियों के आसपास स्थानों पर अंतिम समय बिताने और वहाँ अस्थियों को विसर्जित करने से भी मोक्ष प्राप्त किया जा सकता है। भारतवर्ष में बहने वाली ये नदियाँ, जो बर्फ और हिम से ढँकी हिमालय पर्वतमाला से अपना स्रोत प्राप्त करती हैं, सभी समान रूप से दिव्य नदियाँ मानी जाती हैं।

हिन्दू धर्म के नियम में महिलाओं का दाह संस्कार में भाग लेना निषेध है। अगर वे भाग ले सकतीं तो भी, यह उनके लिए देखने लायक नहीं हो सकता है। माता-पिता या बच्चे, या किसी नजदीकी संबंधी को खो देने वाले के लिए, अपने हाथों से शव को दाह संस्कार करना या सामने इसको देखना कितना कठिन और दुखद हो सकता है। सम्भवत: कुछ लोग बेहोश हो जाते हैं या आधे पागल हो जाते हैं। वास्तव में, जब मेरे पति, जिन्होंने अपने पिता के बाद अपनी माँ को भी खो दिया, कोलकाता के नीमतल्ला श्मशान घाट पर माता-पिता का दाह संस्कार अपने हाथों से किया, तो वे बिना किसी की परवाह किए हुए, गहरे दुख में रोए थे।

हाल के वर्षों में जापान के अधिकतर लोग एकल परिवार में ही रहते हैं, तब अधिक उम्र तक पहुँचने पर भी कई लोग अपने निकट संबंधियों की मृत्यु को नहीं देख पाते हैं। लेकिन भारत में, बहुत से लोग बचपन से ही अपने परिवार या निकटतम संबंधियों में से किसी की मृत्यु या दाह संस्कार के साक्षी बनते हैं। संयुक्त परिवार व्यवस्था के आधार पर, परिवारिक संबंध इतने व्यापक और घनिष्ठ होते हैं। उनके लिए, मरने वाले व्यक्ति को पास से देखने का अनुभव नया नहीं होता है। मृत्यु के दृश्य का अनुभव करने वाले और इसे नहीं देखने वालों के मन की स्थिति में अंतर होना स्वाभाविक है। एक सभ्य व्यक्ति के लिए, भयानक मृत्यु का सामना जीवन,

मानवता, और जीवन के प्रति उनके विचारों और रवैये को किसी न किसी तरह से प्रभावित करता है। लोग अक्सर कहते हैं कि "भारतीय जन्मजात दार्शनिक होते हैं।" वास्तव में, मृत्यु का सामना करना जीवन का सामना करना है। मृत्यु के सामना करने से इंसान स्वाभाविक रूप से जीवन में दर्शन को खोजने लगते हैं।

अंतिम संस्कार के विभिन्न तरीके

वाराणसी या किसी अन्य तीर्थस्थल पर मृत्यु पाकर, दाह संस्कार के बाद गंगा नदी में अस्थियों के विसर्जन होने से आत्मा को मोक्ष प्राप्त होगा—इसमें विश्वास रखने वाले हिन्दू लोग सुखी होते हैं। मेरे पति भी एक हिन्दू होने के कारण जन्म से ही इस शांति की गारंटी पर दृढ़ विश्वास करने वाले हैं। मैं तो ऐसा नहीं सोच सकती हूँ। "इंसान कहीं भी मरे, हर जगह शांति है" जैसे बहाने बनाकर ऐसे सोचने की कोशिश तो की जा सकती है कि मरने के बाद किस प्रकार के अंतिम संस्कार से, कहाँ पर दफनाया जाए, इससे कोई फर्क नहीं पड़ता। लेकिन मृत्यु के बाद क्या होगा, इस पर चिंता मन में होती रहती है।

मनुस्मृति आदि धर्मशास्त्रों के अनुसार, पत्नी होने के नाते पति का अनुसरण करना स्वाभाविक माना जाता है। मेरे पति हिन्दू हैं तो मुझे भी हिंदुओं का तरीक़ा अपनाना होगा। हालाँकि यह स्पष्ट नहीं है कि एक गैर-हिन्दू के रूप में जन्म लेने पर, क्या वाकई में उनके समूह में स्वीकार की जाऊँगी या नहीं। इसके अलावा, पति-पत्नी का संबंध अगले जन्म तक चलता है, ऐसा विचार भी मुझे कहीं न कहीं अजीब लगता है। एक विदेशी जो भारत में एक हिन्दू से विवाह करके, हर समय भारतीय संस्कृति में डूबकर जी रही है उसके लिए सतह पर भले ही यह एहसास न हो, गहराई से हिन्दू धर्म के नियमों से बंधे होने का एहसास रहता है। विशेषकर, 'पत्नी को पति के अधीन होना चाहिए और उसे स्वतंत्रता का हक नहीं है' जैसे नियम को लेकर। सच कहूँ तो, इस नियम का पालन करते हुए, इस जन्म में औरतों के कर्तव्य पूरे करने के बदले, अगले जन्म में मैं पूर्ण रूप से स्वतंत्र होना चाहती हूँ, और अपने जन्मस्थान को अपना अंतिम विश्रामस्थल बनाना चाहती हूँ। (अनुवादक की टिप्पणी: जापान में, सामान्यत: लोग शव का दाह संस्कार करते हैं और अस्थियों को मिट्टी में दबाकर कब्र बनाते हैं। परिवार की एक कब्र होती है, और एक परिवार के सभी सदस्यों की अस्थियाँ वहाँ दफनाई जाती हैं। एक ही कब्र कई पीढ़ियों तक चलती है। "साथ में कब्र में जाने" का मतलब यह है कि पति-पत्नी और परिवार के बीच अच्छे बंधन होते हैं।)

अपनी परिस्थितियों से ऊबना सिर्फ मेरा ही अनुभव नहीं है। हाल के एक सर्वेक्षण के अनुसार, जापान की शादीशुदा महिलाओं का चालीस प्रतिशत से अधिक हिस्सा नहीं चाहता कि वे अपने पति के साथ एक ही कब्र में जाएँ। क्या उनकी भावनाएँ भी मेरी तरह बिखरी हुई हैं? या फिर पति-पत्नी के बीच संबंध उतने मधुर नहीं हैं? लगता है, पति के साथ न रहने का एक कारण यह है कि सास और ससुर के साथ रहना उनको पसंद नहीं है। क्या वे ऐसा सोचती हैं कि पति अपने माता-पिता से स्वतंत्र रूप से अस्तित्व में आए हैं? क्या वे इस जीवन और अगले जीवन में भी माता-पिता के बिना एकल परिवार को लेकर चलने की योजना बना रही हैं? अगर ऐसा है तो, उन्हें अपने लिए एक नई कब्र के बारे में सोचना चाहिए।

हाल ही में, कब्रिस्तान का विकास तेजी से बढ़ रहा है। कब्र के नए ऑर्डर के लिए पंडित लोग, अंत्येष्टि संचालक, और रियल एस्टेट एजेंट इंतजार कर रहे हैं। पहाड़ी की चोटी जहाँ से नीचे का दृश्य देखा जा सके, या दोहरे दरवाजे वाले अपार्टमेंट शैली में हो, या ड्रॉअर शैली में भी उपलब्ध है...। अगर आप अपनी कब्र का इंतज़ाम न करें तो मरने के बाद भी आपको शांति नहीं मिलेगी—लगता है कि ऐसे आवाजें जोर-शोर से सुनाई दे रही हैं। किसी भी कब्रिस्तान का चुनाव स्वतंत्र है, लेकिन निश्चित रूप से, एक बड़ी कीमत की तैयारी, साथ ही साथ आजीवन उपयोग शुल्क, पूजा शुल्क जो शायद एक पीढ़ी तक ही सीमित हो सकता है, को ध्यान में रखना होगा।

सस्ते सार्वजनिक कब्रिस्तानों में छोटी सी जगह लेने के लिए बड़े शहर की आवासीय भूमि के समान आवेदनों की भीड़ होती है। अगर सूरज की रोशनी अच्छी हो, दृश्य अच्छा हो, पानी की जगह के पास हो, तो लोकप्रिय सार्वजनिक आवास की प्रतिस्पर्धा दर को पार कर जाती है। इसे न चूकने के लिए कब्रिस्तान के विज्ञापनों पर नज़र रखते हैं। जब क़ब्रिस्तान में जगह लेने के निमंत्रण सीधे चिट्ठी से भेजे जाते हैं, तो मरने की प्रतीक्षा उतावलेपन के साथ की जा रही है जैसा महसूस होता है। इस तरह, जापान की संकरी भूमि कब्रिस्तानों, कब्र पत्थरों और स्तूपों से भर जाएगी। अगर ऐसा होता है, तो बाद में भीड़भाड़ असहज होगी, शायद मुझे हिन्दू शैली यानी अस्थियों को विसर्जन करके क़ब्र न रखने का तरीक़ा चुनना चाहिए। या फिर, मुझे जापानी मिट्टी में ही समा जाना चाहिए?

कुछ साल पहले, मुझे एक अनोखी अनुरोध मिला था। एक जापानी व्यापारी चाहता था कि भारत से कब्र के पत्थरों का आयात किया जाए, और इसके लिए उसने मुझसे उपयुक्त व्यक्तियों से सम्पर्क कराने का अनुरोध किया। मेरे पति भले ही भारत से हैं, लेकिन मेरा कब्र पत्थर व्यापारियों से कोई संबंध नहीं है—जब मैंने यह

समझाया, तो उन्होंने कहा कि कब्र के पत्थरों के साथ काम करने वाले नहीं चाहिए। भारत के दक्षिण में उच्च गुणवत्ता का ग्रेनाइट पाया जाता है। वे उस पूरे पहाड़ को खरीदने का इरादा रखते थे। उनके पास जापान से पत्थर काटने के औजार और परिवहन ट्रकों को लाने की योजना थी, और फिर पत्थरों को काटकर जापान लाना चाहते थे।

मेरे पति ने माना कि इससे स्थानीय गरीब लोगों को भी काम मिलेगा। इसलिए उन्होंने उपयुक्त लोगों से परिचय कराने के लिए जान-पहचान में दौड़-धूप की और व्यापारी को कुछ संबंधित व्यक्तियों से मिलाया। इसके आगे की प्रगति के बारे में मैंने कुछ नहीं सुना। अगर यह सफल हो गया है, तो भारत यानी बुद्ध के जन्मस्थान से आए कब्र के पत्थर जापान में बहुत सराहे जा रहे होंगे। फिर भी, कब्रिस्तान के पत्थर तक आयात करने की जापान की पहुँच, वास्तव में पहाड़ों को भी हिला देने वाली ताकत है। दूर दक्षिण भारत की विशाल पर्वतमाला को याद करते हुए, उस पहाड़, इस पहाड़ के गायब हो जाने की कल्पना करते समय, मेरे मन में एक अजीब भावना भर जाती है।

क्या मुझे गंगा नदी में अस्थि विसर्जन करवाना चाहिए, या करवा सकती हूँ? या जापान के पहाड़ में या नजदीकी समुद्र में मेरी अस्थियाँ बिखेरी जाएँ, या बिखेरी जा सकती हैं? अंतिम संस्कार के बारे में चिंता करने लगी, क्या यह बनारस की यात्रा का प्रमाण हो सकता है? क्या यह जापान और भारत के बीच जीवन जीने के कारण मेरी नियति है? और इससे भी बढ़कर, पिछले एक साल के दौरान लगातार अपने छोटे भाई, पिता और माँ को खो देने वाली के कारण, मृत्यु के प्रति एक गहरी वास्तविकता भी है।

हरे भरे मई का महीना। लाल पत्तियों वाला नवंबर। तोक्यो के किरिगाया क्रिमेटोरियम। बदले हुए पिता, माँ। ठंडे सफेद लोटे में अस्थियों को व्यवस्थित करते हुए, मैंने अपने दिल से, बनारस की गंगा नदी की ओर देखा, जो बहती चली जा रही थी। इस पवित्र नदी में, मैंने अपने पिता और माँ, और पहले चले गए भाई की शांति के लिए प्रार्थना की। भारत से बहुत प्यार करने वाले और बनारस दो बार गए हुए मेरे भाई। दिसंबर 1960 में, शादी करके भारत जाने वाली बेटी को विदा करने वाले मेरे माता-पिता।

—प्रज्ञा-पारमिता, ओम शांति शांति शांति।

अंतरराष्ट्रीय महानगर : दिल्ली

रोम से भी प्राचीन शहर

भारत की राजधानी नई दिल्ली वर्तमान में इस देश का राजनीति, शिक्षा, और सांस्कृतिक केंद्र है। यह दुनिया के पूर्व और पश्चिम के मिलने के स्थान पर स्थित है। यह अंतरराष्ट्रीय स्तर पर भी एक महत्वपूर्ण शहर है। यहाँ विश्व की बड़ी सभाएँ अक्सर आयोजित की जाती हैं। इस प्राचीन शहर का इतिहास महाभारत के समय तक जाता है। इंग्लैंड के प्रसिद्ध इतिहासकार, पर्सिवल स्पीयर का कहना है कि दिल्ली

लाल क़िला।

का इतिहास रोम के इतिहास से भी ज्यादा परिवर्तनशील और प्राचीन है। दिल्ली के हर कोने में मौजूद प्राचीन अवशेष इस सिद्धांत को साबित करते हैं। विशेष रूप से, ग्यारहवीं सदी में पश्चिमी राजस्थान से आए राजाओं द्वारा निर्मित विशाल जंतर-मंतर, रंगमंडप और जलाशय आज भी पूर्ण रूप से संरक्षित हैं। ग्यारहवीं सदी के अंत में, हिन्दू शासन की जगह तुर्क, फारस, और अफगानिस्तान क्षेत्र से आने वाली इस्लामी शक्तियों ने कब्जा कर लिया, और औरंगजेब की मृत्यु तक इस्लाम का स्वर्ण युग यहाँ था। अठारहवीं सदी से बीसवीं सदी तक, दिल्ली ब्रिटिश साम्राज्यवाद के अधीन थी, और विदेशी शक्तियों की गुटबाजी के बीच भी विकसित होती रही। विभिन्न शक्तियों द्वारा छोड़े गए संस्कृति के प्रभाव ने आपस में मिलकर दिल्ली की विशिष्टता को निर्मित किया और वर्तमान भारत को आगे बढ़ाने वाली आधुनिकता ने इस राजधानी के आकर्षण को और भी बढ़ा दिया है।

कनॉट प्लेस के केंद्र से सभी दिशाओं में फैली सड़कें विशाल और सुन्दर हैं। भारत के अनूठे घने और मोटे बरगद और शाल के पेड़ एवेन्यू को सजाते हैं, जिसके नीचे सुन्दर युवा पुरुष और महिलाएँ साइकिल चलाते हुए जाते हैं। एक दूसरे के साथ घुलमिल कर बाइक पर जाते हुए जोड़ों को भी अक्सर देखा जा सकता है। सुन्दर साड़ियाँ पहने महिलाएँ धीमी चाल से चलती दिखती हैं। पगड़ी बांधे सिख भी खासतौर पर बहुत नज़र आते हैं। पेरिस के आर्क डी ट्रायम्फ की नकल पर बनाए गए इंडिया गेट के आसपास, संसद और सरकारी इमारतें एक लाइन से बनी हुई हैं, और योजनाबद्ध शहरी खंड टोक्यो की तुलना से भी अधिक प्रभावशाली है। "भारत गरीब है" ऐसे शब्दों पर विश्वास करना मुश्किल है। विभिन्न देशों के लोग घूमने आते हैं, और यह सच में एक कॉस्मोपॉलिटन शहर की गरिमा से भरपूर है।

ओल्ड दिल्ली में कदम रखते ही पुराने इतिहास वाला भारत हर जगह देखा जा सकता है। लाल किले का उत्तर-पश्चिमी दरवाजा पहली नज़र में दिखाई देता है। यह सत्रहवीं शताब्दी में, ताजमहल बनवाने वाले और विश्वविख्यात सम्राट शाहजहां द्वारा राजनीतिक मुख्यालय के रूप में निर्मित किया गया था। लाल पत्थरों को नीले आसमान में बहुत ऊपर तक चढ़ाकर इसे बनवाया गया है। किले के अन्दर का महल मुगल साम्राज्य की समृद्धि को पूरा दिखाता है। आर्किटेक्चर की भव्यता अद्वितीय है। शाहजहां के समय में बनाई गई जामा मस्जिद भी दुनिया की सबसे बड़ी मस्जिदों में से एक मानी जाती है और यह मुसलमानों के साथ-साथ पर्यटकों को भी मोहित करती है।

प्रथम प्रधानमंत्री नेहरू के साथ एक अविस्मरणीय मुलाकात

प्रथम प्रधानमंत्री
जवाहरलाल नेहरू

दिल्ली में, एक सामान्य पर्यटक की तरह, मैंने कई प्रसिद्ध स्थलों और पुरातात्विक स्थलों का भ्रमण किया। लेकिन मेरे लिए, प्रधानमंत्री नेहरू से मिलना दिल्ली की सबसे बड़ी यादगार घटना थी। यह फरवरी 1961 के अंत में हुआ था, जब दिल्ली में कुछ-कुछ ठंड थी और वसंत की शुरुआत हो चुकी थी।। मेरे पति और मैंने जापान से आए कृषि निरीक्षण युवा समूह के लिए दुभाषिया के रूप में काम किया था। समूह के नेता अबोशि योशिनोरि जी थे। उन्होंने भारत और जापान के बौद्ध पुरातत्व पर बहुत बड़ा काम किया था।

कोलकाता से शुरू होकर, शांतिनिकेतन, श्रीनिकेतन, गया, दुर्गापुर से होते हुए, और उत्तर की ओर पंजाब क्षेत्र से हिमाचल प्रदेश के शिमला, और फिर दिल्ली तक की दो सप्ताह की यात्रा थी। दिल्ली में प्रधानमंत्री नेहरू के साथ मुलाकात सबसे महत्वपूर्ण योजना थी।

सुबह नौ बजे से पहले ही हम प्रधानमंत्री आवास पर पहुँच गए थे, जो तीनमूर्ति चौक के एक कोने में स्थित था। यह उनके सरकारी कार्य से पहले का बहुत सीमित समय था। सफेद सलवार-कमीज पहने एक महिला ने खुशी से हमारा स्वागत किया। इसी समय मैंने पहले जापान में मिले रामकृष्ण मिशन के चमनलाल जी से पुनः मुलाकात की। वे कुछ समय के लिए प्रधानमंत्री आवास में ठहरे हुए थे। गुलाब, गेंदा, डेलिया जैसे फूलों से भरे विशाल बगीचे के सामने स्थित कमरे में कुछ समय की प्रतीक्षा के बाद प्रधानमंत्री नेहरू वहाँ आए। आमतौर पर तस्वीरों में दिखाई देने वाले नेहरू, बिना टोपी पहने, मेरे द्वारा सोचे गए कद से कुछ छोटे कद के थे। उनकी जवाहर जैकेट की छाती की जेब पर, स्वर्गीय श्रीमती कमला की स्मृति में लाल गुलाब की कली थी। मैंने उनके बगल में बैठकर अनुवादक का काम शुरू किया। जापान की कृषि प्रौद्योगिकी की प्रगति, तकनीकी स्थापना आदि के बारे में। अनाम ग्रामीण युवाओं के साथ भी, उन्होंने अपनी तीखी और गम्भीर निगाहों से युवाओं की आँखों में सीधे देखते हुए बात की। व्यस्त होते हुए भी एक घंटे से अधिक समय

निकालकर, ऑटोग्राफ मांगने पर भी कोई बुरा भाव नहीं बनाया। खिले गुलाबों वाले बगीचे में हमने समूह फोटो भी ली।

1961 में, जापान के कृषि निरीक्षण युवा समूह के साथ दिल्ली में प्रधानमंत्री नेहरू से मुलाक़ात। प्रधानमंत्री के बाईं ओर समूह के नेता अबोशी योशिनोरी जी खड़े हैं। मेरे पति संदीप टैगोर (सबसे दाहिनी ओर) और मैं (बाईं से दूसरी ओर) शामिल हूँ।

प्रधानमंत्री की दो बहनें थीं, विजया और कृष्णा। विजया पंडित महोदया ने 1950 और 1960 के दशक में संयुक्त राष्ट्रसंघ में भारतीय दूत के रूप में कार्य किया था। चाँदी जैसे सफेद छोटे बालों और साड़ी में सजी सुन्दर पंड्ति महोदया की छवि पुराने दिनों में जापान के अखबारों में भी अक्सर छपी होती थी, जिसे मैं भी याद करती हूँ। कृष्णा ने गुजरात राज्य के प्रतिष्ठित हठीसिंग परिवार के राजा हठीसिंग से शादी की थी। राजा की बहन स्मृति ने शोभेंद्रनाथ टैगोर (कविगुरु टैगोर के भांजे) से शादी की थी। इस रिश्ते के कारण, नेहरू परिवार और टैगोर परिवार एक-दूसरे से और निकट हो गए थे। ऐसी बातें भी प्रधानमंत्री और मेरे पति के बीच में हुई थीं।

विदाई के समय, उन्होंने दरवाजे तक आकर हर एक से हाथ मिलाया, और अंत में मेरे हाथ को मजबूती से थामा। उनका हाथ आश्चर्यजनक रूप से ठंडा था। मैंने सोचा कि यह पहली मुलाक़ात शायद अंतिम मुलाक़ात होगी, तब मेरी आँखों से आँसू छलक पड़े। "कृपया अपना ख्याल रखिएगा," मैंने कहा। प्रधानमंत्री ने

एक बड़ी मुस्कान के साथ मेरे हाथों को अपने दोनों हाथों में ले लिया और कहा, "आप भारत और जापान के बीच का पुल बनने की कोशिश करें।" भारत और दुनिया के लोगों के लिए एक महान राजनीतिज्ञ की गर्मजोशी और पिता जैसी नरमी को मैंने महसूस किया।

तीन साल बाद, 27 मई 1964 को, जवाहरलाल नेहरू का निधन हो गया। दिल्ली में बहने वाली यमुना नदी के किनारे की ओर बढ़ते हुए, भारतीय ध्वज में लिपटा प्रधानमंत्री का ताबूत, उनके जीवनकाल में हरेक दिन उनके पास रहने वाले लाल गुलाबों से भरा पड़ा था। "भारत के बिना नेहरू की कल्पना की जा सकती है, पर नेहरू के बिना भारत की नहीं"—यह शोक संदेश का एक अंश है जो समाचार पत्र में छपा था।

मेरे दोस्तों का शहर

दिल्ली में मेरे कई दोस्त हैं। खासकर मेरे पति के शांतिनिकेतन के दिनों के दोस्त बहुत हैं। सहपाठियों के साथ ही, सीनियर और जूनियर ने भी एक साथ जुड़कर 'आश्रमिक संघ' नाम का एक ग्रुप बनाया है और किसी न किसी बहाने से मिलते हैं। 'आश्रम' को अगर शब्दकोश में देखें, तो साधु संत के रहने की जगह का अर्थ मिलता है। संस्कृत में यह ब्राह्मण संन्यासियों की कुटिया का अर्थ देता है। रवींद्रनाथ टैगोर द्वारा स्थापित शांतिनिकेतन का मूल अर्थ 'वन का विद्यालय' है। 'आश्रमिक संग' का मतलब 'वन के विद्यालय से निकले लोगों का समूह' है।

मैं पहली बार 1961 में दिल्ली गई थी। आश्रमिक संघ का एक सदस्य जापान से अपनी दुल्हन लाया था—इस ख़ुशी में सभी लोगों ने इकट्ठे होकर हमारे स्वागत-सम्मान में दावत की व्यवस्था की थी। विजया, अमित, सुधीर, शुभचारी, माल, नीरद, ललितचंद, संजय, आनंद, चम्पा... सभी के चेहरे को पुरानी यादों के साथ स्मरण कर सकती हूँ। पहली मुलाकात में जो अविवाहित थे, वे अब विवाहित हो गए हैं और बाल-बच्चों वाले भी हो चुके हैं। कुछ लोग तो अपने पोते-पोतियों से से भी खेलने लगे हैं। हम भी इनमें से एक हैं- लेकिन, जैसा कि दुनिया के रीति-रिवाज होते हैं, सभी ने एक समान शांतिपूर्ण और समस्या-मुक्त जीवन नहीं जिया है। कुछ लोग दुनिया छोड़ चुके हैं, कुछ के विवाह असफल रहे हैं, कुछ ने अपने बच्चों को खो दिया है। समय की धारा ने प्रत्येक व्यक्ति के जीवन में अप्रत्याशित दु:ख और पीड़ा, खुशी को उकेरा है।

हम लोगों के बीच सबसे बड़ी त्रासदी नीरद पर हुई। वह कोलकाता से था, और उसके पिता एक सांसद थे। कला भवन के संगीत शाखा का विद्यार्थी था। उसकी जन्मजात टेनर आवाज़ की गायन में बहुत प्रशंसा हुई थी। विशेष रूप से रवींद्र संगीत में उसकी विशेषता थी, और हमारे लिए आयोजित भोज में उन्होंने हारमोनियम बजाते हुए गाना गाया था। उस समय सुना गया "एइ मनिहार आमार नाहि साजे (यह रत्न की माला—नोबेल पुरस्कार के मेडल—मेरे लिए उपयुक्त नहीं है, इसे पहनने से दर्द होता है, मुझे फूलों की माला चाहिए)" बंगाली में था, जो उस समय मुझे बिल्कुल भी समझ में नहीं आया था, फिर भी मेरे दिल को गहराई से छू गया था। यह आज भी मेरा पसंदीदा रवींद्र संगीत है।

नीरद के निधन की खबर मुझे जापान में मिली थी। 1971 में, बांग्लादेश पाकिस्तान के बीच हुए युद्ध के दौरान वह कोलकाता में मारा गया था। भारत, विशेष रूप से कोलकाता, पड़ोसी देश में चल रहे संघर्ष में फंस गया था, और बांग्लादेश की मदद करने वाले कई युवा अपनी जान गँवा बैठे थे। उस समय वह दिल्ली में रहता था। कुछ काम से जब अपने मूल घर कोलकाता गया था, तब उस की मौत हो गई। संघ की बैठकों में जब भी नीरद की याद करते हैं, दिल को छू लेने वाली उसकी आवाज़ के बारे में हमेशा बात करते हैं।

विजया ने कला में विशेषज्ञता हासिल की थी। बाद में उसने ऑक्सफोर्ड यूनिवर्सिटी में अध्ययन किया, और अब वह दिल्ली के एक विश्वविद्यालय में अंग्रेजी साहित्य पढ़ा रही है। भारत जाने से पहले, मैंने पहली बार असली भारतीय साड़ी को हाथ से छुआ था, जो उसने ब्राइडल गिफ्ट के रूप में मुझे दी थी। वह एक लाल चंदेरी साड़ी थी। चंदेरी विजया की जन्मभूमि है। बारीक सूती फैब्रिक पर सोने के धागों की कढ़ाई से सजी हुई यह साड़ी, एक चमकीले हरे रंग की रेशमी ब्लाउज के साथ पहनी जा सकती थी। गिफ्ट कार्ड में शुभकामनाओं के साथ ऐसे लिखा था, "जल्दी दिल्ली आइएगा, दिल से स्वागत है।" भारत के बारे में न जानने के कारण डरे हुए मेरे मन को उसके एक शब्द ने कितना साहस दिया था।

मैं उससे पहली बार मिली थी, वह दिन मैं कभी नहीं भूल सकती। मेरे पति और मैं कनॉट प्लेस के पास इंपीरियल होटल में ठहरे हुए थे। वह अपने पति के साथ वहाँ हमसे मिलने आई थी। वह बेज रंग की रेशमी साड़ी में चश्मा पहने, शॉर्ट हेयर की सुन्दर महिला थी। उसके पति एक स्वस्थ, सक्षम व्यवसायी जैसे लग रहे थे। होटल के बगीचे में हरी भरी घास पर किया गया डिनर भव्य था। उसने जोर देकर कहा

कि चूंकि आप दिल्ली के मेहमान हैं, इसलिए आपका स्वागत करना स्वाभाविक है। मुर्गे की कलगी जैसी लाल सजावट के साथ सफेद पगड़ी और सफेद वर्दी में वेटर को विजया ने चुस्ती से ऑर्डर दिया था। सच में, एक अच्छे घराने की मेमसाहेब का व्यवहार था। पकवानों की थालियाँ एक के बाद एक लाई जा रही थीं। विस्तार से तो याद नहीं है, लेकिन केसर और चंदन को मिलाकर बनाए गए उत्कृष्ट शरबत को मैं अभी भी अच्छी तरह से याद कर सकती हूँ। वहाँ खाने की इतनी खास चीजें थीं कि मैंने इससे पहले कभी नहीं खाई थीं और बाद में भी कभी नहीं खाईं।

तीन-चार साल बाद जब मैं विजया से मिली, तो उसने तलाक लेकर अपना मूल उपनाम वापस ले लिया था। लगा था कि व्यक्तित्व का अंतर उनके अलग होने का कारण था। शादी के मामले में, उसको अपने माता-पिता ने जो तय किया उसके अनुसार चलना पड़ा था। शांतिनिकेतन और ऑक्सफोर्ड में आधुनिक शिक्षा प्राप्त करने के बावजूद, उसने कैसे इतने पिछड़े विचार को स्वीकार किया? शायद परंपरा और माता-पिता के निर्णय शक्ति बहुत ही मजबूत थी। सामान्य ज्ञान यह कहता है कि हिन्दू धर्म विवाह विच्छेद नहीं करने देता। लेकिन उसके मामले में, वैवाहिक-संबंध छह महीने के मुकदमे में समाप्त हो गया। यह शायद विजया की कोशिश और राजधानी दिल्ली में होने के कारण ही सम्भव था। मैंने सुना है कि आमतौर पर तलाक होने में कई वर्षों लग जाते हैं। बहुत समय और जटिलताओं के कारण, कुछ लोग अलग होना छोड़ देते हैं, यह भी असामान्य नहीं है। तब से वह दिल्ली के दक्षिणी उपनगर, ग्रेटर कैलाश में अपने तीन कमरों के घर में अकेली रह रही है। कार, मारुति-सुजुकी। पेशा, विश्वविद्यालय की प्रोफेसर। नौकर, एक। शौक, तैल चित्रकला, इंटीरियर सजावट, पढ़ना। चांदी के बालों वाली शॉर्ट हेयर।

भारत में एक कहावत है, "आमार बाड़ी आपनार पायख़ाना (मेरा घर, आपका शौचालय)" जिसका अर्थ है कि अपने घर को दूसरों के लिए इतना खुला और सहज रखा जाता है कि वे भी उसे अपना ही समझें। ऐसे दोस्तों को पाकर मैं खुद को भाग्यशाली मानती हूँ जिनके साथ यह बात साझा की जा सकी। विजया अभी तक जापान नहीं आई हैं, इसलिए मैं उन्हें अपने घर पर आमंत्रित नहीं कर पाई हूँ। लेकिन "आपको हमारा निमंत्रण दिया जा चुका है, इसे मत भूलिए" कहकर उसको बार बार याद दिलाती हूँ। उसके घर में, चाहे वह काम पर जाएँ या घर पर न हों, मुझे कोई परहेज नहीं है। खाने की कोई इच्छा हो या कोई काम हो, मुझे उसके नौकर से कहने के लिए कहा गया है। मालकिन की अनुपस्थिति में, मैंने नौकरानी की रसोई

का काम करते हुए फोटो लेने की कोशिश की, तो उसने अपने चेहरे को साड़ी से ढक लिया और हाथ से रोका। वह घबराकर अन्दर चली गई। जब बाहर आई, तो शानदार साड़ी पहनकर आई। वह लिविंग रूम के टीवी को पकड़कर खड़ी हो गई, और शर्म से भरी मुस्कान बनाई। मैंने विनम्र मुस्कान के साथ तीन-चार फोटो खींची। उसने मुझे जोर देकर प्रिंट देने के लिए कहा। वह इसे अपनी माँ को दिखाने गाँव भेजना चाहती है। वह करीब तीस वर्ष की लगती है। विजया को मैया कहके बुलाती है और अच्छा काम करती है।

विजया शाम को घर लौटी। शाम पाँच बजे आश्रमिक संघ के सदस्यों को आमंत्रित किया था, तो इसकी तैयारी में लग गई। लिविंग रूम की मेज पर सफेद कपड़ा बिछाकर, चाय के बर्तन, चम्मच, प्लेटें, नैपकिन आदि सजा दिए गए। घर लौटते समय खरीदी गई संदेश और बादाम बर्फी को थाली में सजाया गया। रसोई से लूची और आलूदम आ गई। माल, सुधीर, शीला, अमित, चम्पा, शुभचारी आदि जब सभी इकट्ठे होते हैं, तो माहौल चहल-पहल से भर जाता है। हर कोई अपने काम में व्यस्त होता है, इसलिए एक ही शहर में रहते हुए भी अक्सर मिलना सम्भव नहीं होता। फिर भी, हमारे जैसे दूर से आने वाले लोगों के आगमन पर, वे इसे मौके के रूप में लेकर तुरंत मिलने की व्यवस्था करते हैं। आरामदायक, मजेदार बातचीत और हँसी किसी भी दावत से बढ़कर होती है। एक बार विवाह में असफल रहीं और बच्चे न होने के बावजूद—जो कि हिन्दू समाज में एक महिला के रूप में आधी-अधूरी मानी जाती है—विजया सकारात्मक, उज्ज्वल और मजबूत तरीके से स्वतंत्र जीवन जी रही हैं। मेरे लिए यह बहुत ख़ुशी की बात है कि बाद के वर्ष में उसको अंतत: अपने ओसाका के घर में आमंत्रित कर पाई।

"एको, लंच में तुम क्या खाना चाहोगी?" नाश्ते में टोस्ट-अंडे खाने के बाद अमित ने पूछा, जब मैं अखबार पढ़ रही थी।

"सोच रही हूँ, छेना (पनीर) कैसा रहेगा?"

"अरे, फिर से?" "हाँ, वह मेरे लिए पर्याप्त होगा।"

आलू और मटर के साथ बनाई गई पनीर की सब्जी मेरी बहुत पसंदीदा है। भारत में छेना कहीं भी आसानी से मिल जाता है, इसलिए इसे बनाने में कोई दिक़्क़त तो नहीं है। हालाँकि रोजाना खाना बनाना झंझट भरा काम है। इस बात को गृहिणियाँ अच्छी तरह से जानती हैं। यही काम अमित रोज करता है।

अमित मेरे पति का चालीस वर्षों से भी अधिक समय से अच्छा दोस्त है। वह सरकारी एजेंसी में कला क्षेत्र में काम कर रहा था, लेकिन पिछले साल रिटायर हो

गया और अब हाउस-हसबैंड के रूप में काम कर रहा है। उसकी पत्नी शीला सुबह छह बजे घर से निकल जाती है और शहर के बाहर स्थित एक कला कॉलेज में पढ़ाने जाती है। दोनों ने शांतिनिकेतन में कला की पढ़ाई की थी। वह असम से और शीला ग्वालियर से थी, तो अंतरराष्ट्रीय विवाह के बराबर की कठिनाइयों को पार करके शादी की थी। शीला की बहन प्रभा ने लखनऊ के कला कॉलेज के अवतार से शादी की है। उनके माता-पिता के लिए, दोनों बेटियों का अंतरजातीय विवाह करना निश्चित रूप से कठिन रहा होगा। या फिर, शांतिनिकेतन में पढ़ाई के लिए भेजने के बाद, शायद उन्होंने इसके लिए कुछ तैयारी की होगी। शांतिनिकेतन के औपचारिक नाम 'विश्व भारती' विश्वविद्यालय का अर्थ है 'सारी दुनिया का एक मेल'। वास्तव में विभिन्न स्थानों और देशों से लोग वहाँ एकत्रित होते हैं। यह एक मिलन स्थल बन गया है। अमित और शीला, अवतार और प्रभा, और संदीप और एको भी, विश्व भारती वाले संबंध कहे जा सकते हैं।

अमित अपने कॉलेज के दिनों से ही उत्कृष्ट था। स्नातक होने के बाद, उसने अमेरिका में स्कॉलरशिप प्राप्त की और न्यूयॉर्क के एक कला विद्यालय में आधुनिक चित्रकला का अध्ययन किया। न्यूयॉर्क के दिनों में, उसने लॉन्ग आईलैंड में एक फ्लैट किराए पर लिया और उस समय के अभ्यास की बदौलत वह खाना पकाने में माहिर हो गया था। हालाँकि, अमेरिका में उसको भारतीय खाने के तेल और मसालों की तेज गंध और धुएँ के कारण, मकान मालिक द्वारा निकाले जाने का कुछ अनुभव भी था। इसके अलावा, उसने इंडोनेशिया में भी कला और नृत्य का अध्ययन किया। 1986 में, वह कोबे शहर के आयोजित एशियाई मेले में भारतीय कलाकार समूह के नेता के रूप में जापान आया। उसने संगीत, नृत्य और अद्भुत परंपरागत कलाओं का प्रदर्शन किया। उसकी इच्छा थी कि जापान में क्योटो और नारा की यात्रा से पहले, हिरोशिमा के एटमिक बम मेमोरियल और शांति स्मारक को देखना है। एशियाई मेले के समापन के बाद, समूह ने बुलेट ट्रेन/शिंकानसेन से हिरोशिमा की यात्रा की। युद्ध की नरक-यातना की प्रदर्शनी देखने के बाद, उसका चेहरा कठोर और तनावपूर्ण था, और उसकी आँखों में आँसू भरे थे।

जन्म से ही मुझे जानने वाला उसका इकलौता बेटा नानक अब कॉलेज का छात्र बन गया है। वह वास्तुकला का अध्ययन कर रहा है, जो कि माता-पिता के क्षेत्र से ही जुड़ा है। वह एक बहुत ही अच्छा युवक बन गया है, जिसे दामाद बनाने की मेरी बड़ी इच्छा है। और, उसके परिवार में लगभग पंद्रह वर्ष पहले अचानक

दो नाम जुड़ गए थे। वे दोनों दस से भी कम उम्र की लड़कियाँ थीं। वे अमित के बड़े भाई की बेटियाँ थीं। एक दुर्घटना में उनके माता-पिता की असमय मृत्यु हो जाने के कारण, अमित और शीला ने उन्हें गोद ले लिया। वे जिनिया और पपिया के प्यारे नामों से पुकारी जाती हैं। परिवार में और वरिष्ठ सदस्य भी थे, लेकिन किसी ने भी इन लड़कियों को अपनाने की बात को स्वीकार नहीं किया। इसलिए अमित और शीला ने उनकी देखभाल करने का निर्णय लिया। दूसरे रिश्तेदारों द्वारा उन्हें न अपनाने के दो मुख्य कारण थे। पहला कारण, लड़कियों की शादी में होने वाला विशाल आर्थिक बोझ था। दूसरा कारण, बड़े भाई की पत्नी एंग्लो-इंडियन थी। हिन्दू समाज में आमतौर पर एंग्लो-इंडियन समुदाय को नीचा देखा जाता है। वे ज्यादातर क्रिश्चियन होते हैं, पुराने उपनिवेशवादी शासकों के वंशज होते हैं, और जाति से बाहर माने जाते हैं। इसलिए, इन लड़कियों पर भी इस तरह की सामान्य धारणाएँ लागू होती हैं।

यह कहा जाता है कि जब खून मिलता है तो रूप और बुद्धि, दोनों अच्छे होने की संभावना होती है। ये दोनों लड़कियाँ इस बात को साबित करती हैं। बड़ी बहन जिनिया की गेहूँ के रंग की त्वचा और सुन्दर चेहरा है, जबकि छोटी बहन पपिया को देखकर सिल्क रोड के उत्तरी इलाके की सुन्दरी की याद आती है। कम उम्र में असाधारण दु:ख और पीड़ा का अनुभव करने के कारण या फिर चाचा और चाची की परवरिश के कारण, दोनों असाधारण रूप से समझदार और दयालु हैं। यदि मेरे बेटे होते, तो मैं उन्हें बहू बनाती—हाल ही में जब भी मैं युवाओं को देखती हूँ, मैं उन्हें दामाद या बहू बनाने के बारे में सोचती हूँ, यह भी एक तरह की उम्र का असर है। मुझे लगता है कि जिनिया और पपिया अगर जापान में रहतीं तो उनके अपने गुणों के आधार पर अच्छा पति ढूँढ़ सकतीं। लेकिन भारत में तो इतना आसान नहीं था। वैसे भी, उम्र, आय, और रूप आदि में कुछ कमियाँ रहने के बावजूद, अमित और शीला के अथक प्रयासों से, उनकी दो बेटियों की शादी सफलतापूर्वक हो पाई। अब वे दोनों अपने-अपने बेटों के साथ ख़ुशी-ख़ुशी से रहती हैं।

पुनर्मिलन का शहर

जब मैं चोर बाजार के नाम से प्रसिद्ध चांदनी चौक से गुजरते हुए, जामा मस्जिद की ओर जा रही थी। मन्दिर की दिशा से आते हुए एक जापानी टूरिस्ट ग्रुप दिखाई दिया। शाम हो चुकी थी। मन्दिर की गोल, प्याज के आकार की मस्जिद लाल रोशनी

के उजाले से खिल उठी थी। उस समूह में एक विशेष चमक थी। वह मेटल फ्रेम के चश्मे वाला चेहरा था। ध्यान से देखने पर, अरे, एक परिचित चेहरा! वह मेरी स्कूल समय की सहेली थी। वह हमेशा से ही फैशनेबल थी। जापान में दस साल से भी अधिक समय से नहीं मिली और उसके चटकीले चश्मे की बदौलत, दूर भारत में उससे पुनर्मिलन हो सका। हम दोनों ने एक-दूसरे के हाथ पकड़े, और अनायास ही आपस में कहा कि, "तुम यहाँ क्या कर रही हो!" दुनिया विशाल लगती है लेकिन वास्तव में छोटी है।

उस रात, हम दोनों ने अपनी योजनाओं को रद्द करके कनॉट प्लेस में एक चीनी रेस्टोरेंट पर साथ में भोजन लिया। "भारत कैसा है?" मैंने पूछा, तो उसने उत्तर दिया, "बहुत दिलचस्प है, बहुत ऊर्जावान है।" उसने यह भी कहा, "यह एक गहरा देश है जिसे एक या दो बार में समझना मुश्किल है।" मैं सहमत हुई। हम वक्त भूलकर बातें करती रहीं। अगर जापान में होतीं, तो शायद इतना समय नहीं मिलता, और न ही बातों में इतनी विविधता होती, इसलिए दिल्ली में मिलकर अच्छा हुआ। भारत में मिलने से ही हमारी पुरानी यादों में और भी नॉस्टैल्जिया जुड़ गया।

कनॉट सर्कस में 'गिन्ज़ा' (टोक्यो का लक्जरी शॉपिंग क्षेत्र) नामक दुकान जापानी व्यंजनों के कुछ चुनिंदा रेस्तराँ में से एक है। यह मुख्य रूप से जापानी लोगों के आने से ही चल रहा है। उस दिन, मैंने दो-तीन दोस्तों को इस रेस्टोरेंट में आमंत्रित किया। जब हम तीखे मछली के सूप और गरमागरम टोफू को चॉपस्टिक्स से खा रहे थे, तब सलेटी चोगा पहने जापानी बौद्ध भिक्षुओं का एक समूह आ गया। वे ओसाका से बौद्ध तीर्थयात्रा पर भारत आए थे। उनमें से आधे लोग मुझे पहचानते थे। हमने तुरंत अपनी मेजों को एक साथ मिला दिया और साथ में थोड़ी शराब पी।

मैं यह कभी नहीं भूल सकती कि जब मैं अपनी दोस्त चम्पा के साथ कश्मीर एम्पोरियम में घुसी तो मेरी शर्मिला टैगोर से अचानक मुलाकात हुई। वे वही शर्मिला टैगोर हैं, जिन्होंने सत्यजीत राय की फिल्मों 'अपुर संसार' और 'सीमाबद्ध', और 1991 में महिला निर्देशक मीरा नायर की अमेरिकी फिल्म 'मिसिसिपी मसाला' में भी अभिनय किया, प्रसिद्ध, खूबसूरत अभिनेत्री हैं। यह एक या दो पीढ़ियों से भी पहले की बात है, जब मैं कोलकाता में अपने चाचा के घर पर, परिवार की एक सभा के दौरान उनसे मिली थी। लेकिन इतनी व्यस्त उनकी ज़िंदगी में, मेरा नाम या चेहरा याद रहने की संभावना नहीं थी। जब मैंने अपने पति के उपनाम का उल्लेख करते हुए अपना परिचय कराया, तब जाकर उन्हें मेरी याद आई। चम्पा ने भाग्यशाली

महसूस करते हुए तुरंत उनसे ऑटोग्राफ लिया। हाल ही में, जब भी मेरे पति भारत लौटते हैं, उनसे अक्सर युवा पूछते हैं, "क्या आप शर्मिला टैगोर के रिश्तेदार हैं?" रवींद्रनाथ टैगोर नहीं? समय बदल गया है। कश्मीरी फेरन पहने हुए वे, स्क्रीन के मुकाबले ज्यादा छोटी और नाजुक लगी थीं। हालाँकि उनकी बड़ी मोहक आँखें, सुन्दर दांतों की पंक्ति, बड़ी मुस्कान, और गालों में पड़ने वाले गड्ढे सब असली थे।

प्रसिद्ध अभिनेत्री शर्मिला टैगोर के साथ, 1989 में।

8 जनवरी 1989 को, मैं सुबह-सुबह ताज पैलेस होटल के लाउंज में थी, यह होटल दिल्ली इंटरनेशनल एयरपोर्ट के पास है। एक जापानी टीवी चैनल का एक दल टोक्यो से आकर पिछली रात से ही इस होटल में ठहरा हुआ था। यह जानकारी मुझे एयर इंडिया के दफ्तर से बार-बार पूछताछ करने के बाद मिली थी। उस समय जापान के सम्राट की गम्भीर स्थिति की अफवाहें उड़ रही थीं, और ऐसे सुनने में भी आ रही थी कि मीडिया वालों की नारिता से उड़ान रद्द हो सकती है। फ्रंट डेस्क पर पुष्टि करने पर मुझे जानकारी मिली कि टोक्यो से आया दल सुरक्षित चेक-इन कर चुका है, जिससे मेरा दिल हल्का हो गया। मैं लाउंज में लाल सोफे पर बार-बार उठ-बैठ रही थी, बेचैनी से इंतजार कर रही थी। इंतजार का एक-एक क्षण बड़ा लग रहा था! उस दल के साथ, मेरी बेटी भी आ रही थी, जिसे मैं दो सालों के बाद आज मिलने वाली थी।

मेरी बड़ी बेटी माया, कैलिफोर्निया के सैक्रामेंटो में रहती है। उसने टोक्यो होकर दिल्ली के लिए उड़ान भरी। उसे 'इंडियन ड्रीम जर्नी, पैलेस ट्रेन की यात्रा' नामक एक टीवी कार्यक्रम की रिपोर्टर के रूप में काम करने के लिए कहा गया था। मैं पहले से ही भारत में थी, और संयोग से दिल्ली में होने के कारण, हमें यहाँ पर फिर से मिलने का सौभाग्य प्राप्त हुआ। सुबह आठ बजे तक इंतजार करने के बाद, जब दल खाने के लिए नीचे आया, तब जाकर मैं अपनी बेटी से मिल पाई। उसने लम्बे समय बाद मिली माँ के पैरों को छूकर प्रणाम किया। वह सालों से अमेरिका में रहने के बावजूद, हिन्दू धर्म के रीति-रिवाजों को नहीं भूली थी। मैंने उसे मजबूती से गले लगाया और हमने फिर से मिलने की खुशी मनाई। उस समय, उसके द्वारा टोक्यो से लाए गए अखबार से पता चला कि सम्राट का निधन हो गया है। मैंने शोवा युग के अंत पर थोड़ा दुख महसूस किया।

नाश्ते के बाद, वह दल जल्दी से दिल्ली की सड़कों पर कवरेज के लिए निकल पड़ा। दिल्ली में दो दिन तक मैं भी उसके साथ रही। वीडियो रिकॉर्डिंग हो रही थी और निर्देशक ने माइक पकड़ रखा था, और इतने लोगों की भीड़ इकट्ठी करने का दृश्य पहली बार मैंने देखा था। क्रू के लिए भी, रिपोर्टर के लिए भी, यह एक काफी कठिन काम था, यह भी मुझे अच्छे से समझ में आया। कवरेज के स्थान के आधार पर, कभी-कभी भारत के सरकारी संस्थानों में भी अत्यधिक कवरेज शुल्क की मांग की गई। शायद यह संस्था के प्रमुख की जेब में गया होगा।

तीसरे दिन, मेरी बेटी माया अंततः मुख्य कार्यक्रम के लिए, 'डेजर्ट क्वीन' नामक लक्ज़री ट्रेन में सवार होकर थार मरुस्थल को पार करने की यात्रा पर निकल पड़ी। ट्रेन की यह यात्रा सात दिनों में पूरी होती है। गंतव्य स्थान जयपुर, चित्तौड़गढ़, उदयपुर, जोधपुर, जैसलमेर, आगरा, और दिल्ली थे। पुराने महाराजा की विशेष ट्रेन के भव्य सैलून कार में, दुनिया भर से आए लोगों के साथ आराम से यात्रा करना। उतरने वाले स्थानों पर हृदय से आतिथ्य। रेगिस्तान के बीचों-बीच बने भव्य महलों की श्रृंखला। यह वास्तव में इंडियन ड्रीम जर्नी थी। बाद में, इस कार्यक्रम को न्यूज़ चैनल पर दो बार प्रसारित किया गया, जो जापानी लोगों के द्वारा काफी पसंद किया गया था।

चोरी का तीन हज़ार साल का इतिहास

'मनमोहक यात्रा भारत' की समूह यात्रा पर एक प्रौढ़ दंपति नई दिल्ली पहुँचा। एयरपोर्ट से लगभग दस किलोमीटर दूर अशोक होटल में दो रात ठहरने की योजना थी। भारत

को गरीब और गंदा मानकर डरा हुआ था, लेकिन सुनने और देखने में बड़ा अंतर था। एयरपोर्ट से सीधे बढ़ती सड़क और उसके बगल में लगे पेड़ और आस-पास की भव्य इमारतें, टोक्यो से तुलना करने पर बहुत ही शानदार और सुखद थीं। और यह होटल तो! उनको मुगल सम्राट जैसा अनुभव करवा रहा था। खिड़की से दिखने वाले बगीचे की खूबसूरती, हरी भरी घास, खिले हुए फूल, पानी का छिटकता हुआ फव्वारा... यह तो सपनों का स्वर्ग है। यहाँ आने का साहस करके अच्छा हुआ, ऐसे आपस में बातें कर रहे थे।

शहर के दौरे में भी कोई कमी नहीं था। डीलक्स बस से लाल किला, हुमायूँ का मकबरा, कुतुब मीनार, गांधी स्मारक आदि खूब घूमे। विशेष रूप से दिलचस्प थी खरीदारी। जापानियों के लिए यहाँ की क़ीमतें बहुत ही सस्ती लगती हैं। हर दुकान में, उनकी खुले हाथों से खर्च करने की आदत ने भारतीय व्यापारियों को खुश किया। "आप कहाँ से आए हैं? आपका नाम क्या है? आप किस होटल में रुके हैं? इंडियन करी कैसी लगी?" उनके दोस्ताना रवैये से दोनों बच्चों की तरह खुश हो गए। अगले दिन ऑप्शनल टूर में वे चांदनी चौक की ओर निकल पड़े। होटल वापस आने पर, उनके नाम एक पत्र पहुँचा हुआ था। वह एक डिनर का निमंत्रण था।

दिल्ली के बच्चे।

"होटल ताज महल में डिनर के लिए आपको आमंत्रित करता हूँ। खाने के बाद, इंडियन क्लासिकल डांस का आनंद लें। सात बजे लाउंज में मिलते हैं। मेरी

पत्नी भी आएगी। कृपया अवश्य आइए। आपका भारतीय दोस्त, हेमंत"

यह निमंत्रण खूबसूरत हस्तलिपि में लिखा गया था। अहा, हेमंत जी, वह लंबा, चश्मा पहने हुए व्यक्ति। चांदनी चौक में शॉल खरीदते समय उन्होंने हमारी मदद की थी, है न? उन्होंने कहा था कि वे कभी जापान गए थे। उनका व्यवहार बहुत अच्छा था। वे अपनी पत्नी का परिचय कराने की बात भी कर रहे थे।—दंपति ने इस अप्रत्याशित और सोची-समझी मेहमाननवाजी की सराहना की।

नियत समय सात बजे से पहले, वे होटल ताज महल में टैक्सी से पहुँचे। हेमंत जी अभी तक नहीं आए थे। दस मिनट बीत गए, बीस मिनट बीत गए... उन्हें कोई जरूरी काम आ गया होगा, या फिर उनकी पत्नी को तैयार होने में समय लग रहा होगा... थोड़ा और इंतजार कर लेते हैं। लाउंज में रखे पैम्फलेट्स को देखते हुए वे दोनों लगभग एक घंटे तक सब्र से इंतजार करते रहे। फ्रंट डेस्क पर भी दो-तीन बार पूछताछ की गई, लेकिन कोई संदेश नहीं आया था। हो सकता है कि अपने होटल में ही कोई संदेश आया हो। दोनों ने वापस जाने का निर्णय लिया।

जब वे अपने कमरे में वापस आए, तब पता चला कि उनके कमरे का ताला चतुराई से किसी ने खोला था, और नकदी, जूम लेंस वाला निकॉन कैमरा, इलेक्ट्रिक शेवर, फाउंटेन पेन, अंडरवियर सहित सब कुछ गायब हो चुका था!

कैमरा कंधे पर लटकाए, ओसाका से आया इकेदा नाम का एक आदमी चांदनी चौक की सड़कों पर चल रहा था। उन्होंने सोचा कि यह जगह ओसाका के मुख्य व्यापारी क्षेत्र दोटोनबोरी से भी ज्यादा जीवंत है। तभी, उनके पीछे से एक आवाज आई।

"अनाता, निप्पॉन नो हितो ने (जापानी में "आप जापान के हैं न?")" एक मोटे, सांवले अधेड़ भारतीय व्यक्ति ने टूटी-फूटी जापानी में कहा। उनकी गोल-मटोल आँखें मुस्कुरा रही थीं। "वताशी ने, ओसाका नि इमाशिता। निप्पॉन, वताशी, दाइसुकि ने। (मैं कभी ओसाका में रहता था। मुझे जापान बहुत पसंद है।)" "सोरे वा सोरे वा (वाह वाह)।" जापानी बोलने वाले भारतीय, वह भी ओसाका में रह चुके। अब तक का सारा तनाव अचानक से गायब हो गया। इकेदा ने झुक कर अभिवादन किया।

"वताशी नो मिसे नी किते कुदासाई, सुगु सोको यो, कोका कोला, नोन्दे कुदासाई (मेरी दुकान पर आइए, जो यहाँ से बहुत नज़दीक है। वहाँ कोक पीने चलें।" उस भारतीय ने आमंत्रित किया। एक दयालु व्यक्ति, निश्चित रूप से उन्हें जापान की याद आ रही होगी। वह खुशी-खुशी उस आदमी के साथ चल दिए।

वह भारतीय व्यस्त बाजार से निकलकर संकरी गलियों से गुजरा। चांदी के काम और पीतल बेचने वाली दुकानें, सोने और चांदी की चमक वाली चीजें लटकाने वाली दुकानें, सोने से सजी हुई पगड़ी बेचने वाली दुकानें एक के बाद एक सजी हुई थीं। और तब, एक दुकान के सामने वह आदमी रुक गया।

"कोको यो, वताशी नो मिसे, दोजो, हाइते कुदासाई। (यहाँ है मेरी दुकान, कृपया अन्दर आइए)"

उसने इशारा करके इकेदा को अन्दर बुलाया। एक पतली-सी नाक वाला आदमी भी खड़ा हुआ था।

"दोजो (आइए)," उसके कहने पर इकेदा बैठ गया और उसने ठंडे कोका कोला से अपना गला तर किया। यह दुकान जेवर बेचने वाली लगी थी। कांच जैसे बड़े छोटे रत्न चमक रहे थे।

"ओमियागे, ओमियागे (सौग़ात के लिए देखिए)," उस आदमी ने कहते हुए अपनी हथेली पर दो तीन रत्न रखकर दिखाए।

"कोरे रूबी यो, इंडो, रूबी यसुई यो, ओकुसान, ओज्योसन नी कई नसाई। (यह रूबी है, भारत में रूबी सस्ती है, अपनी पत्नी और बेटी के लिए खरीद लीजिए।)"

बेटी तो नहीं है—ऐसे इकेदा सोच रहा था, तब अचानक उसने कहा कि "अनाता, निगो-सन इरु? इरु देशो, ओमियागे मिन्ना योरोकोबु (आपकी रखैल है न? सौग़ात की ज़रूरत है, सभी खुश होंगे)।" घबराए हुए जापानी ने कहा, "नो, नो, ओमियागे इरिमा सेन (नहीं नहीं, मुझे सौग़ात की आवश्यकता नहीं है)।"

अचानक, उस दुकानदार की हंसी गायब हो गई और उसकी आँखें घूरने लगीं, फिर तेजी से बोलने लगा। क्या कह रहा है, उसको बिलकुल समझ में नहीं आया। बग़ल में खड़ा दुबला आदमी भी एक भयंकर अंदाज में कुछ बोल रहा था। ओसाका से निकलते समय, उसकी पत्नी ने कहा था कि भारतीय सौग़ात के रूप में एक या दो रत्न ले आना। लेकिन इकेदा ने असली रूबी कभी नहीं देखी इसलिए परेशान हो गया। इस दुकान के आदमियों की हालत से, उसे एहसास हुआ कि उन लोगों पर विश्वास करना खतरनाक होगा।

"तत्त नो 500 डोरु दायो, निप्पॉन नो तोमोदाची, माके तोकु, कईना सई (बस पाँच सौ डॉलर है, जापानी दोस्त, आपको छूट दे रहा हूँ, खरीद लो," आदमी ने एक बार अपनी आवाज़ नरम की लेकिन फिर तेज आवाज़ में बोला।

इकेदा ने अपने कैमरे और कमर पर बंधे पैसों के बारे में सोचा। इसके अलावा, जीवन की गारंटी भी नहीं थी। रूबी खरीदना और जल्दी से जल्दी यहाँ से निकल

जाना ही अच्छा होगा—कागज में लपेटे रूबी को पकड़े हुए, वह पीछे मुड़े बिना जल्दी से मुख्य सड़क की ओर बढ़ा।

स्थान कनॉट सर्कस था। मेरा मित्र अमित मेरे साथ था। मैं अगले दिन जापान लौटने वाली थी और मैं अंत में कुछ शॉपिंग करने की सोच रही थी। मैंने सोचा था कि बाकी के दो सौ डॉलर को बदल लूँगी। लेकिन शाम के समय बैंक बंद हो चुके थे। डॉलर के नोटों से सस्ती खरीदारी करना सम्भव नहीं था। इसी सोच में थी कि कहीं से एक सज्जन युवक प्रकट हुआ। उसने अमित से कहा, "चेंज मनी? हमारे यहाँ ज़्यादा रुपये मिल जाएँगे।" सही समय पर सही आदमी आ गया! बात जल्दी ही बन गई और युवक हमें कुछ मीटर आगे एक खंभे के पीछे ले गया। उसने अपनी जैकेट की जेब से एक गड्डी निकाली और हमारे सामने एक-एक करके सौ रुपये के नोट गिन कर दिखाए। तीस नोट, तीन हजार रुपये। "ठीक है?" युवक ने जोर देकर कहा और नोटों की गड्डी कागज में लपेटकर अमित को सौंप दी। अमित ने पहले उसे अपनी इनर पॉकेट में रखा और फिर मुझे डॉलर देने के लिए कहा। डॉलर लेने के बाद, युवक जल्दी से रोड के किनारे खड़ी अपनी बाइक पर बैठकर चला गया।

अमित और मेरा दिल डर से तेज धड़क रहा था। हम कुछ मीटर आगे चले। उसने डरते-डरते अपनी जेब से कागज में लिपटी हुई चीज़ निकाली और मुझे दी।

"यह बड़ी रकम है, ध्यान रखना," उसने कहा।

"शुक्रिया, तुम्हारी मदद से अच्छी खरीदारी होने वाली है," मैंने कहा और चलते-चलते कागज की पैकेट को खोला। कुछ अजीब सा महसूस हुआ। और फिर, हमने क्या देखा! बंधे हुए सौ रुपये के नोट सिर्फ ऊपर और नीचे दो ही असली थे, बीच में तो कागज ही थे!

"अरे!" कहते ही मैं चुप हो गई।

अमित मुझसे भी ज्यादा निराश हुआ। उसने अपनी आँखें फाड़ीं, अपने हाथ फैलाकर आसमान की ओर उठाया और चिल्लाया, "सब खराब हो गया।" अपने कारण ऐसी मूर्खता करने पर विलाप किया। उसने भरपाई करने के लिए भी बोला। "यह भारत के लिए शर्म की बात है," उसने कहा। मैंने सिर झुकाया क्योंकि हमने ही अवैध रूप से पैसे बदलवाने की कोशिश की थी। इसमें हमारी भी गलती थी।

घर वापस जाने के बाद, अमित की पत्नी शीला ने अपने पति को गुस्से में कहा कि "तुम बेवकूफ हो! क्या तुम नहीं जानते कि ऐसी घटनाएँ रोज होती रहती हैं, और तुम जैसे स्थानीय लोग बाहर से आए लोगों की रक्षा नहीं कर सकते, यह शर्म की बात है।" मेरे लिए और मेरे ख़ास दोस्तों के लिए यह एक बुरा अनुभव था, लेकिन एक अच्छा सबक भी मिला। फिर भी, उस आदमी ने नोट कब बदले? वह कितना कुशल जादूगर था!

भारतीय व्यापारियों की योग्यता

मैं दिल्ली में रहने वाले एक मारवाड़ी परिवार से दस साल से अधिक समय से परिचित हूँ। वह एक समृद्ध व्यापारी परिवार है। चावल और गेहूं से लेकर दालें और बाजरे जैसे विविध अनाज, तेल, चाय, मसाले और अन्य सभी प्रकार के खाद्य पदार्थों से लेकर, वस्त्र, पुस्तकें और स्टेशनरी, घरेलू सामान तक, याद रखने में असमर्थ इतने सारे प्रकार के व्यापार में लगे हैं।

हम विशेष रूप से इस परिवार के एक बेटे कुलवंत के साथ घनिष्ठ रूप से जुड़े हैं। उसके पाँच भाई-बहन हैं। लगता है कि सभी, पूरा परिवार मिलकर व्यापार करता है, यानी कि एक मल्टी-बिजनेस कंपनी को एक साथ परिवार द्वारा संचालित किया जा रहा है। कुलवंत का कहना है कि उनका परिवार बनिया जाति से है और वे परंपरागत भारतीय संयुक्त परिवार को बनाए रखने में गहरा गर्व महसूस करते हैं। अब तक, हम कुलवंत के परिवार के यहाँ बार-बार मेहमान बन चुके हैं। पहली बार मैं और मेरे पति उनके घर पर रुके थे, फिर कभी मेरे पति अकेले और कभी मैं अकेले उनके यहाँ ठहरे हैं। ज्वाइंट फ़ैमिली कहते तो हैं, लेकिन परिवार के सभी सदस्य एक ही छत के नीचे नहीं रहते हैं, बल्कि शादी के बाद अलग रहने की व्यवस्था है। हालाँकि, आय का स्रोत एक ही है। परिवार के मुखिया के पास शक्ति होती है और वे सब कुछ संभालते हैं। महत्वपूर्ण बातें इस मुखिया के साथ पारिवारिक बैठक में तय की जाती हैं।

परिवार मूल रूप से पश्चिमी राजस्थान क्षेत्र, मारवाड़ से है। परदादा के समय में उत्तरी दिल्ली में आकर बस गए। मारवाड़ी कहे जाने वाले ऐसे लोगों को, भारत के यहूदी व्यापारियों के रूप में भी जाना जाता है, और वे अपनी व्यापारिक प्रतिभा के लिए प्रसिद्ध हैं।

उनकी व्यापारी स्थिति तो जो भी हो, कुलवंत और उनके परिवार के साथ हम लोग मेलजोल रखते हैं। अगर कुलवंत को पता चले कि हम दिल्ली में होटल या दोस्तों के घर में ठहरे हुए हैं, तो वे तुरंत अपनी कॉन्टेसा क्लासिक या स्टैंडर्ड 2000 (भारत की लक्ज़री कार) भेजते हैं। और कहते हैं, "ब्राह्मण महोदय, कृपया हमारे घर में अपनी चरण रज डालिए।" वे हमें अपने घर में ठहरने के लिए खासतौर से आमंत्रित करते हैं। उनके द्वारा बुलाया गया 'ब्राह्मण' मेरे पति को संबोधित होता है। मैं तो बस एक अतिरिक्त हूँ। मुझे खुद को महत्वपूर्ण दिखाने का कोई अधिकार नहीं है। मैं इसके लिए ईर्ष्या नहीं करती हूँ। हिन्दू समाज में यह एक अच्छी तरह से समझने योग्य अवधारणा है।

उनका घर परिवार के साझा अपार्टमेंट के एक हिस्से में है। वे पत्नी नंदिता और दो बच्चों के साथ रहते हैं। नंदिता एक आज्ञाकारी पत्नी हैं जो अपने पति की सेवा करती हैं, और बच्चों के लिए एक गरिमापूर्ण माँ हैं। वे भी मारवाड़ी परिवार से आई हैं। उनके पारिवारिक सिस्टम और जीवन शैली को बनाए रखने में सक्षम होने वाली महिलाएँ केवल उनके गृहनगर से आने वाली होती हैं। लगता है कि दोनों परिवारों के माता-पिता की निर्णय में कोई गलती नहीं थी। "माता-पिता द्वारा चुनी गई महिला ही अच्छी होती है," कुलवंत ने जोर देकर कहा। उनके नजरिए से हम जैसे अंतरराष्ट्रीय विवाह करने वाले तो बिलकुल ही गलत रास्ते पर होंगे। फिर भी वे हमें अपने घर पर आमंत्रित करते हैं, इसके लिए हम उनके आभारी हैं।

उनके घर में एक बड़ा अतिथि कक्ष है जिसमें एक बाथरूम, एक फ्रिज, टीवी के साथ-साथ कॉफी मेकर भी है। खाने के मामले में, चूँकि वे पूर्ण शाकाहारी हैं, तो मांस-मछली तो क्या, अंडे तक उनके यहाँ नहीं बनते हैं। इसके बजाय, दूध, दाल, और सब्जियों का उपयोग करके बनाया गया खाना परोसा जाता है। चपाती भी सामान्य नहीं है। इसमें बाजरा मिलाया जाता है और इस पर घर का बना घी खूब लगाया जाता है। भले ही नौकर हों, लेकिन खाना बनाने की जिम्मेदारी घर की महिलाओं की होती है। मालिक और मेहमानों को गरमा गरम खाना परोसने के कारण वे खुद खाने की मेज पर बैठने का समय नहीं निकाल पातीं।

बगीचे के बजाय, यहाँ 160 वर्ग मीटर से अधिक का एक टेरेस है। सफेद गार्डन कुर्सियाँ और टेबल सजी हुई हैं। वहाँ आराम करते हुए चाय पीना सुखद अनुभव देता है। लेकिन एक अजीब बात यह है कि यह टेरेस पूरी तरह से लोहे की ग्रिल से घेरा हुआ है। यह चोरी से बचने के लिए है, हरे बेलों को उगाने के लिए

नहीं। ग्रिल पर अरेबिक पैटर्न बने हैं और इसे सफेद पेंट से रंगा गया है, लेकिन चाहे आप सामने देखें या ऊपर की ओर, मजबूत लोहे की ग्रिल एक बड़े पिंजरे में बंद पक्षी की भावना देती है। बेशक, घर की हर खिड़की में लोहे की ग्रिल लगी हुई है।

अमीर कुरवंत परिवार का आतिथ्य उत्तम स्तर का है। हम भी बिना किसी शर्त के उनके यहाँ नहीं ठहरे हैं। मेरे घर में भी हमेशा उनका स्वागत किया जाता है। और उनके द्वारा हमें विदेशी मुद्रा जुटाने का अनुरोध दिया गया है। पहली बार यह अनुरोध सुनकर मैंने सोचा कि यह खतरनाक भी हो सकता है। लेकिन वह उतना बड़ा मामला नहीं था। उनका प्रस्ताव ऐसा था—दिल्ली में, या भारत में हमारी खरीदारी का भुगतान कुलवंत करेंगे, और बदले में जापानी येन हम उनको देंगे। वैसे भी, हम यहाँ शॉपिंग करने वाले हैं, तो फिर यह एक अच्छा सौदा लगा। उन्होंने जापानी येन जापान आने पर लेने के लिए कहा। तब विदेशी मुद्रा विनिमय शुल्क की जरूरत नहीं होने से हम दोनों पैसे बचा सकते हैं, बहुत अच्छा—ऐसा सोचकर मैं और मेरे पति अच्छे मूड में भारत में खूब ख़रीदारी करते थे।

इस प्रकार एक साल बीत गया, और फिर दूसरा साल भी। कुलवंत जापान नहीं आ रहे थे। "कब पैसे देने हैं?" मैंने कभी-कभी उनसे पूछा। "अरे, कोई बात नहीं, आराम से, कभी न कभी" कहकर उन्होंने बात टाल दी गई। आखिरकार तीन साल बीत गए।

1993 के एक दिन, दिल्ली से ओसाका के हमारे घर पर एक फोन आया। अब तक की खरीदारी का कुल योग, लगभग दस लाख येन तुरंत भेजने के लिए कहा गया। हमें खरीदारी के विस्तृत विवरण याद नहीं थे। हिसाब तीन साल पहले की विनिमय दर के अनुसार ही तैयार किया गया है। हमारे ब्राह्मण बाबू को तो छोटी-छोटी गणनाएँ करना पसंद नहीं है। वे इसे अपनी प्रतिष्ठा के खिलाफ मानते हैं और वे अपने दोस्त के कहने में संदेह नहीं करना चाहते थे। इन तीन सालों में, येन की कीमत दोगुनी से अधिक हो गई। यानी, अगर शुरू से ही हमने डॉलर में भुगतान करने का निर्णय लिया होता, तो हमें आधी राशि ही देनी पड़ती। क्या चालाकी है! वे निस्संदेह मारवाड़ी हैं।

ताज एक्सप्रेस से आगरा तक की यात्रा

यह सभी सहमत होंगे कि दिल्ली से निकट पर्यटन स्थल ताजमहल ही है जो दिल्ली से दो सौ किलोमीटर दूर आगरा में यमुना नदी के दक्षिणी किनारे लगभग है। नई

दिल्ली स्टेशन से निकलने वाली ताज एक्सप्रेस पूरे साल, भारतीय यात्रियों के साथ-साथ, दुनिया भर से आए विदेशी पर्यटकों को भी लगातार आगरा ले जाती है। तीन घंटे से कम समय में पहुँचने के कारण, बिना रुके एक दिन की यात्रा भी सम्भव है। बेशक, जेट विमान भी उड़ान भर रहे हैं और बहुत से लोग बसों और टैक्सी का उपयोग भी करते हैं। जो भी परिवहन साधन आप चुनें, उसमें अपनी एक विशेषता और मज़ा होगा।

आगरा में ताजमहल।

सुबह सात बजकर पाँच मिनट पर रवाना होने वाली ताज एक्सप्रेस पर्यटन लोगों से भरी हुई थी। यह एक अंतरराष्ट्रीय सैलून की तरह खिल उठी थी। पिछली सीटों पर बैठा ग्रुप अमेरिका से आए युवाओं का था। उनमें अफ्रीकी-अमेरिकी, एशियाई मूल के लोग भी थे। जींस और टी-शर्ट पहने हुए वे निश्चित रूप से कॉलेज के छात्र होंगे। वे हँस-हँस कर जोर से बोल रहे थे लेकिन वे गम्भीर छात्र भी लग

रहे थे। शिक्षक के नेतृत्व में वे पूर्व की यात्रा पर आए होंगे। इसके अलावा, फ्रांसीसी लोगों के समूह और जर्मन लोगों के समूह भी थे। समूह के नेता या अगुवा झंडा लहराकर समूह को एकजुट कर रहे थे। ट्रेन में लम्बे कद के पगड़ी बांधे सिख और सलवार-कमीज पहने हुए महिलाएँ बहुत दिखाई दीं। ताजमहल में इबादत करने जाने वाले मुसलमान भी बहुत थे। उनके लिए, यह सामान्य पर्यटकों की तरह नहीं, बल्कि औपचारिक होता है।

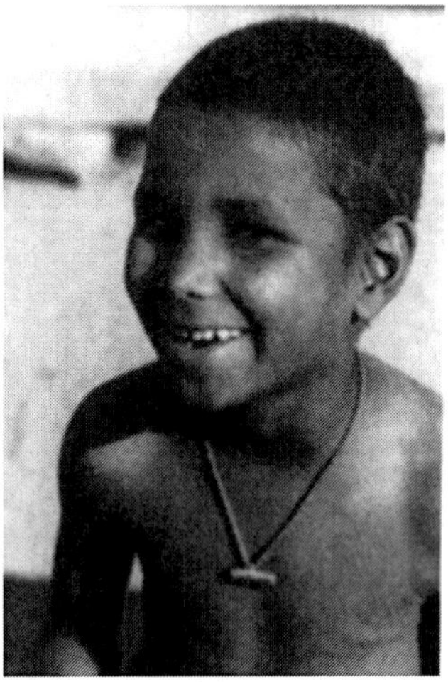

गरीब होते हुए भी दिल्ली और आगरा के बच्चों की मुस्कान खिल रही थी। पीतल का लाकेट जिसे इस लड़के ने गले में पहना हुआ है, वह इस लड़के की रक्षा करता है और माँ-बाप का इसके प्रति प्रेम दिखाता है।

जापानी यात्री भी ट्रेन में दिखे। युवा महिलाओं के समूह में मिनी स्कर्ट, शॉर्ट पैंट्स, या तो फिर ज़मीन को छूते हुए लम्बे स्कर्ट, या जींस पहनी हुई थीं। निचले वस्त्र पर ध्यान दिया जाता है, क्योंकि इस देश में महिलाओं का पैर, विशेष रूप से जाँघों को लोगों के सामने प्रदर्शित करना निषेध है। अजीब नज़रों से न देखी जाएँ, अजीब स्थिति में न पड़ जाएँ, ऐसी चिंता के साथ लड़कियों को देख रही थी। उनके पास जाकर सलाह देने का मन हुआ, लेकिन शायद, "परेशान करने वाली अजीब औरत है, आपसे क्या संबंध है" जैसी प्रतिक्रिया मिलने की भी आशंका थी।

"ट्रेन की सीटें उम्मीद से ज्यादा सुन्दर हैं!"

"इधर बेहतर है न"

खाली सीट देखकर ख़ुशी से झूम रही थीं। बाहर की खिड़की से भूखे बच्चे को हाथ बढ़ाते हुए देखकर

"वाह, फिर से आ गए, जल्दी से खिड़की बंद करो! पीछा नहीं छोड़ते, कभी खत्म नहीं होता, बिलकुल..."

"अरे, तुम्हारे पास कैंडी है क्या? वह बेहतर होगी, पैसों से। देख, न मिले तो नहीं जाएगा..." आपस में ज़ोर से बोल रही थीं जैसे कि कोई नहीं सुन रहा है।

गलियारे के उस पार वाली सीटों पर जापानी चेहरे वाले दो सज्जन और एक साड़ी पहने महिला बैठी थीं। वह एक बड़ी आँखों वाली प्यारी बच्ची को गोद में लिए हुए थे। जब बच्ची को देख रही थी, तो उम्रदराज लगने वाले सज्जन ने पूछा कि "आपनि कि आसामी? (क्या आप असम से हैं?)" और फिर बंगाली में बातचीत करने लगे। "जापानी हूँ।" मेरा जवाब सुनकर वे आश्चर्यचकित होकर बोले, "मैंने सोचा था आप असमी, नेपाली या पहाड़ी होंगी।" और उन्होंने अपना नाम 'दत्त' के साथ परिचय मुझे दिया। वे लोग असम के रहने वाले थे और चाय बागान में काम करते थे। दत्त जी ने अपनी पत्नी और साले का परिचय भी कराया।

कहने की ज़रूरत नहीं कि असम, दार्जिलिंग के साथ, चाय के उत्पादन के लिए प्रसिद्ध है। पूरे भारत के उत्पादन का दो-तिहाई हिस्सा असम में है, और कहा जाता है कि वहाँ एक हजार से अधिक प्लांटेशन हैं। असम एक बहुत ही विशाल क्षेत्र है जिसके उत्तर में भूटान, सिक्किम, चीन लगा हुआ है और पूर्व में म्यांमार से जुड़ा हुआ है। मानवशास्त्रीय दृष्टिकोण से मंगोलियाई जाति के होने के कारण, असम के लोग और जापानी लोगों का एक जैसा दिखना स्वाभाविक है।

जब मैंने कहा कि मैं अभी तक असम नहीं गई हूँ, तो दत्त जी ने तुरंत गुवाहाटी का अपना पता लिखकर दिया। और उन्होंने चाय बागान और प्रसिद्ध एक सींग वाले गैंडे के आवास स्थल का भी दौरा कराने के लिए कहकर मुझे आमंत्रण दिया। उन्होंने दो हफ्ते की छुट्टी लेकर कोलकाता के रास्ते राजधानी एक्सप्रेस से दिल्ली के लिए यात्रा की। और दिल्ली से आगरा के लिए जा रहे थे। जब मैंने सुना कि 2500 किलोमीटर से अधिक की पूरी यात्रा वे ट्रेन से ही कर रहे थे, तो मैं चकित रह गई। बच्चे के साथ लंबी यात्रा आसान नहीं होगी। मदद के लिए पत्नी के भाई भी साथ में आए होंगे। भारत एक विशाल देश है इसलिए ट्रेन में एक-दो रात बिताना आम बात है। फिर भी बच्चे के साथ यात्रा करना कठिन है।

एक बार हमें भी हमारी छह महीने की बेटी के साथ मुंबई से कोलकाता तक लगभग दो हजार किलोमीटर की रेलगाड़ी यात्रा करने का अनुभव है। हमने एक टॉयलेट और शावर सहित कम्पार्टमेंट लिया, जहाँ हमने डायपर धोने और सुखाने का काम तक किया। यह दो रात की बड़ी यात्रा थी। अब तो सुविधाजनक डिस्पोजेबल डायपर्स मिलते हैं। दत्त जी ने कहा कि सिर्फ़ यात्रा के दौरान इसका उपयोग करते हैं।

समय पर निकली हुई ट्रेन धीरे-धीरे चल रही थी। दिल्ली के शहर को पार करते ही, दृश्य बदल गया। क्षितिज तक फैले हुए घास के मैदान और जंगल नजर आए थे। कभी-कभी, सूरज में चमकती हुई झीलें दिखाई दे रही थीं, जहाँ छोटे-बड़े अनगिनत पक्षी उड़ रहे थे। पानी पर खड़ा सारस, पीली चोंच वाला सारस, बगुले, और जिनके नाम मुझे नहीं पता है अन्य सफेद, काले, पीले, गुलाबी आदि रंगों के पक्षी मौजूद थे। इस प्रकार के पक्षी और जानवरों का झुंड भारत यात्रा को बहुत ही रोमांचक बनाता है। लगभग तीन घंटों के बाद ट्रेन आगरा कैंट स्टेशन पहुँच गई। अमेरिकी युवा समूह पाँच-छह गाड़ियों की छत तक समान रखकर बाय-बाय कहकर चले गए। दत्त फैमिली के साथ फिर मिलने का वायदा करके हम भी निकल पड़े। हमारी टैक्सी ताजमहल की ओर काली चौड़ी सड़क पर चल पड़ी।

परिवर्तन का शहर : लखनऊ

तीन संस्कृतियों का संघर्ष और मिलन

लखनऊ उत्तर प्रदेश राज्य की राजधानी है। यह दिल्ली और कोलकाता के बीच रेलवे मुख्य लाइन पर स्थित है, और दिल्ली से लगभग दस घंटे की दूरी पर है। यहाँ से सात घंटे की रेल यात्रा में बनारस पहुँच सकते हैं, जो विदेशियों के लिए भी बहुत प्रसिद्ध हिंदुओं का तीर्थ है। हालाँकि लखनऊ, कम से कम सामान्य पर्यटकों की योजना से बाहर प्रतीत होता है। अगर यहाँ मेरे कोई रिश्तेदार नहीं होते, तो शायद मैं यहाँ कभी नहीं आती।

बारिश में धुंधले लखनऊ स्टेशन पर उतरते समय, गहरी रात हो चुकी थी। मेरे पति के चाचा हमें ढूँढ़ते हुए दौड़कर आए थे। वे सुन्दर और वृद्ध सज्जन थे। लखनऊ का स्टेशन विशाल और ऊँची छत वाला था, जहाँ बड़े-बड़े मेहराबदार स्तम्भ लगे हुए थे। राजधानी होने के नाते भी, परिसर में लोगों की संख्या कम थी। हम लोग स्टेशन के सामने खड़ी कार में बैठकर सीधे शहर के उत्तर में स्थित चाचा के घर की ओर चल पड़े।

बारिश की फुहारों को झेलती हुई कार की खिड़की से देखा गया लखनऊ का शहर, शांत और सुन्दर था। आरामदायक सड़कें और व्यवस्थित एवेन्यू। यहाँ और वहाँ जलते हुए स्ट्रीट लैम्प्स, कभी-कभी, लाल ईंट की इमारतों को धुंधला कर देते थे। अन्य महानगरों की तरह का शोर और भीड़ नहीं दिखाई दी। शांत और शिष्ट इस शहर पर, भारत में होने के बजाय, लंदन के उपनगर या ऑक्सफोर्ड में आए होने का अनुभव हुआ था। वास्तव में, लखनऊ ब्रिटिश हवा को पूरी तरह से सोखकर बड़ा हुआ है। यह शहर उन्नीसवीं सदी के मध्य से, भारत के 1947 में स्वतंत्र होने तक, लगभग एक शताब्दी तक पूर्णत: ब्रिटिश शासन के अधीन रहा और ब्रिटिश सेना के छावनी क्षेत्र (कैंटोनमेंट) के रूप में सबसे महत्वपूर्ण स्थान था। उस समय में, वर्तमान की व्यवस्थित सड़कें, प्रमुख मार्ग, सरकारी भवन, विश्वविद्यालय, अस्पताल,

विक्टोरिया पार्क, न्यायालय, जेल आदि बनाई गईं और इसे राजधानी घोषित किया गया। और यह वही शहर है जिसने ब्रिटिश नीतियों के खिलाफ भारतीय स्वतंत्रता संग्राम की शुरुआत की थी।

हालाँकि, लखनऊ का इतिहास अंग्रेजों के आगमन से बहुत पुराना है, जब हिन्दू और मुस्लिम ताकतें एक दूसरे के साथ लड़ रही थीं। यह एक अनूठे शहर के रूप में विकसित हुआ। इसका इतिहास भारतीय राष्ट्रीय महाकाव्य 'रामायण' तक जाता है। प्राचीन काल में इसे राम के भाई लक्ष्मण द्वारा बनाया गया लक्ष्मणपुर कहा जाता था। बाद में अफगानिस्तान से आए महमूद के नेतृत्व में गजनी वंश की सेना द्वारा इस पर कब्जा कर लिया गया। तभी से, इसे लखनऊ कहा जाने लगा। मध्यकाल में सत्ता के संघर्ष का केंद्र भी बना। फिर यह मुगल साम्राज्य के तीसरे सम्राट अकबर (1556-1605) के समय पर अपने चरम पर पहुँच गया। यह ज्ञानी सम्राट एक मुसलमान होते हुए भी, हिन्दू राजकुमारी को अपनी पत्नी के रूप में लाए, और इन दो प्रतिद्वंद्वी धर्मों के मेल को बढ़ावा दिया। उन्होंने मंगोल, तुर्क, और अफगान के साथ भी एकीकरण का प्रयास किया, जिससे एक विशाल साम्राज्य की स्थापना की। सम्राट के परपोते औरंगजेब (1658-1707) ने इस शक्ति को आगे बढ़ाया। लेकिन वह एक कट्टरपंथी मुसलमान था, जो इस्लाम के अलावा किसी और धर्म को स्वीकार नहीं करता था और उसने हिंदुओं को बड़े अत्याचार किए। इस कारण, विभिन्न स्थानों पर हिंदुओं द्वारा विद्रोह हुए, और 1707 में औरंगजेब की मृत्यु के साथ ही मुगल साम्राज्य का पतन होने लगा। औरंगज़ेब की मृत्यु के बाद, पर्शिया से आए नादिर शाह ने दिल्ली पर आक्रमण किया था। उसके बाद भी यह आक्रमण का केंद्र बना रहा। सत्रहवीं शताब्दी के उत्तरार्ध में, अयोध्या के नवाब ने अपनी जागीर को फैजाबाद से लखनऊ में स्थानांतरित कर दिया और तब से यहाँ नवाब के राज्य के रूप में समृद्धि आई। लेकिन नवाब का राज्य भी 1857 में ब्रिटिश साम्राज्य के अधीन हो गया और 1947 में स्वतंत्रता तक ब्रिटिश शासन में बना रहा।

'पथेर पांचाली' और 'अपराजित' जैसी प्रसिद्ध फिल्मों के लिए जाने जाने वाले निर्देशक सत्यजित राय की फिल्म 'शतरंज के खिलाड़ी' (1977) में उस समय की परिस्थितियों को चित्रित किया गया है। यह आधुनिक हिन्दी साहित्य के अग्रणी प्रेमचंद की मूल कृति 'शतरंज के खिलाड़ी' का फिल्मीकरण है। लखनऊ को पृष्ठभूमि बनाते हुए, यह अवध के राज्य को दिखाता है, जहाँ विलासिता में डूबे केवल शतरंज में रुचि रखने वाले मौज़ूद थे। ऐसे राज्य पर ब्रिटिश आक्रमण और

उसकी विजय की कहानी है। मैंने यह फिल्म कुछ साल पहले ओसाका में देखी थी, और इसके माध्यम से लखनऊ के शानदार दरबारी युग और अभिमानी अवध के पतन की झलक मिली।

जैसा कि ऊपर उल्लेख किया गया है, लखनऊ हिन्दू, इस्लाम और ब्रिटिश राज के सघन मिश्रण से बना एक दिलचस्प शहर है, जहाँ प्रत्येक संस्कृति की विशेषताएँ अभी भी अपने निशान छोड़कर इमारतों, रीति-रिवाजों, और लोगों के जीवन पर प्रभाव डाल रही हैं।

ब्रिटेन के साथ युद्ध के निशान

लखनऊ, भारत में ब्रिटिश उपनिवेश के समय सबसे महत्वपूर्ण शहर था। नवाबों के साथ फल-फूल रहे अवध राज्य पर अंग्रेजों का कब्जा 1856 में हुआ था। ब्रिटेन ने ब्रिटिश साम्राज्यवाद पर आधारित संविधान को बनाने की कोशिश की। लेकिन भारतीय नागरिकों ने सोचा कि यह पूरी तरह से भारतीय क़ानून और धर्म के स्वरूप को बदल देगा। तब लखनऊ में भारत के अन्य क्षेत्रों से पहले ब्रिटेन के खिलाफ प्रतिरोध की चिंगारी फूट पड़ी। सर हेनरी लॉरेंस उस समय के एडमिरल थे, और उनका निवास लखनऊ के उपनगर में था, जिसे रेजिडेंसी कहा जाता था। भारतीय जनता का पहला विद्रोह इस एडमिरल निवास पर आक्रमण करने में हुआ था।

1857 के जून में, रेजिडेंसी पर घेराबंदी का हमला हुआ। सर लॉरेंस को गम्भीर चोटें आईं, और दो दिन बाद उनकी मृत्यु हो गई। ब्रिटिश पक्ष ने, सैनिकों के अलावा महिलाओं और बच्चों सहित भारत में ब्रिटिश नागरिकों और यूरोपीय लोगों आदि लगभग 3000 लोगों ने मिलकर इसका मुकाबला किया। भारी संख्या में लोग घायल हुए और अनेक मौतें भी हुईं साथ ही ब्रिटिश पक्ष की जीत हुई, और विक्टोरिया क्वीन को भारत का शासक घोषित कर दिया गया। ब्रिटिश साम्राज्यवाद की शक्ति और भी मजबूत हो गई, और लखनऊ को ब्रिटिश सेना के कैंटोनमेंट के रूप में महत्व दिया गया। यह लड़ाई भारतीय इतिहास में एक अविस्मरणीय घटना बन गई। भारत इस समय हार गया हो, लेकिन यह बाद में स्वतंत्रता की ओर पहला कदम समझा गया। इस तीव्र विद्रोह का शुरुआती केंद्र एडमिरल निवास अब लखनऊ में एक प्रतिष्ठित स्थान के रूप में माना जाता है।

मूल रूप से, ब्रिटेन भारत के उच्चवर्गीय समाज और उच्च कोटि के अधिकारियों के समर्थन करने की नीति अपना रहा था। इसलिए लखनऊ के नवाब के साथ भी

उनके संबंध अच्छे थे। यह रेजिडेंसी भी नवाब सआदत अली खान का एक महल था जो उनके द्वारा अंग्रेजों को स्वयं प्रदान किया गया था। 'बेली' नामक मुख्य द्वार से रेजिडेंसी में प्रवेश करने पर, धीरे-धीरे मुड़ता एक विस्तृत मार्ग है। वहाँ सुन्दर पार्क जैसा दृश्य दिखता है। मार्ग के दोनों ओर, गुलाब के बाग और दूर तक फैले हरे-भरे घास के मैदान हैं, और कुछ सफेद गायें आराम से लेटी हुई हैं। बड़े बरगद के पेड़ के नीचे ठंडी छाया है और लाल, बैंगनी, नारंगी रंग के बोगनवेलिया चारों ओर खिले हुए हैं। इसके पीछे, एडमिरल की बड़ी हवेली खड़ी है। मजबूती से बनी लाल ईंटों की दीवारें बुरी तरह से आधी ढह चुकी हैं जिससे 1857 के विद्रोह की ताकत का पता चलता है।

हवेली के प्रवेश द्वार पर अंग्रेजों द्वारा इस्तेमाल की गई तोपें कतार में लगी हुई हैं। और अन्दर जाते ही, सामने, शोक गीत का एक पैनल लगा हुआ दिखाई देता है जो यहाँ लड़े सैनिकों या शरण लेने वाली महिलाओं और बच्चों की आत्माओं को समर्पित किया गया। अन्दरूनी हिस्सा काफी नष्ट हो चुका है। बची हुई दीवारों पर ब्रिटिश सेना के बहादुर सैनिकों की लड़ाई को दर्शाने वाले चित्र, वर्णन सहित लगे हुए हैं। सर्पिल सीढ़ियों से नीचे उतरने पर एक बड़ा तहखाना है। यहीं पर महिलाओं और बच्चों ने शरण ली होगी। खुले हुए रोशनदान से नीला आकाश दिखाई देता है और यह जगह पूरी तरह से शांत है। उस समय के ब्रिटिश एडमिरल का विलासिता पूर्ण जीवन और दुखद युद्ध का दृश्य, अब बहुत कम लोग ही जानते हैं।

नवाब का बड़ा मकबरा

उस दिन निरभ्र आसमान था जब हमने लखनऊ शहर में सबसे प्रमुख दर्शनीय स्थलों में से एक, नवाब आसफ-उद-दौला का इमामबाड़ा देखने का निर्णय लिया। यह विशाल इमारत नवाब द्वारा अठारहवीं शताब्दी में बनवाया गया एक स्मारक है, जो इस्लाम धर्म के संस्थापक, पैगंबर मुहम्मद के वंशज, अली और उनके बच्चों की हत्या के शोक में बनाई गई थी। यहाँ नवाब का मकबरा भी है। मकबरे की बात करें तो, विश्व की स्थापत्य कला में अग्रणी माने जाने वाले आगरा के ताजमहल को शाहजहाँ ने अपनी प्रिय पत्नी मुमताज़ महल की याद में बनवाया था। पुनर्जन्म में विश्वास न करने वाले इस्लाम धर्म में कब्रों को बहुत महत्व दिया जाता है। उनकी विशालता और सौंदर्य अन्य किसी भी स्थापत्य में नहीं मिलती है।

मोटे गोल गुंबद वाले द्वार से गुजरने के बाद आगे सामने लाल-भूरे और क्रीम रंग का खूबसूरत इमामबाड़ा शानदार दिखता है। इमारत के दोनों ओर समानता थी।

इसकी ज्यामितीय सुन्दरता और सटीकता में कोई कमी नहीं निकाल सकता। लाल मिट्टी और गहरे नीले आसमान की अद्‌भुत पृष्ठभूमि में, गहरे हरे रंग के देवदार के पेड़ और आकाश की ओर लंबवत फैले हुए सफेद तने वाले ताड़ के पेड़ बहुत ही अद्वितीय दिखाई दिए। पर्यटक कुछ ही थे और प्रवेश द्वार के पास कुछ गाइड इधर-उधर घूम रहे थे। लखनऊ की विशेष पोशाक कुर्ता और सलवार पहने एक गाइड बिना पूछे हमारे साथ आ गया। उसने हमें जूते उतारने के लिए कहा। दूसरा आदमी कहीं से आकर जूते ले गया। मार्बल ठंडा और सुखद लगा। गाइड ने पूछा, "हिन्दी में, उर्दू में या अंग्रेजी में, मैं कौन-सी भाषा में आपको समझाऊँ?" हमने तुरंत जवाब दिया कि अंग्रेजी में बताइए।

अन्दर आते ही पहला हॉल बहुत विशाल था, जहाँ अनगिनत झूमर ऊँची छत से लटके हुए थे। चूंकि यह स्थान अब भी नमाज़ियों के इज्तिमा के रूप में इस्तेमाल किया जाता है, इसलिए सुबह और शाम को इमाम कुरान का पाठ करते हैं। नमाज़ अदा करते समय इन झूमर में एक साथ रोशनी जल उठती है। विभिन्न रंगों के स्टेन्ड ग्लास जैसे झूमर की चमक, सपने जैसी सुन्दर है। हॉल का आकार लंबाई में पचास मीटर, चौड़ाई में सोलह मीटर और ऊँचाई लगभग पंद्रह मीटर है। यह दुनिया में सबसे बड़ी गोल छत वाला कमरा माना जाता है। हॉल के मध्य में पत्थरों का एक चबूतरा है, जहाँ पर नवाब आसफ-उद-दौला का ताबूत रखा हुआ है। मोटी चांदी की जाली से घिरे मार्बल के पत्थर को वाइन रंग के वेलवेट कपड़े से ढका गया है। आगे नवाब की पगड़ी रखी गई है, जो सोने की लेस वाले रेशम से बनी है जिसमें एमराल्ड और रूबी जड़े हुए हैं।

नवाब के साम्राज्य के समय, 1784 में, लखनऊ क्षेत्र भयानक अकाल की चपेट में आ गया था। कहा जाता है कि इससे लोगों को राहत देने के लिए नाबाव ने इस इमामबाड़ा के निर्माण की योजना बनाई थी। इसके डिजाइन के लिए उस समय के प्रमुख वास्तुकारों को चुना गया था, परंतु श्रमिक ज्यादातर अनुभवहीन थे, जिनको नवाब ने अग्रिम वेतन दिया था। सीधी खड़ी सीढ़ियों से दूसरी मंजिल पर पहुँचते ही, हॉल के चारों ओर पत्थरों से बनी सीटें दिखाई देती हैं। वहाँ ठीक तीन सौ पैंसठ सीटें हैं, जो रानियों के लिए आरक्षित थीं। इसका मतलब यह है कि नवाब सालभर में हर दिन एक नई महिला का रानी के रूप में अभिनंदन करते थे। वे रानियाँ इन सीटों से नीचे वाले कमरे में होने वाली नमाज़ और धार्मिक क्रियाओं में भाग लेती थीं। यह कुछ तरह से थिएटर के रॉयल बॉक्स की तरह है, जहाँ मध्य की बॉक्स सीट सबसे

बड़ी और सुन्दर नक्काशी वाली है। यह प्रधान महारानी के लिए विशेष आसन था। तीन सौ पैंसठ सुन्दर रानियों का एक साथ आना कैसा लगता होगा!

यहाँ पर गाइड ने हमें एक प्रयोग दिखाया। "कागज का टुकड़ा फाड़ कर देखिए", उसने कहा। वह विपरीत तरफ की सीट पर बैठा और माचिस जलाई। जैसे ही कागज फटा, उसी समय आग बुझ गई। कागज को फाड़ने से उत्पन्न हवा के कंपन से आग बुझ गई थी। सुना है कि यह वॉल्टेड हॉल में ही देखने को मिलने वाली घटना है। और, इस विशिष्ट बॉक्स के पीछे का हिस्सा भी देखने लायक है। वहाँ भूलभुलैया के नाम से विख्यात एक गुप्त गलियारा है। यह ऊपर नीचे दाएँ बाएँ खुला हुआ है, और पूरी तरह से यहाँ अंधेरा है। मानो, एक विशाल चींटी के बिल में फेंक दिए गए हों। गाइड ने हमें अपनी टॉर्च से रास्ता दिखाया। उस समय, साथियों के बीच में भी गुटबाजी आम बात थी। सरदारों की हत्या भी असामान्य बात नहीं थी। कहा जाता है कि यह गलियारा षडयंत्रकारियों को चकमा देने के लिए बनाया गया था। लेकिन कभी-कभी कुछ धृष्ट व्यक्ति भी होते थे जो सुन्दर रानियों के साथ अभद्र व्यवहार करने की कोशिश करते थे। यदि मैं इस रहस्यमयी और अंधेरी भूलभुलैया में अकेली छोड़ दी जाऊँ, तो यह कितना डरावना होगा।

हम छत पर आ गए। अंधेरे से बाहर आकर इसकी विशालता और भी अधिक स्पष्ट दिखाई दी। चारों ओर आर्च वाली खिड़कियाँ थीं, जिनसे लखनऊ का पूरा दृश्य दिखाई दिया था। धीरे-धीरे ऊँचाई पर चढ़ते हुए पहाड़ियाँ, बलखाती हुई बहती सुन्दर नदी, और हरे भरे पेड़ों के बीच में जगह-जगह पर मस्जिदें और मकबरे बिखरे हुए थे। मिनिएचर पेंटिंग में दिखाई देता इस्लामी परिदृश्य, अब मेरे सामने जीवंत रूप में फैला हुआ था। ऐसा लगा था मानो हम सोलहवीं शताब्दी के समय की यात्रा कर गए हों।

कपड़े सिलवाने की प्रथा

लखनऊ इस्लाम, हिन्दू और पश्चिमी इतिहास का संगम है। इसलिए यहाँ के रीति-रिवाज विभिन्न रूपों में मिश्रित और सुविकसित हुए हैं। यहाँ के शिष्टाचार बहुत विनम्र और रईसाना हैं। ट्रेन में चढ़ने वाले लोग "पहले आप" कहकर एक दूसरे को जगह देकर आदर का प्रदर्शन भी कर रहे थे, इसी बीच ट्रेन छूट गई थी—ऐसा किस्सा सिर्फ लखनऊ में ही सुनने को मिलता है। यह क्षेत्र उर्दू भाषा का गढ़ है। भारत की कई भाषाओं में से, फारसी और संस्कृत को अपनी जननी मानने वाली

यह भाषा, हिन्दुस्तानी के नाम से भी जानी जाती है, जो सबसे उच्चतम और सुन्दर भाषा है। उर्दू साहित्य एक ऊँचे स्तर का साहित्य है।

मैंने लखनऊ की यात्रा में, पश्चिमी कपड़ों या साड़ी की बजाय, कमीज और सलवार या चूड़ीदार सलवार ही पहनने का निर्णय लिया। तब सबसे पहले मुझे दर्जी के पास जाने की ज़रूरत थी। मुख्य सड़क को पार करके, कुछ किलोमीटर जाने के बाद चौक बाजार आता है। यह इलाका नवाब आसफ-उद-दौला के समय में बनाया गया था, इसलिए यह दो सौ से अधिक वर्ष पुराना है। सड़कें संकरी और उलझन भरी हैं। दोपहर में वाहनों के प्रवेश पर प्रतिबंध दिखाने वाला बोर्ड लगा होता है। दुकानें जमी हुई हैं, जिसमें चिकनकारी, सोने चांदी, साड़ी, खाद्य सामग्री, बैग, लोहे के सामान आदि बेचे जाते हैं। दर्जी की दुकान सादगी से बनी है। संकरे प्रवेश द्वार से अन्दर जाने पर, कुछ सिलाई मशीनें हैं, जहाँ युवा पुरुष मशीन चलाते हैं, कपड़े काटते हैं, और पैर रखने की भी जगह नहीं होती। लम्बे दुकानदार ने मेरा अदब से स्वागत किया और मुझे पर्दे से अलग किए गए कोने में ले गया। एक और युवा सहायक भी वहाँ आ गया। कंधे और कद को नापना तो ठीक है, लेकिन जब वे जांघ और पिंडली पर भी नापने लगे, तो मुझे बहुत असहज महसूस हुआ। मैं जानती तो हूँ कि चूड़ीदार सलवार सिलवाने के लिए नाप देना जरूरी था, पर ...।

दर्जी ने कहा, "मैं इसे कल दोपहर तक तैयार कर दूंगा।" मैंने कई चीजें बनाने के लिए कहा था, लेकिन इतनी जल्दी मिल जाएँगी! सिलाई का खर्चा 1970 के दशक में पंद्रह रुपये प्रति सेट था, और 1990 के दशक में साठ रुपये (1800 येन) था। बेशक, स्थान, दुकान और कपड़े के आधार पर काफी अंतर होता है। फिर भी, जापान की तुलना में यह इतना सस्ता है कि कोई जापानी विश्वास नहीं करेगा। लेकिन जीवन स्तर को देखकर मुझे लगता है कि स्थानीय भावना से यह लगभग दस गुना के बराबर होता है। यानी 1800 जापानी येन यहाँ के लिए लगभग अठारह हजार येन के बराबर है, जिसे सस्ता नहीं कहा जा सकता। भारत घूमने आए मेरे अमेरिकी दोस्त, ऑर्डर पर बने रेशम के बढ़िया सूट पहनकर बच्चों की तरह खुशी से उछल पड़े। "जीवन में पहली बार मैंने ऐसी शानदार पोशाक पहनी है, और अपने देश में इसकी कल्पना भी नहीं कर सकता," ऐसा कहकर उन्होंने बड़े-बड़े ऑर्डर दिए। बाहरी लोगों के लिए तो यह सस्ता हो सकता है, लेकिन जो भारतीय एक रुपये के लिए पसीना बहाकर काम करते हैं और मुश्किल से ही अपनी भूख मिटा पाते हैं, उनके लिए हमारे जैसे कई ऑर्डर देना एक विलासिता प्रतीत होगा।

भारत में घर पर आने वाले दर्जी भी होते हैं। खासकर बड़े परिवारों के लिए, वे नियमित रूप से आते हैं। वह दर्जी पूरे दिन उस घर की सिलाई मशीन का इस्तेमाल करके काम करता है। पुराने दिनों में, जब मैं कोलकाता में अपने ससुराल में रहती थी, मैं कभी-कभी दर्ज़ी को घर पर देखती थी। वह एक दुबला पतला अधेड़ आदमी था, जिसका अपने पिता के समय से ही हमारे घर आना-जाना था। जब भी वह आता, घर के लोग आस-पास के रिश्तेदारों को भी बुला लेते और उनसे ऑर्डर इकट्ठा करते। साड़ी ब्लाउज, पेटीकोट, कुर्ता-पायजामा, पिलोकेस और चादरें सहित विविध चीजों की सिलाई कराई जाती। विशेष रूप से जब परिवार में कोई शादी या त्योहार होता था, तो वह एक सप्ताह या दस दिन तक निरंतर आकर मेहनत करता था। वह घर के अन्दर, पर्दे के पीछे, दिन ढलने तक, ब्रिटिश काल से चली आ रही सिंगर सिलाई मशीन को लगातार चलाता रहता था। पर्दा इसलिए लगाया जाता था कि वह घर की सुन्दर-सुन्दर लड़कियों को चुपके से न देख सके।

इस प्रकार के घरेलू दर्जियों की संख्या धीरे-धीरे घटती जा रही है। ये अब केवल उन्हीं घरों में आते हैं जो अभी भी पारंपरिक संयुक्त परिवार की प्रथा को बनाए रखे हुए हैं। आमतौर पर, लोग अब दुकानों पर जाकर अपने कपड़ों के लिए ऑर्डर देते हैं।

चिकनकारी: लखनऊ का विशेष उत्पाद

लखनऊ की महिलाएँ साड़ी के बजाय, सलवार और कमीज़, या चूड़ीदार सलवार और कुर्ता अधिक पसंद करती हैं। इनमें चिकन के नाम से प्रसिद्ध एम्ब्रॉयडरी लखनऊ का विशेष उत्पाद है और इस तरह की कढ़ाई वाले सलवार-कमीज़ कहीं भी दिखाई देते हैं। उच्च गुणवत्ता वाले कपड़े जैसे कि लॉन या ओर्गैंडी पर घास-फूलों या ज्यामितिक डिज़ाइनों को पीछे से क्रॉस स्टिच से कढ़ाई करके, सामने पैटर्न बनाया जाता है। इसे शैडो एम्ब्रॉयडरी भी कहा जाता है। छह मीटर के कपड़े पर पूरी तरह से कढ़ाई की गई शानदार साड़ी भी होती है। पुरुषों के कुर्ते पर भी चिकन की कढ़ाई की जाती है। यह इस जगह का रोज़मर्रा का पहनावा है।

मैं लम्बे समय से चिकन कढ़ाई की कार्यशाला को देखना चाहती थी। एक दिन, जब मैंने अपनी चाची से पूछा, तो पता चला कि इसे देखने के लिए एक दूर के गाँव में जाना पड़ेगा। चाची ने कहा कि चूंकि वह इस्लामी क्षेत्र है, इसलिए हिन्दू होने के नाते मेरे लिए वहाँ जाना जोखिम भरा हो सकता है। लखनऊ जैसे शहर में भी, जो बाहर से शांत लगता है, आज भी हिन्दू-मुस्लिम के बीच का तनाव यहाँ कम

नहीं हुआ है। जब मैंने ज़िद की, तो मेरे चाचा मेरे साथ जाने के लिए तैयार हो गए। वे दाढ़ी बढ़ाए हुए थे, तो एक मुस्लिम की तरह भी लगते थे। चाचा ने सफेद कुर्ता और ढीला ढाला पायजामा पहना था, और मैंने सूती सलवार-कमीज़ पहनी। फिर घर से निकले। बीच के रास्ते में गाड़ी से उतरकर हम लोगों से पूछते हुए पैदल चले। आस-पास का इलाका गाँव से ज्यादा एक कस्बा जैसा लग रहा था, जहाँ नाली का गंदा पानी सड़क पर जमकर दुर्गंध फैल रहा था।

आखिरकार जहाँ हम पहुँचे वह एक मिट्टी की दीवार से बना घर था। मैंने वहाँ चिकन कढ़ाई में प्रसिद्ध माँ-बेटी से मुलाकात की। उन्होंने मुझे अपना राष्ट्रीय प्रतियोगिता में गोल्ड मेडल जीतने वाला प्रमाणपत्र दिखाया, जो फ्रेम में लगा हुआ था। बाद में उन्होंने मुझे बन रहा एक चिकन कपड़ा लाकर दिखाया। निश्चित रूप से, यह उनके वेटरन कौशल को प्रमाणित करता हुआ अद्‌भुत काम था। लेकिन सफेद सूती कपड़ा स्लेटी रंग जैसा गंदा हो गया था। वे शायद घर के काम के बीच में ही यह काम थोड़ा-थोड़ा कर रही हैं। तैयार हुए कपड़े को वे गाँव की सहकारी संस्था में ले जाकर मजदूरी प्राप्त करती हैं। जब मैंने उनसे कुछ चिकन के काम को ख़रीदने के लिए कहा, तो उन्होंने बताया कि कपड़ा सहकारी संस्था से आता है और सब कुछ आयोग आधारित बिक्री के लिए है। इसलिए अपने से बेचने के लिए उनके पास कुछ नहीं था।

जब मुझे पता चला कि एक कुर्ते के लिए केवल बीस रुपये का मेहनताना मिलता है, तो मैं हैरान हो गई। उत्पादक से उपभोक्ता के हाथों में माल पहुँचने तक होने वाला शोषण तो हर देश में होता है। फिर भी भारत में यह अत्यधिक बुरे रूप में दिखाई देता है। इसीलिए यहाँ पर अमीर और गरीब के बीच का अंतर आकाश-पाताल जैसा लगता है।

लखनऊ के कलाकार

अपने पति के चाचा के साथ मैंने लखनऊ के फाइन आर्ट्स कॉलेज का दौरा किया। वे इसके डिज़ाइन विभाग के प्रमुख हैं। कॉलेज की इमारत कंक्रीट की बनी बेजान थी, लेकिन विशाल कैंपस में आम और बरगद के बड़े पेड़ लहलहा रहे थे।

मैंने चित्रकला, मूर्तिकला, डाइंग एंड वीविंग, डिज़ाइन, और सिरेमिक्स जैसी कक्षाओं का अवलोकन किया। छुट्टियाँ न होने के बावजूद भी छात्रों की संख्या काफी कम थी। ऑयल पेंटिंग की क्लास में, केवल दो या तीन छात्र विशाल स्टूडियो में अपने ब्रश चला रहे थे। ज़मीन पर लम्बी टांगें फैलाकर लेटा मॉडल एक गहरे रंग

का, चौड़े जबड़े वाला, घुंघराले बालों का बारह या तेरह वर्ष का आदिवासी लड़का था। कुछ विभागों में एक ही छात्र एक प्रोफेसर के साथ था। जब हम अवलोकन के लिए गए, तो कक्षा रुक गई और बातचीत शुरू हो गई।

सुनने में आया कि फाइन आर्ट्स कॉलेज के लिए आवेदकों की संख्या कम होने की वजह यह है कि यहाँ से ग्रेजुएशन के बाद नौकरी मिलने की उम्मीद कम होती है। भविष्य में अगर कोई स्वतंत्र कलाकार बन भी जाता है, तो अपनी कृतियों को बेचने का मौका बहुत कम होता है। प्रतिभा होने के बावजूद, कई बार उन्हें दुर्भाग्यपूर्ण परिस्थितियों में रहना पड़ता है। छात्र और प्रोफेसर दोनों ही एक ही बात कहते थे कि भारत में आगे चलकर कोई उम्मीद नहीं है, इसलिए वे अमेरिका या जापान जाना चाहते हैं, वहाँ अपनी प्रदर्शनी दिखाकर सफल होना चाहते हैं। लगा था वे नहीं जानते कि जापान में भी फाइन आर्ट्स के छात्रों के लिए स्थिति ठीक नहीं है।

भारतीय मूर्तिकला के प्रमुख विद्वान प्रोफेसर महापत्र से मिलना मेरे लिए सौभाग्य की बात थी। वे खजुराहो या एलोरा जैसी हिन्दू मूर्तिकला की परंपरा से जुड़े प्रमुख कलाकार हैं। पुरानी चीजों को महत्व देने वाले भारत में भी, वर्तमान में मॉडर्न आर्ट को महत्व दिया जा रहा है। इस रुझान में पारंपरिक कला की रक्षा करने वाले उनके काम को महत्वपूर्ण माना जाता है। उन्हें राष्ट्रीय धरोहर के रूप में देखा जाता है। उनकी प्रमुख कृतियाँ देश के संग्रहालयों और कला गैलरियों में संरक्षित हैं। विश्वविद्यालय के हॉल और परिसर में भी उनकी देवी की मूर्तियाँ, नारी चित्र, और हिन्दू मिथकों से ली गई कहानियों के चित्र रखे गए हैं।

कहा जाता है कि उनके कार्य, विशेषकर महिलाओं का रूप, काम सूत्र पर आधारित है। सूत्र के कुछ विवरण इस प्रकार हैं। "......चेहरा पूर्णिमा के चांद की तरह चमकदार, शरीर भरावदार, त्वचा कोमल, महीन, उज्ज्वल और चमकीली। आँखें लज्जायुक्त हिरणी की तरह। नाक सीधी और गर्दन शंख की तरह सुगठित। स्तन पवित्र फल की तरह, दृढ़, उन्नत, भारी और मुलायम। कमर पतली, पेट पर नाभि के चारों ओर तीन वलय हैं। नितम्ब पतले, मजबूत और उभरे होते हैं......" उन्होंने इस तरह की महिला की छवि को मूर्त रूप देते हैं।

"क्या आपकी पत्नी आपकी कृतियों से ईर्ष्या नहीं करती हैं?"

मैंने पूछा तो उन्होंने हँसते हुए जवाब दिया।

"बिलकुल। विशेषकर जब हम युवा थे। मेरी पत्नी की जलन देखने से ही अपना काम की सफलता मुझे लगती थी।"

दूसरी ओर, प्रोफेसर अवतार सिंह आधुनिक कला के एक जाने-माने मूर्तिकार के रूप में प्रसिद्ध हैं। उन्होंने बंगाल के विश्व भारती विश्वविद्यालय के कला विभाग में शिक्षा प्राप्त की। प्रसिद्ध मूर्तिकार रामकिंकर के शिष्य रहे हैं। मेरे पति के सहपाठी हैं। मूल रूप से वे हिमालय क्षेत्र, टिहरी गढ़वाल के महाराजा के वंशज हैं। विशाल कद काठी और सम्पूर्ण रूप से राजसी आभा लिए प्रभावशाली चेहरा है। मूर्तिकार के रूप में उनकी प्रोफ़ाइल असाधारण है। इसके अलावा वे एक अनूठे डॉग लवर भी हैं। उनके घर में मास्टिफ या शेफर्ड जैसे बड़े पाँच या छह कुत्ते हैं। इन कुत्तों से घिरे हुए वे भी प्रभावशाली दृश्य बनाते हैं, जबकि सामान्य कुत्तों के मालिक उनके सामने फीके पड़ जाते हैं।

वे स्थानीय डॉग लवर संघ के अध्यक्ष भी हैं। कुछ साल पहले, टोक्यो में आयोजित एक डॉग शो के लिए वे जापान आए थे। जब कांसाई क्षेत्र में आए तो वे मेरे घर पर ठहरे और हमने क्योटो, नारा और ओसाका के विभिन्न स्थानों की यात्रा की। इस यात्रा के दौरान जो उन्हें सबसे ज्यादा पसंद आया वह था क्योटो में ओकाज़ाकी का चिड़ियाघर। पक्षियों और जानवरों को देखने के अलावा, उन्होंने बड़े उत्साह से कला विद्यालय के छात्रों और प्राथमिक स्कूल के बच्चों को स्केच करते देखा और उनसे बातचीत की। जब उन्होंने एक छोटे बच्चे के सिर पर हाथ फेरा, तो बच्चा बुरी तरह से रो पड़ा। शायद उनकी दाढ़ी से डर गया था। चिड़ियाघर में हाथी और ऊँट के बाड़े की संकीर्णता को देखकर वे बहुत निराश हुए थे।

वे जापान से अपने देश जो चीज लेकर जाना चाहते थे, वह चीज थी जापानी कुत्ते। उनकी पहली पसंद "अकिता कुत्ता" था और दूसरी पसंद "तोसा कुत्ता" था। उनके अनुसार, तोसा कुत्ता तोसा के मूल कुत्ते और उनके पसंदीदा मास्टिफ या बुलडॉग के संकर है। वे कुत्तों के बारे में सचमुच अद्भुत जानकारी रखते हैं। उनके गृह क्षेत्र हिमालय में शुद्ध नस्ल के बड़े कुत्ते अब लगभग विलुप्त हो चुके हैं। वे भारतीय कुत्तों की शुद्ध नस्ल की रक्षा करना अपना कर्तव्य मानते हैं। जापानी कुत्ते को भारत ले जाने की उनकी इच्छा को पूरा करने के लिए हम अलग-अलग संबंधित स्थानों पर गए, लेकिन यह सम्भव नहीं हो पाया। कुत्तों की कीमतें तो बेहद अधिक हैं, उस पर टीकाकरण, निर्यात प्रक्रिया, आयात-निर्यात प्रक्रियाएँ, और ऊपर से, छह महीने की संगरोध (क्वारंटाइन)—इतना झंझट कौन मोल ले सकता है? निराश होकर, उन्होंने आखिर में उपहार के रूप में एक हिलने वाले कुत्ते का खिलौना खरीदा। यह कुत्ता जापान की हर खिलौना दुकान पर अपनी पूंछ हिलाते और भौंकते हुए दिखाई देता है।

उन्होंने गर्व के साथ कैंपस में बिखरे अपने कार्यों को दिखाया। उन कामों में तीन से चार मीटर लंबी अमूर्त कृति और विशाल ब्राह्मण बैल की मूर्ति आदि थी। उनकी कार्यशाला में कुत्तों, मनुष्य की मुखाकृति और बुद्ध के सिर जैसी कृतियाँ चारों ओर बिखरी पड़ी थीं। उन्होंने कहा था कि इनमें से कोई भी ले जा सकते हैं, लेकिन कम से कम दस किलो वजनी पत्थर को मैं कैसे जापान ले जा सकती थी! दुर्भाग्य से इसे छोड़ना पड़ा। और जब एक कलाकार इस तरह की बात कहता है, तो इसका असली मतलब यह होता है कि उनकी कृतियों का मूल्य इतना अधिक है कि उनकी कोई कीमत नहीं लगाई जा सकती। अपनी वित्तीय स्थिति के कारण भी उनकी कृति नहीं ख़रीद सकी।

कुलपति, श्री बिष्ट जी से भी परिचय कराया गया। गोरे रंग और मध्यम कद के, हरे रंग की आँखों वाले बिष्ट जी को देखकर मैंने सोचा कि शायद ये कजाकस्तान या उजबेकिस्तान जैसे मध्य एशियाई देश के हों। जैसी कि उम्मीद थी, वे हिमालय क्षेत्र के निवासी थे।

बड़े कमरे में एक बड़ी मेज थी, जिस पर कागजों का ढेर था। यह सामान्य कुलपति कक्ष की तरह था, लेकिन यह विशेष था कि दीवार पूरी तरह से उनकी बनाई तैल चित्रकारी से सजी थी। अगले कमरे में एक आर्ट स्टूडियो था, जहाँ खड़े होने की भी जगह नहीं थी। जवानी में, उन्होंने यूनेस्को की छात्रवृत्ति प्राप्त की और यूरोप और अमेरिका में चित्रकला का अध्ययन किया। कुछ महीने पहले अमेरिका से लौटे, उन्होंने बताया कि न्यूयॉर्क में उनकी व्यक्तिगत प्रदर्शनी बहुत सफल रही और वे जल्द ही कला के देश, जापान जाना चाहते हैं।

बाद में, जनवरी 1971 में, क्योटो में आयोजित 'आधुनिक भारतीय चित्रकला प्रदर्शनी' में, कुलपति बिष्ट जी की तीन बड़ी कृतियों को देखकर, मुझे बहुत आत्मीयता महसूस हुई। और मैंने सोचा कि उनकी कृतियाँ उनसे पहले जापान पहुँच गईं, इससे वे निश्चित रूप से संतुष्ट हुए होंगे।

मैंने उस कला विश्वविद्यालय में कई चित्रकारी के काम देखे। अधिकतर बड़े अमूर्त चित्र थे। यह लगा था कि कला का आधुनिकीकरण अर्थात पश्चिमीकरण, यहाँ भारत में भी अपवाद नहीं है। अजंता गुफा चित्रों को प्रतिनिधित्व करने वाले फ्रेस्को चित्र, मुगल चित्रकला में प्रसिद्ध मिनिएचर पेंटिंग, और आधुनिक भारतीय चित्रकला के पिता कहे जाने वाले अबनींद्रनाथ टैगोर द्वारा विकसित बंगाल स्कूल की वॉश पेंटिंग जैसे काम पीछे छूट रहे हैं। जापान में भी पारंपरिक सुमी-ए कला की गिरावट

दिखती है। पुरानी कला का पतन वर्तमान वैश्विक प्रवृत्ति लगती है।

इसके विपरीत, बाहर से उम्मीद की जाने वाली चीजें हमेशा उस देश की अनूठी पारंपरिक कलाएँ होती हैं। भारत में मिले कला से जुड़े लोगों को जब पता चलता था कि मैं जापान की हूँ, तब वे अक्सर कहते थे कि "जापान एक महान कला वाला देश है। जापानी चित्रकला शानदार है, फर्स्ट क्लास है। जापानी चित्रकला की तकनीक हमारे लिए आदर्श है। जापानी कागज़, पेंट, चित्रकारी के ब्रश आदि कला सामग्री भेज दीजिए। मैं जापानी चित्रकला सीखने के लिए वहाँ आना भी चाहता हूँ। क्या आप मेरी मदद कर सकती हैं?" उन्होंने जो "जापानी चित्रकला" कहा, इसका मतलब सुमी-ए कला था। जापानी चित्रकला सीखने के लिए आने वाले छात्रों को जब यह पता चलेगा कि उनके लिए एक गुरु को ढूँढ़ना कितना कठिन है, तो उन्हें निश्चित रूप से आश्चर्य होगा।

बिखरता संयुक्त परिवार

मैं लखनऊ में अपने पति के चाचा के घर पर रुकी थी। दो मंजिला, पत्थर का बना उनका घर, शहर के उत्तरी भाग में एक शांत आवासीय क्षेत्र में स्थित है। पहली मंजिल पर वे, उनकी पत्नी और दो बच्चे, और उनके छोटे भाई के परिवार के तीन लोग रहते हैं, जबकि दूसरी मंजिल पर उनके दूसरे भाई का पाँच लोगों का परिवार रहता है। माता-पिता का देहांत होने के बाद भी तीन भाई अपने-अपने परिवारों के साथ एक ही छत के नीचे रहते हैं।

करीब तीन सौ वर्ग मीटर के विशाल आँगन के चारों ओर कमरे बने हुए हैं। इस तरह का घर उच्च वर्ग लोगों के लिए सामान्य है। प्रकाश और वेंटिलेशन के दृष्टिकोण से, और निजता की सुरक्षा के लिहाज से भी इस आँगन सहित घर की संरचना काफी अच्छी है। और भारत में, आँगन का एक विशेष कार्य होता है। अर्थात, महिलाएँ बाहर से दिखाई दिए बिना घर के बीच में आराम से रह सकती हैं। महिलाओं को घर के बाहर के पुरुषों के सामने दिखना नहीं चाहिए, महिलाओं को बेवजह बाहर घूमना नहीं चाहिए—ऐसे नियमों के अन्दर आँगन बड़ा काम में आता है। इस्लामी क्षेत्रों में विशेष रूप से यह प्रवृत्ति मजबूत है और इस्लामी शहर लखनऊ में अक्सर इस तरह के घर देखे जाते हैं। वैसे, चाचा का परिवार तो हिन्दू ही है।

चाचा एक कला महाविद्यालय में डिज़ाइन विभाग के प्रोफेसर हैं। दूसरे चाचा एक दार्शनिक हैं, और सबसे छोटे चाचा राज्य सरकार में एक अधिकारी हैं। चाची तो चाचा से बीस साल छोटी हैं और पूर्वी बंगाल (अब बांग्लादेश) के जेसोर की हैं। इस

क्षेत्र की महिलाएँ प्राचीन काल से हिन्दू समाज में अच्छी पत्नी और ज्ञानी माँ के रूप में जानी जाती हैं। टैगोर परिवार में भी यहाँ से कई बहुएँ आई हैं। कविवर रवींद्रनाथ टैगोर की पत्नी, मृणालिनी देवी, और मेरे पति की दादी (मृणालिनी देवी की चचेरी बहन) भी जेसोर के ब्राह्मण परिवार से आई थीं। वास्तव में, चाची हिन्दू पत्नी का एक आदर्श उदाहरण हैं। वे हर सुबह पाँच बजे उठती हैं। स्नान करके भगवान के सामने प्रार्थना करती हैं, जो वे कभी नहीं भूलतीं। परिवार के लोग जब जागते हैं, तब तक वे गीले लम्बे काले बालों के साथ, स्टार्च लगी सूती की साड़ी पहनकर रसोई में काम कर रही होती हैं। उनके चेहरे के ऊपर सामने बालों के बीच में लगाया गया ताजा सिंदूर का लाल रंग बहुत ही चमकीला होता है। नौकर होते हुए भी, वे उन्हें सब कुछ नहीं सौंपतीं, बल्कि स्वयं नाश्ते के लिए चपाती और सब्जी बनाती हैं।

मालिक की पसंद का खाना बनाना तो ठीक है, लेकिन मैं यह देखकर आश्चर्यचकित हुई कि वे प्लेट में रखे खाने को हाथ से मिलाकर पति को खिलाती थीं। मेरे पति तो "उनसे कुछ सीखो" जैसी नज़रों से मुझे देख रहे थे। चाचा खुद को एक राजा जैसा महसूस करते होंगे। एक प्रचलित कहावत है कि "अमेरिका के घर में रहो, चीनी खाना खाओ, जापानी पत्नी बनाओ और फ्रेंच महिला को प्रेमिका बनाओ, तो जीवन श्रेष्ठ होगा"। लेकिन मुझे लगता है कि जापानी की जगह भारतीय करना बेहतर होगा। भारत में आज भी "पति को सदैव ईश्वर के रूप में पूजना चाहिए" आदि मनुस्मृति की शिक्षा काफी हद तक लागू होती है। इस पुरुषप्रधानता पर, मैं अन्य देशों की महिलाओं की राय सुनना चाहती हूँ।

हमारा स्वागत करते हुए, चाचा ने दोपहर के भोज का आयोजन किया। पास के रिश्तेदारों और मित्रों को बड़ी संख्या में बुलाया गया था। उनमें कवि, चित्रकार, विद्वान और पुराने नवाबों के वंशज जैसे सज्जन शामिल थे। उनका नाम तो मैं भूल गई, एक दाढ़ी वाले सज्जन ने सफेद रेशमी शेरवानी पहन रखी थी और 'सलाम अलैकुम' का इस्लामी अभिवादन किया। उन्होंने मुझे महान अभिनेता अमजद खान की याद दिला दी। वे लंदन में रहते थे, लेकिन कुछ काम से अपने गृहनगर लखनऊ आए हुए थे। उन्होंने बताया कि उनका और मेरे चाचा का परिवार पुराने जमाने से जुड़ा हुआ है। हुक्का, चांदी की प्लेट में सजाया गया पान, बकरे के मांस का कोरमा, पूरी, और उत्तम संदेश के साथ बंगाली व्यंजनों के आतिथ्य से सभी मेहमान संतुष्ट थे।

लखनऊ में जन्मे और पले-बढ़े चाचा के परिवारों का जीवन, भाषा से लेकर वस्त्र, खान-पान और रीति-रिवाज तक, सब कुछ बंगाली और कोलकाता के तौर-तरीकों का पालन करता है। इसी कारण, उनके मेहमान उनके यहाँ आने की इच्छा करते रहते हैं कि उन्हें यहाँ स्वादिष्ट बंगाली भोजन मिलेगा। लेकिन एक बार ऐसी घटना हुई थी। एक मेहमान ने उनके घर के नौकर से तंबाकू खरीदकर लाने को कहा। "कितने खरीदकर लाऊँ?" नौकर ने पूछा, और मेहमान ने अपनी तर्जनी उठाई। थोड़ी देर बाद वापस आए नौकर ने मेहमान को बचे हुए पैसों के साथ सिर्फ एक ही सिगरेट पेश की। "ए-टा की रे! (यह क्या है!)" मेहमान ने अजीब-सी आवाज में कहा, और सभी हँस पड़े। अगर मैं इस घर की मालकिन होती, तो निश्चित रूप से लज्जित होती। क्योंकि मुझे लगता कि मेहमानों को मेरी कंजूसी जाहिर हो गई। लेकिन यहाँ ऐसे सोचने वाला कोई नहीं था, और कोई भी शर्मिंदा नहीं था। एक बार की हंसी मजाक के बाद, यह विषय चर्चा में भी नहीं आया। वैसे, भारत में तंबाकू की एकल बिक्री असामान्य नहीं है। मेरी सोच क्या केवल मेरी ही है, या यह इसलिए है कि मैं एक जापानी हूँ?

1960 के दशक में, और 1970 के दशक में भी, मैंने चाचा के घर में जितना चाहे उतना समय आराम से बिताया। यह सिर्फ भारत में ही सम्भव था। शायद यह जापान में बिलकुल भी सम्भव नहीं हो पाता। रहने की तो बात ही छोड़ दें, दहलीज के अन्दर आना भी मुश्किल होता।

लेकिन, 1988 में जब मैं और मेरी बहन लखनऊ आईं, तो हम चाचा के घर में पहले की तरह आराम से नहीं रह पाईं। हमें एक रात के लिए, सौ डॉलर से अधिक कीमत वाले होटल क्लार्क्स अवध में ठहरना पड़ा। क्योंकि चाचा के घर में कुछ हंगामा हो गया था। पहले भाई आपस में मिलजुल कर रहते थे और बाहरी लोगों के लिए भी यह आकर्षक था। अब उसी इमारत में मोटी दीवारें खड़ी करके, एक दूसरे के खिलाफ हो गए हैं। उन झगड़ों की शुरुआत तब हुई जब चाचा की बहन तलाक लेकर अपने पिता के घर वापस आ गई थी। भाइयों में, कुछ बहन के पक्ष में थे और कुछ नहीं थे। इसके बाद, सबसे छोटे भाई की मृत्यु हो गई और उसकी विधवा के परिवार ने कोलकाता से आकर और अधिक गड़बड़ी पैदा कर दी। यह सामान्य सी बात है कि इस लड़ाई के पीछे सम्पत्ति का विवाद भी था।

इस तरह के माहौल में, हम भी परिवार का हिस्सा होने के नाते, एक तरफ जाने पर दूसरे तरफ वालों के खिलाफ हो जाते और हमें किसी भी चाचा के यहाँ

जाने में कठिनाई हो गई। हालाँकि उनका व्यवहार हमारे साथ पूरी तरह से बदला नहीं था। उन्होंने सुबह हमारे होटल आकर कहा था कि "इतनी महँगी जगह पर फालतू पैसे खर्च करने की कोई ज़रूरत नहीं है, अपने सामान को समेटकर हमारे पास आ जाओ।" लेकिन अन्त में, जब उन्हें अपनी असुविधा का एहसास हुआ, तो दोनों चाचा ने समय को अलग रखकर बारी बारी से हमें शहर घुमाया और खाने का न्योता दिया। उस समय, वे मुझे अच्छा श्रोता समझकर, एक दूसरे की बुराई करते रहे। एक चाचा ने अपने होठों को विकृत करते हुए कहा, "जब तक माता-पिता जीवित होते हैं, तब तक ही भाई-बहन सच में अच्छी तरह से मिल-जुल कर रह सकते हैं। फिर बाहर से कोई आ जाए तो कुछ अच्छा नहीं होता...।" ये शब्द मेरे दिल पर भारी पड़े।

‘जहाँ कुछ खास नहीं है’ गाँव : हरियाणा से पंजाब तक

पाई गाँव में आतिथ्य

दिल्ली से यमुना नदी के किनारे उत्तर की ओर जाने पर, हरियाणा राज्य में प्रवेश होता है। यह 1966 में पंजाब राज्य से अलग हुआ था। मुझे केवल यही पता है कि यहाँ कुरुक्षेत्र है, जो लगभग तीन हज़ार वर्ष पहले महाभारत का युद्धक्षेत्र बना था।

गाँव में अक्सर दिखाई देने वाला सिंचाई के लिए बनाया गया कुआँ।

एक दिन, दिल्ली के मेरे मित्र के एक मित्र हरियाणा में अपने घर जा रहे थे। यह सुनते ही मैंने उनसे मुझे साथ में ले चलने को कहा। तब उन्होंने बोला, “अरे,

वहाँ जाने में कुछ भी मजा नहीं है। वहाँ कुछ भी नहीं है। बस एक गाँव ही है।"
"हाँ, जिस गाँव में कुछ भी नहीं है, वही मैं देखना चाहती हूँ।" मेरी इच्छा सुनने पर, पहली बार मिलने वाले प्रवीर और जया दंपति ने मुझे अपनी कार में साथ ले जाने की बात मान ली।

हम लोग भोर से पहले ही निकले। कार की आगे सीट पर प्रवीर और ड्राइवर थे, और पिछली सीट पर जया और मैं साथ बैठीं। इतनी ठंड थी कि घुटनों पर कंबल डालना पड़ा। आधे घंटे में, कार दिल्ली के शहरी इलाके को पार कर, उपनगर में चौड़ी काली सड़क पर चल रही थी। दुकानों और स्टालों की श्रृंखला और पेड़ों के समूह को विदा करने के बाद खेत और बंजर जमीन क्षितिज तक फैली हुई नजर आई थीं। खेतों में गेहूँ की बालियाँ लहरा रही थीं और दालों की फलियाँ उग रही थीं। मुझे सुनने में आया था कि हरियाणा एक उपजाऊ अनाज क्षेत्र है, लेकिन शायद फरवरी के ठंडे मौसम की वजह से, जमीन सूखी हुई थी। शायद यह शरद ऋतु की फसल के बाद का परती काल था।

पुरानी एम्बेसडर कार चला रहा आदमी प्रवीर की कंपनी का ड्राइवर था। उसने अपना नाम गजराज सिंह बताया। और क्षत्रिय जाति का हिन्दू है, ऐसे उसने गर्व से सूचित किया। 'गजराज' का मतलब हाथियों का राजा होता है, यह भी उसने गर्व के साथ कहा। मजबूत शरीर और कठोर चेहरा उनके नाम से बहुत मिलता था। उसका गाँव हरियाणा को पार करके पंजाब क्षेत्र में था, लेकिन माता-पिता अब नहीं रहे, इसलिए वह शायद ही कभी घर वापस जाता था, दिल्ली में उसने तीस से अधिक वर्ष बिताए थे।

सामने लाल, सफेद, पीली रंग की चटकदार सलवार-कमीज़ पहने महिलाओं का समूह दिखाई दिया। वे सुबह का पानी भरने के लिए कुएँ पर आई थीं। फोटो खींचने के लिए मैंने कार रुकवाई और जैसे ही मैं कुएँ के पास पहुँची, एक स्वस्थ दिखने वाली युवती दौड़कर आई और मुस्कुराते हुए एक छोटा सा धातु का बर्तन मेरी ओर बढ़ाया। उससे पानी टपक रहा था। —अहा, उन्हें लगा कि मुझे पानी चाहिए। —मैंने कैमरा तैयार करके इशारे से पूछा कि क्या मैं फोटो ले सकती हूँ। महिलाओं ने जल्दी से अपने दुपट्टे को सिर पर डाल लिए। कुछ ने अपने चेहरे को आधा ढक लिया। लेकिन फिर वे कुएँ के किनारे पर बैठ गयीं और एक साथ पोज़ देने लगीं। कुआँ छह-सात मीटर व्यास चौड़ा था और इसके चारों ओर एक मीटर के करीब चौड़ा लाल पत्थर से बना हुआ चबूतरा था। वहाँ पर एक बड़ा पीतल

कुएँ पर पानी भरती हुई महिलाएँ।

का घड़ा रखा था, जो एक रस्सी से बँधा हुआ था, उसे वे नीचे उतारतीं और भरे हुए भारी घड़े को ऊपर खींचती थीं। फिर वे इसे अपने सिर पर रखकर घर ले जाती थीं। कितना कठिन काम है! फिर भी उनके लिए यह एक सामान्य काम होगा। सभी स्वस्थ और प्रसन्न दिखाई दे रही थीं और हँसी की आवाज़ से माहौल गूँज उठता था।

बंजर जमीन और खेतों का एकरस दृश्य अंततः एक जीवंत शहर में बदल गया। वहाँ लोग, गाड़ियाँ, बैलगाड़ी और शोरगुल था। यह बहादुरगढ़ नामक शहर था। हम लोगों ने एक दुकान पर आराम किया। 'दुकान' कहने को तो है लेकिन वास्तव में पेड़ के नीचे कुछ कुर्सियाँ और पुराने लोहे के बिस्तरों को टेबल की तरह बनाया गया था। उन पर नीले रंग का पेंट किया गया था जिससे कुछ अच्छा दिखाने के लिए दुकानवाले का प्रयास समझ में आया। जल्द ही, ऊनी स्कार्फ से सिर ढके हुए धोती पहने एक आदमी भाप उठाती हुई चाय लेकर आया। दूर बैठे ड्राइवर गजराज ने चाय को जल्दी ठंडी करने के लिए कप से प्लेट में डालकर पीना शुरू किया। दिल्ली से लाई हुई सैंडविच, बादाम, किशमिश, केला आदि निकालकर जया हम सभी को देने लगी। दुकान में बाहर की खाने की सामग्री लाने की कोई मनाही नहीं था। दिल्ली से आए मेहमानों को जानकर या न जानकर, लोग और बच्चे दूर से झुंड में हमें देख रहे थे। धूप में सोया हुआ कुत्ता उठ कर बैठ गया और घूर कर हमें देख रहा था। सुबह की धूप चमक रही थी।

भारतीय गावों में बैलों को भिन्न कामों जैसे खेती, परिवहन या पानी भरने में लगाया जाता है।

गन्ने का रस निकालकर गुड़ बनाते किसान।

सूखे खेत के बीच में, दो सफेद और भूरे रंग के बैल काम कर रहे थे। वे धुरी से एक मोटी लकड़ी के माध्यम से जुड़े हुए थे और चक्कर लगा रहे थे।

इस पुराने यंत्र को क्या कहते हैं? बैल गन्ने का रस निचोड़ने का काम कर रहे थे। किसान इस रस को एक बड़ी कढ़ाई में पका रहे थे। यह विशाल लोहे की कढ़ाई दो मीटर व्यास की थी। पका हुआ रस गहरे नारंगी रंग का था। इसे एक और सपाट लोहे के बर्तन में डालकर ठंडा किया जाता था। इस बड़ी कढ़ाई को दो बड़े आदमियों द्वारा उठाना कुशलता और ताकत का काम है, जो देखने में खतरनाक और तनावपूर्ण लगा।

महिलाएँ सूखा हुआ बाजरा और घास के मोटा गट्ठर को अपने सिर पर लादकर ले आई थीं। इनमें से कुछ तो एक हाथ से बच्चे को पकड़े हुए और दूसरे हाथ से सिर पर रखे हुए घास के मोटा गट्ठर को संभालते हुए चल रही थीं। बच्चे भी मदद कर रहे थे। यहाँ और वहाँ इमली के कुछ पेड़ों के अलावा ज्यादा हरियाली नहीं थी। मुझे विचित्र लगा था कि ये लोग कहाँ से लकड़ियाँ इकट्ठा कर रही होंगी। सूखी भूमि पर, महिलाएँ, बच्चे, पुरुष और बैल भी, हम आगंतुकों की ओर देखे बिना चुपचाप अपना काम कर रहे थे।

पाई गाँव का आतिथ्य सत्कार अविस्मरणीय था। यह प्रवीर का जन्मस्थल है। हमारे आगमन की सूचना पहले ही फैल चुकी थी, इसलिए हमें देखते ही बड़े-बच्चे भारी संख्या में इकट्ठा हो गए और हमारे पीछे-पीछे चलने लगे। रास्ता कंकड़ों से भरा और खराब सड़क थी। गड्ढों में जमा गंदे पानी से बचते हुए हमें चलना पड़ा। पथरीले रास्ते पर कीचड़ से लिपटी दीवारों के बीच से गुजरते हुए, हम अनियमित रूप से मुड़ते और आगे बढ़ते रहे। उस समय मेरे दिमाग में अल्जीरिया के कसबे का नाम आया। मैं वहाँ कभी नहीं गयी थी, लेकिन शायद वहाँ का दृश्य कुछ ऐसा ही होता—एक बार अन्दर जाओ तो निकलना मुश्किल होगा। क्या ये बाहर से आने वाले घुसपैठियों को रोकने के लिए है या उन्हें भागने नहीं देने के लिए? पता चला कि हमें दाएँ और बाएँ, अजनबी लोगों ने घेर लिया था। वे जो भाषा बोल रहे थे, मैं उसका एक भी शब्द समझ नहीं पा रही थी। अचानक मुझे अकेलेपन का एहसास हुआ।

लेकिन, अकेलापन केवल एक क्षण के लिए ही था। जल्द ही मैं लोगों की हंसी की गूंज से घिर गयी। मुझे गाँव के मुखिया, चौधरी परिवार से मिलवाया गया। वे किसान वर्ग से थे। चौधरी नाम बंगाल में भी प्रसिद्ध है। यह ब्रिटिश राज के दौरान प्रशासनिक पदों पर नियुक्त व्यक्तियों को दिया जाने वाला एक उच्च श्रेणी का खिताब है। चौधरी जी और उनकी पत्नी, दोनों ही साठ या सत्तर साल के आसपास लग रहे

गाँव का मुखिया, चौधरी परिवार। इकट्ठा हुए लोग अधिकांश परिवार के सदस्य थे।

थे, लेकिन दोनों चुस्ती और गरिमा के साथ खड़े थे। उन्होंने वहाँ उपस्थित लोगों से मेरा परिचय कराया, लेकिन लोगों की संख्या इतनी अधिक थी कि सभी को याद रख पाना सम्भव नहीं था। अधिकांश लोग रिश्तेदार ही थे।

मुझे याद आ गयी थी कि ऐसा दृश्य 1960 में कोलकाता में मेरे ससुर के घर में भी हुआ था। पहली बार भारत आई विदेशी बहू, जो न तो बुलाई गई थी और न ही अपने देश की थी, अनगिनत परिचितों से घिरी थी, जिन्हें मैं याद भी नहीं रख सकती थी। मेरे लिए भयभीत न होना असम्भव था। लेकिन यहाँ, डरने की कोई बात नहीं है। विदेश से आए यात्री बस हवा की तरह आते हैं और हवा की तरह चले जाते हैं। हमें एक-दूसरे के लिए केवल खुशी और अच्छी यादें छोड़ जाना चाहिए।

उस दिन, चौधरी जी की बुजुर्ग पत्नी ने हमारे लिए अपने हाथों से रोटी बनाई थी। उन्होंने बहुत अच्छे गेहूँ के आटे से बनी रोटी पर भरपूर घी लगाया। चूल्हे के पास बना चबूतरा एक बड़े कमरे में खुलता था जहाँ इंसान और भैंसें एक साथ रहते थे। उस कमरे के फर्श पर फूस की चटाई बिछाई गई थी और सभी ने बारी-बारी से गाने गाकर मेरा मनोरंजन किया। इस घर की बहू ने कृष्ण भगवान का भजन गाया, मीरा नाम की लड़की ने भगवान राम का भजन गाया। आनंद नाम के युवक ने फसल

की खुशियाँ मनाने वाला लोकगीत गाया। गाने के शौकीन लोगों ने मुझसे भी जापानी गीत गाने का अनुरोध किया। सामान्यत:, अगर कोई मुझसे गाने के लिए कहता है, मैं हमेशा अपना मुंह बंद कर लेती हूँ। लेकिन इस बार मैंने शर्म और संकोच को दूर फेंक कर तरह-तरह के जापानी लोकगीतों को ऊँची आवाज में गाया। वहाँ के लोगों ने जापान का गीत पहली बार सुना होगा और शायद जापानी भी पहली बार देखा होगा।

इस गाँव के बारे में मुझे कहा गया था गाँव की यात्रा उबाऊ और अरुचिकर होगी। लेकिन यहाँ आकर देखा तो, गरीबी में भी एकजुट होकर जीवन यापन करते परिवार और किसान थे। यहाँ आकर मुझे बड़ी गर्मजोशी महसूस हुई।

मेरी जाति तुम्हारी जाति

भारत में वर्ण व्यवस्था दो हजार वर्षों से भी अधिक समय से मनु-स्मृति पर आधारित हिन्दू समाज को नियंत्रित करने वाला नियम रहा है। यह जन्मजात गौरव और वर्ग को निर्धारित करता है। इस व्यवस्था की अन्यायपूर्णता, विदेशियों को छोड़कर, बहुत से भारतीय भी सोचते हैं। संविधान में भी इसको मना किया गया है। फिर भी जाति अभी भी मजबूती से भारतीय समाज को नियंत्रित कर रही है। इसे स्वीकार करने वाले लोग बहुत हैं, और यह लोगों की चेतना में जीवित है। एक स्पष्ट उदाहरण के रूप में, विवाह को उठाया जा सकता है। एक आदर्श हिन्दू विवाह की पहली शर्त, न तो रूप और न ही आर्थिक शक्ति है, बल्कि सबसे पहले एक ही जाति का होना है।

भारत की यात्रा करते समय, मुझे लोगों की जाति के प्रति मजबूत चेतना का एहसास होने के कई मौके मिले। जब मैंने पाई गाँव के मुखिया चौधरी जी से और ड्राइवर सिंह जी से मुलाकात की, या अन्य कई जगहों पर भारत के लोगों से परिचय हुआ या मिली, सब अपनी जाति का उल्लेख अक्सर करते थे। चूँकि जापान में इस तरह की व्यवस्था तो सोची भी नहीं जाती, इसलिए मुझे हर बार असमंजस का अनुभव होता था। मैंने जाति के बारे में कभी पूछा नहीं था लेकिन लोग इसे स्वत: ही बता देते हैं। अगर स्वयं नहीं बताते, तो कोई और बता देता है। फिर भी, यह आम तौर पर ब्राह्मण, क्षत्रिय, वैश्य, बनिया, कायस्थ जैसे उच्च और मध्यम वर्ग तक ही सीमित है।

जब मेरा परिचय कराया जाता है, मेरे पति की जाति—बंगाली ब्राह्मण—साथ में ज़रूर बताया जाता है। मैं अगर एक सामान्य विदेशी यात्री होती, तो लोग जाति

की बात नहीं करते। कदाचित्, एक भारतीय पत्नी होने के नाते, मुझे भी जाति समाज का हिस्सा मान लिया जाता होगा। फिर भी कभी-कभी, मुझे एक विदेशी के रूप में जाति से बाहर माना जाता है। उस समय मेरी स्थिति अस्पष्ट होती है।

जाति को स्पष्ट करने का रवैया, जापान में नाम कार्ड के आदान-प्रदान से मिलता-जुलता है। एक दूसरे से प्राप्त जानकारी को अपने मानसिक कंप्यूटर में इनपुट करके, उसके अनुसार आगे की बातचीत का निर्णय करते हैं। किस जाति के लोगों से, किस समय, कैसा व्यवहार करना चाहिए—इनको बाहरी लोगों के लिए समझना कठिन होता है। लेकिन जापान भी जाति समाज से अछूता नहीं है। जैसे सम्राट का परिवार, जो जापान में अभी भी पूजा जाता है, इसके बारे में बहुत सारी चर्चाएँ होती हैं। और 'बुराकू' (दलित) समस्या भी अभी तक हल नहीं हुई है। सम्राट का परिवार और बुराकू समस्या, जो समाज के सबसे ऊपर और सबसे नीचे के वर्ग को दर्शाते हैं, इन पर गहराई से विचार करना एक टैबू की तरह हैं।

मैं खुद को समाज सुधारक मानने के इतने उच्च विचार या महत्वाकांक्षा रखने का दावा नहीं करती, और न ही कर सकती हूँ। मैं तो बस अपने हिसाब से, बिना अतिरिक्त प्रयास के, अपनी क्षमता के अनुसार काम करने, भारत से मेलजोल रखने की उम्मीद करती हूँ।

भरतपुर में पक्षी निरीक्षण

कहा जाता है कि भारत, अफ्रीका के बाद, विश्व में दूसरे नंबर पर आता है जहाँ पक्षी और जानवरों की सबसे अधिक प्रजातियाँ हैं। जंगली शेर, बाघ, हाथी, गैंडा आदि को उनके प्राकृतिक रूप में देखना रोमांचक अनुभव है। भारत में वन्यजीव संरक्षण क्षेत्र, प्राकृतिक संरक्षण क्षेत्र, पक्षी संरक्षण क्षेत्र सभी मिलाकर एक सौ पचास स्थान निश्चित किए गए हैं। इनमें से, पक्षी संरक्षण क्षेत्र लगभग दस हैं।

आगरा से पश्चिम की ओर लगभग पचास किलोमीटर पर, राजस्थान राज्य में प्रवेश करते ही, केवलादेव घाना नामक विश्व प्रसिद्ध पक्षी अभयारण्य है। आमतौर पर, इस स्थान को भरतपुर के नाम से जाना जाता है। दलदल, झीलें, कृत्रिम तालाब आदि झाड़ियों से घिरे हुए हैं और स्थायी पक्षी के अलावा, जलपक्षी और प्रवासी पक्षी भी यहाँ दिखते हैं। कहा जाता है कि यहाँ पर पक्षियों की संख्या ढाई लाख से अधिक है।

मैं पक्षियों को देखने की शौकीन हूँ। पहले से, अगर आगरा जाने का मौक़ा हो तो अवश्य भरतपुर तक जाने के लिए सोचती थी। आगरा के होटल से सुबह लगभग

चार बजे निकलकर तेज टैक्सी से जब हम भरतपुर शहर पहुँचे, तो आसमान में हल्की सफेदी छाने लगी थी। शहर से संरक्षित क्षेत्र में प्रवेश करते ही आगे टैक्सी का जाना मना था। वहाँ से हम साइकिल-रिक्शा पर सवार होकर गंतव्य की ओर चले। फरवरी की हवा काफी ठंडी थी। रिक्शा वाला ऊनी शाल को सिर से ढककर चल रहा था। तापमान दस डिग्री से कम था। लंबी और बड़ी जैकेट पहनना बिलकुल सही लगा। रास्ते के दोनों ओर खुदाई वाले तालाब लगातार दिखाई दिए, और विविध प्रकार के वृक्ष और वनस्पतियाँ उग रही थीं। सालभर हरे भरे रहने वाले आम, हमेशा छाया देने वाले नीम, ऊँटों द्वारा पसंद किए जाने वाले बबूल जैसे बड़े पेड़, और नाम नहीं जानती पर अनेक प्रकार के पौधे गहरी धुंध में लिपटे हुए थे।

सुबह होते ही पक्षी भोजन स्थल की ओर बढ़ते होंगे, चीं-चीं, कू-कू .... की चहचहाहट से दिन की शुरुआत का संकेत मिला था। विविध रूप और रंगों के पक्षी आकाश में उड़ रहे थे। भारत भर में पाए जाने वाले हरे तोते भी खूब थे। दिल्ली से आगरा आते समय रास्ते में भी इन तोतों को बेचा जा रहा था। इन्हें जोड़े में अर्धवृत्ताकार लोहे के पिंजरे में रखा गया था। वही बीस या तीस तक इकट्ठा करके बेचा जाता था। कहा जाता है कि ये तैंतीस करोड़ देवी-देवताओं के नाम बोल सकते हैं। इसी याददाश्त की वजह से ये मनुष्यों की कैद में होते हैं। ये 'हीरामन (हरे रत्न)' या 'पक्षी राज' के नाम से भी सम्मानित किए जाते हैं।

मैंने कभी जापान में टीवी पर देखा था कि टोक्यो के जंगली पक्षियों में भारतीय मूल के हरे तोते शामिल हो चुके हैं। सेतागया क्षेत्र के आसपास, एक हजार से भी अधिक की संख्या में एकत्रित होकर, ये फलों और पेड़ों की छाल तक खा जाते हैं। इनकी प्रजनन क्षमता इतनी अधिक है कि ये जापान के मूल जंगली पक्षियों की संख्या के नक्शे को बदल सकते हैं। शुरुआत में पालतू पक्षी के रूप में लाए गए थे लेकिन अब वे जंगली हो गए हैं। यहाँ उन्हें देवताओं के नाम जपने की भूमिका नहीं है, सिर्फ़ परेशान करने वाले माने जाते हैं।

उधर झुंड में दिखे छोटे और काले वाले पक्षियों का नाम क्या है? मैंने रिक्शे वाले से पूछा तो उसने 'गौरैया' बताया। लेकिन मुझे थोड़ा संदेह था। मुझे लगा कि वे मैना की प्रजाति हो सकती हैं। चीं-चीं, कू-कू करते हुए उड़ने का दृश्य, मानो गहरे बादल एक पट्टी के रूप में तेजी से उड़ रहे हों। अगर गिनती पाती तो शायद हजार से अधिक होते! कोलकाता के घर के बगीचे में भी अक्सर दिखाई देने वाला शालिक (मैना) झुंड में आकर मिट्टी में चोंच मारते हुए दिखीं। यह बुलबुल से छोटी

होती है, सिर काला, शरीर गहरा भूरा होता है। और आँखों के पास से चोंच और पैरों तक गहरा पीला रंग होता है। इसका अंग्रेजी में नाम कॉमन मैना है। जापान में देखी जाने वाली मैना से इसका रंग और आकार थोड़ा अलग है।

भारत में पक्षी और जानवर अधिक पाए जाते हैं, इसलिए प्राचीन काल से मनुष्य के साथ गहरा संबंध रहा है, और अनेक पौराणिक कथाओं, लोक कथाओं, मन्दिरों की मूर्तियों, चित्रों, साड़ी आदि वस्त्रों के डिजाइनों में भी इनकी छवियाँ देखी जाती हैं। हरे तोते को हीरामन कहकर प्यार किया जाता है, और एक कथा है जो मैना को भगवान राम के हाथ पर बैठने वाला पक्षी बताती है। हिन्दू धर्म के प्रमुख देवताओं के पास अपने-अपने वाहन के रूप में विशेष पक्षी या जानवर होते हैं, जैसे कि सरस्वती का सफेद हंस या मोर, लक्ष्मी का उल्लू, विष्णु का गरुड़, कार्तिकेय का मोर इत्यादि।

झाड़ियों को पार करने के बाद जलपक्षियों का अभयारण्य था। यहाँ लंबी जंगली घास उग आई है, और झीलों और तालाबों में भी सरकंडे और जलीय पौधे प्राकृतिक रूप से उग आए हैं। सामान्यतः, पानी के किनारे खड़े होकर जलपक्षी देखे जाते हैं, लेकिन यहाँ दलदल में नाव में बैठकर ध्यान से पक्षी दर्शन किया जा सकता है। युवा नाविक के मार्गदर्शन में, नाव सरकंडे के बीच से गुजरी। पानी में तैरती घास पर धीरे-धीरे नाव बिना आवाज करते हुए तैरी। फिर भी, संवेदनशील पक्षी मनुष्यों की उपस्थिति को महसूस करके घबराकर उड़ जाते थे।

लंबा कद, पतली सीधी गर्दन, लंबी चोंच वाला पक्षी बगुले की एक प्रजाति है। कुछ पूरे सफेद रंग के होते हैं, जबकि कुछ के नीले-काले पंख होते हैं। वे सभी सिर से पीछे की ओर फैले पंखों के साथ, आकर्षक दिखाई देते हैं। भूरे रंग के मोटे शरीर वाले शायद वाक बगुला की प्रजाति के होंगे। धब्बेदार पक्षी टिटहरी लगते हैं। बगुले को बंगाल में 'बक' कहा जाता है। किसी कारणवश, इसे अच्छा नहीं माना जाता। 'बक देखानो' कहते हुए, दाहिने हाथ को बगुले की तरह दिखाकर चारा चुनने की मुद्रा बनाना, मूर्खता का प्रतीक है। शायद इसलिए कि ये समूह में रहकर घोंसला बनाते हैं और बहुत अधिक मल फैलाकर इंसान को परेशान करते हैं। भारत के गाँव में जाने पर अक्सर देखा जाता है कि तालाब के आसपास के इमली के पेड़ पूरी तरह से बक द्वारा कब्जा कर लिए गए हैं, और उनके मल से ढके हुए होते हैं। जापान के ओसाका के तकात्सुकी और इबाराकी इलाके में भी, बगुलों के घोंसला बनाने वाले जंगलों की कटाई के वजह से वे मानव बस्तियों के निकट स्थित बांस

के झुरमुटों पर कब्जा कर रहे हैं। निवासी उनकी बीट से परेशान हैं। फिर भी, कुछ नदियों में उन्हें देखने से दिल को तसल्ली मिलती है।

नाव को रोककर, थोड़ी देर के लिए आसपास देखा। शायद सरकंडा के जंगल में घोंसले होंगे। पी-पी, पिप-पिप.... सुन्दर कलरव और तीव्र चौकन्नेपन के संकेत सुनाई देते हैं। बगुले और वाक बगुले, खड़े होकर या बैठकर, भोजन चुनते हुए... सब अपने मन से खेलते हैं। और, हंस और बतख बड़े, मध्यम, छोटे, विभिन्न रंगों में अनगिनत दिखाई देते हैं। वे पानी में भोजन खोजते हुए, चुनते हुए, जलकुंभी के बीच में अपने को छिपाते हैं जिससे लंबी लहरें पैदा हो रही हैं।

सूरज की रोशनी तेज होने के बाद, झील कुछ शांत हो गई थी। अधिकांश भोजन स्थल की ओर चले गए थे। वापसी शायद शाम को होगी।

भारत में कुछ लोग भुखमरी से जूझ रहे हैं, जबकि पक्षियों को शायद भूख का आभास नहीं होता होगा। पक्षियों के लिए यहाँ स्वर्ग जैसा है। यह स्वर्ग भी मानव के आचरण द्वारा सुरक्षित है—यह भरतपुर आने पर अच्छी तरह से महसूस हुआ।

मथुरा : कृष्ण का जन्मस्थान

भरतपुर से टैक्सी में आगरा लौटने के बाद, हम उत्तर-पश्चिम में लगभग साठ किलोमीटर दूर स्थित यमुना नदी के किनारे बसे मथुरा पहुँचे। यह हिंदुओं के प्रिय भगवान कृष्ण के जन्मस्थान के रूप में प्रसिद्ध है। हम उनके बाल्यकाल को बिताने की जगह वृंदावन और बाढ़ के समय ग्वालों को बचाने के लिए उनके द्वारा अंगुली से उठाए गए गोवर्धन पर्वत को देखने आए थे। मैंने कभी भगवान कृष्ण से जुड़ी लोककथाओं का जापानी में अनुवाद करके प्रकाशित किया है। इनकी सुपर एक्शन से भरपूर कहानियों ने मुझे बहुत प्रभावित किया था।

बहुत समय पहले, इस इलाके को ब्रज कहा जाता था, और यमुना नदी के आसपास हरे जंगल और मैदान फैले हुए थे, जहाँ खूबसूरत जंगली पक्षी और जानवर बहुतायत में रहते थे। मथुरा में जन्मे कृष्ण युवावस्था में एक सुन्दर युवक बन गए। जब वे अपनी बांसुरी बजाते थे, तो स्वर्ग के देवता भी मंत्रमुग्ध हो जाते थे। ब्रज की कन्याएँ कृष्ण पर मोहित होकर चाहती थीं कि कम से कम एक बार उनका हाथ पकड़कर साथ में नाचें। लेकिन अकेले कृष्ण सभी कन्याओं के साथ नहीं रह सकते थे। उन्होंने अपने जैसे दिखने वाले युवकों को एक के बाद एक बनाकर उन लोगों का साथी बनाया, जब कि वे अपनी सुन्दर प्रेमिका, राधा के साथ मनभर कर नाचते

थे। 'राधा और कृष्ण का वृंदावन'—ऐसे सुनते ही इस दुनिया का स्वर्ग कल्पना में आ जाता है।

मथुरा संग्रहालय में बुद्ध और यक्षिणी की अनेक श्रेष्ठ मूर्तियाँ सुरक्षित हैं। ये मूर्तियाँ मौर्य, शुंग, और कुषाण काल में बनाई गई थीं, ये बौद्ध धर्म के स्वर्ण काल माने जाते हैं। यमुना नदी की घाटी में मथुरा की बौद्ध कला और सिंधु नदी की घाटी में गांधार की बौद्ध कला, दोनों ही पहली और दूसरी शताब्दी के आसपास विकसित हुई थीं। यह सर्वविदित है कि जापान की बुद्ध मूर्तियों पर पड़ने वाला इनका अतुलनीय प्रभाव है। 1964 में नए साल पर, क्योटो में 'भारतीय प्राचीन कला प्रदर्शनी' नामक कार्यक्रम आयोजित किया गया था, जहाँ मथुरा संग्रहालय से पत्थर की कई मूर्तियाँ शामिल थीं। उस समय देखी गई समृद्धिशाली बुद्ध की खड़ी और बैठी मूर्तियों और आकर्षण से भरपूर यक्षिणी की मूर्तियों को फिर से वहीं स्थानीय स्थल पर अपनी आँखों से देख पाना मेरे लिए बहुत सौभाग्य की बात थी।

मथुरा से, हम दिल्ली के लिए वापस निकल पड़े। दोनों ओर फैले हुए वीराने को चीरती हुई एक सुनसान सड़क पर हमारी कार चल रही थी। रास्ते में, हमने तेजी से क्षितिज में लुप्त हो रहे सूरज को देखा। धुंधलके में धीरे-धीरे खत्म हो रही संध्या की लालिमा से भरे आकाश का दृश्य उत्कृष्ट था। चाहे ऐतिहासिक बुद्ध की मूर्तियाँ हों, चाहे सुन्दर इमारतें हों, मुझे लगता है कि प्रकृति द्वारा दिखाए गए भव्य प्रदर्शन से बढ़कर कुछ भी नहीं होता। मथुरा की धरती पर, बनारस की गंगा में, हिमालय की विशाल पर्वतमाला में, प्रशांत महासागर के मध्य में, जापान की माउंट फ़ुजी की उच्च चोटियों पर, ओसाका के अबू पर्वत में, टोक्यो की भीड़ में भी, समय या जगह, व्यक्ति को चुने बिना, प्रकृति द्वारा दिखाया गया आश्चर्यजनक दृश्य बड़ा शो जैसा है। यह एक ऐसा समय होता है जब हृदय गहरी खुशी और मोह में डूब जाता है।

पंजाब राज्य: भारत के सबसे धनी किसान

पंजाब राज्य की राजधानी चंडीगढ़ है। 1947 में ब्रिटिश उपनिवेश से स्वतंत्रता मिलने के बाद, जब पुरानी राजधानी लाहौर पाकिस्तान के हिस्से में चली गई, तब 1950 में नया शहर बनाया गया था। यह विश्व प्रसिद्ध फ्रांसीसी वास्तुकार ले कॉर्बूजिए द्वारा डिजाइन की गई योजना पर आधारित एक आधुनिक शहर है।

1961 की सर्दियों में चंडीगढ़ और अन्य पंजाबी शहरों की मैंने यात्रा की थी। मैं जापान से आए कृषि दर्शन दल के साथ दुभाषिया के रूप में आई थी। हमने काफी खेत देखे और किसानों से बातें कीं। विदेश से, सरकारी स्तर पर भेजे गए प्रतिनिधियों को दिखाने के लिए, पंजाब के प्रतिनियुक्तियों ने शायद इस क्षेत्र में सबसे धनी किसानों के खेतों को दर्शनीय स्थल के रूप में चुना था। दूसरे जगहों में देखे गए गरीब गाँव और किसानों से बिलकुल अलग, अधिक समृद्ध किसानों की जीवनशैली यहाँ दिखाई गई। कई भैंसों को पालने वाले डेयरी फार्म, बड़ी जमीन के मालिक जमींदारों के खेत ऐसे थे कि विश्व भर के किसान ईर्ष्या करेंगे। यह क्षेत्र भारत के भीतर सबसे अधिक उपजाऊ अनाज क्षेत्र में से एक है, और डेयरी फार्मिंग भी प्रचुर मात्रा में है। पंजाब के लोग मेहनती और शक्तिशाली होने के कारण भी जाने जाते हैं। कई लोगों ने अमेरिका में नवीनतम कृषि तकनीकों को सीखा है।

मुझे टमाटर के खेत में हुई बातचीत भी अच्छी तरह याद है। विशाल मैदान में छोटे लेकिन ताज़ा लाल रंग के टमाटर पूरी तरह से उगे हुए थे। इसे देखकर हमारे दल के एक व्यक्ति ने कहा, "यह तरीका ठीक नहीं है, सहारा देने के लिए इस तरह से खंभे लगाओ," और फिर उन्होंने इसे करके दिखाया। तब भारतीय पक्ष के लोगों ने कहा, "नहीं, हमें सबसे अच्छी तरीक़ा पता ही है। शिकायत की कोई ज़रूरत नहीं है।" नाराज जापानी व्यक्ति ने कहा, "मैं तो यहाँ सिखाने आया हूँ। तभी तुम विनम्रता से सीखने की इच्छा नहीं रखते, नुकसान तो तुम्हारा ही होगा।" इन बातचीतों का अनुवादन करना बहुत कठिन था।

पंजाब के प्रमुख स्थानों का भी ज़्यादा से ज़्यादा दौरा किया। बादशाह औरंगजेब द्वारा बनाया गया पिंजौर गार्डन एक दिखाने लायक सुन्दर मुगल गार्डन था। हिमालय पर्वतमाला से निकलने वाली सतलज नदी, और इसके ऊपरी भाग में बनाए गए विशाल भाखड़ा नांगल बांध की भव्यता ने मुझ पर गहरी छाप छोड़ी। हम अमृतसर तक भी गए। वहाँ सिख धर्म के मुख्य मन्दिर, स्वर्ण मन्दिर (दरबार साहिब) का दर्शन किया। यह एक चमकीले सुनहरे रंग का मन्दिर है जो एक सरोवर के बीचोंबीच स्थित है। संगमरमर के फर्श पर नंगे पैर चलने की ठंडी अनुभूति अब भी याद है। शांत और सुखद यह मन्दिर, हाल ही में आतंकवादियों का लक्ष्य बन गया है, और लगातार रक्तपात की घटनाओं का साक्षी रहा है। जल्द से जल्द राजनीतिक समाधान की कामना करती हूँ।

जिस दिन मैंने महान हिमालय को देखा

हमारा कृषि निरीक्षण समूह पंजाब से हिमाचल प्रदेश की ओर बढ़ा। 'बर्फ के घर' के नाम पर, पूरे साल, हिमालय पर्वतमाला बर्फ के साथ इस राज्य के उत्तरी भाग में खड़ी रहती है। पाँच या छह कारों का हमारा काफिला पूरे समय ऊपर की ओर जा रहा था। राजधानी शिमला 2100 मीटर की ऊँचाई पर स्थित है। यह स्थान ब्रिटिश शासन के दौरान, 1865 से लगभग 80 वर्षों तक, ग्रीष्मकालीन राजधानी के रूप में राजनीति का केंद्र बनकर विकसित हुआ। वर्तमान में भी यह एक प्रमुख हिल स्टेशन है। आधिकारिक यात्रा के रूप में आया हमारा दल राज्यपाल के आवास पर ही ठहरा था। ब्रिटिश काल में, भारत के वाइसरॉय का ग्रीष्मकालीन निवास स्थान होने के नाते, यह विक्टोरियन युग की विरासत को जस का तस बरकरार रखता है। महोगनी और सागौन की भरपूर मात्रा का इस्तेमाल करके बने फर्नीचर, वेनेशियन ग्लास के झूमर, ओकवुड से बनी चिमनी, बिछाए गए बाघ के चमड़े और फारसी कालीन, मखमल के पर्दे, फूलों के डिजाइन वाले वॉलपेपर, दीवारों पर लगे कवच और हथियार, नीलगाय और गौर के सींग इत्यादि। हर जगह, यह समृद्ध और भव्य ब्रिटिश साम्राज्य की याद दिलाता है। साथ ही, यह सोचे बिना मैं नहीं रह सकती थी कि इतना समृद्ध देश कितना भारत का शोषण करता था।

हमारे समूह के लोग, जो अधिकांश छोटे शहरों के रहनेवाले थे, एक कमरे से दूसरे कमरे तक आराम से चलते हुए, "वाह, क्या बात है, अद्‌भुत है" आदि कहकर बार-बार प्रशंसा कर रहे थे। सच में, सभी जीवन में विलासिता का अद्वितीय अनुभव कर रहे थे। इस स्थान के मेजबान के रूप में उदय सिंह जी थे जो बीस-पच्चीस साल के युवा थे। वे इस क्षेत्र के राजा के पोते थे, और सामंतवाद के समाप्त होने के बाद भी एक प्रमुख पद पर थे। सुन्दर चेहरा, गोरा, लंबा, जन्म से ही राजकुमार के नाम के योग्य। अगर समय अलग होता तो निश्चित रूप से वे रेशमी तुर्बान में, हीरे और रूबी से जड़ी हुई फेदर की शोभा बढ़ा रहे होते। उनके नेतृत्व में समूह ने सेब और खुबानी के विशाल खेतों का दौरा किया। पहाड़ की तलहटी में चेरी के पेड़ देखते समय, यह विश्वास करना मुश्किल था कि हम भारत में आए हैं।

शिमला से हिमालय के पहाड़ी इलाके में चढ़ाई करते हुए, हमें स्की रिजॉर्ट तक ले जाया गया। वहाँ तीन-चार मीटर की बर्फ की दीवारों से घिरी एक सफेद दुनिया थी। समूह में कुछ अनुभवी स्कीयर भी थे, और वे हिमालय की गोद में स्कीइंग करते हुए अत्यंत प्रसन्न थे। पहाड़ों की चोटी से देखा गया महान हिमालय "पर्वतमाला

के महासागर" के सिवा और कुछ नहीं बताया जा सकता। उच्च श्वेत शिखरों का पैनोरमा आज भी मेरी आँखों के सामने स्पष्ट रूप से अंकित है।

शिमला में यादें

तीस से अधिक वर्षों पहले मैंने शिमला की पहली यात्रा की थी। मैं इसे एक विशेष भावना के साथ याद करती हूँ।

उस समय, मैं टैगोर परिवार में बहू के रूप में शामिल होकर अभी भारत आई थी, और इस भारत की धरती पर जीवन के अंत तक रहने के लिए तैयार थी। मैं कभी अपनी मातृभूमि जापान में वापस न जा पाऊँगी, और बूढ़े माता-पिता से फिर कभी न मिल पाऊँगी—ऐसे दृढ़ संकल्प के साथ दुखद विदाई ली थी। अब तो, बुद्ध के धर्मस्थलों की यात्रा, योग प्रशिक्षण, या बस 'देखें भारत' जैसे नारे के साथ पर्यटकों से भरे जंबो जेट लगातार जापान से उड़ान भरकर आने लगे हैं। छात्र भी अब अपनी छुट्टियों की पार्ट-टाइम नौकरियों की कमाई से आसानी से विदेश यात्रा का आनंद ले सकते हैं। लेकिन, उस समय जेट विमान भी सेवा में नहीं आए थे। भारत जाना हो तो इंडियन एयरलाइंस के सुपर कॉनी जी नामक टर्बोप्रोप विमान में पूरा दिन लग जाता था। और इसका आने-जाने का किराया बीस लाख येन से अधिक था। उस समय के वेतनभोगी का प्रारंभिक वेतन बारह-तेरह हजार येन था, और सामान्यत: लोग बीस-तीस हजार येन में अपना घर चला रहे थे। इसलिए, उस समय के बीस लाख येन एक वर्ष की आय के बराबर थे। आम लोगों के लिए विदेश यात्रा एक दूर का सपना था।

हम लोग बहुत मुश्किल से यात्रा खर्च निकालकर संगोरा नामक ब्रिटिश जहाज पर सवार हुए। इसके लिए भी हवाई जहाज के टिकट के बराबर बड़ी राशि की आवश्यकता थी, इसलिए केवल वन-वे टिकट ही ले पाए, और हमारे पास बाकी कुछ भी नहीं बचा। संगोरा नामक जहाज़ योकोहामा बंदरगाह से शुरू होकर, कोबे, हांगकांग, ब्रिटिश सिंगापुर (1965 में स्वतंत्र), पेनांग, रंगून, और कोलकाता तक लगभग एक महीने में पहुँचा था। मैंने तो अंतिम क्षण तक टोक्यो में अपने माता-पिता और भाई-बहनों के साथ समय बिताया और फिर ट्रेन से कोबे पहुँचकर जहाज पर सवार हो गई। उस समय बुलेट ट्रेन शिंकांसेन भी नहीं थी। "भारत जाना मानो मौत के घाट उतरने जैसा है।"—ऐसे शब्दों के साथ मैंने यात्रा शुरू की।

कोलकाता के उत्तर में, दर्पणारायण टैगोर स्ट्रीट पर मेरे ससुराल में मेरा जीवन, सब कुछ टैगोर परिवार की एक सुशील बहू बनने के लिए था। बड़ों के प्रति आदरभाव, धार्मिक अनुष्ठानों में भागीदारी, और पहनावे, खाने और रहने की सूक्ष्म बातों तक, मुझे उन तरीक़ों का पालन करना था जो मुझे अभी सीखने थे। यह मेरी चुनी हुई राह थी, और यही एकमात्र तरीक़ा था जिससे मैं यहाँ जीवित रह सकती थी। प्रतिदिन मैं अपने सिर को साड़ी से ढके हुए सास और नौकरों के साथ रसोई की ठण्डे सीमेंट वाले फ़र्श पर बैठकर, बोंटी के नाम से जाने जाते चाकू से सब्ज़ियों और मछलियों को काटती रही। मैंने सोचा कि मुझे अपने आप को जापानी नहीं समझना चाहिए।

एक दिन, एक परिचित के माध्यम से, मुझे जापानी भाषा के दुभाषिए का काम मिला। मुझे लगा था कि यह कोलकाता में बहू के रूप में जीवन बिताते रहने से बाहर निकलने का मौक़ा है। उसी समय मुझे शिमला आने का अवसर मिला। वहाँ मैंने देखा था, बर्फ़ से ढके विशाल हिमालय के पर्वत, हिमालय में देवदार के जंगल, विभिन्न आकार के फर्न और पहाड़ी घास के झुरमुट, और चेरी और सेब के पेड़ों का झुण्ड। ताज़ी हवा और पानी। इस प्राकृतिक सौंदर्य को निहारते हुए, मैंने बहुत दूर अपनी मातृभूमि जापान के बारे में सोचा, जहाँ मेरे पिता और माँ रहते थे। उनको याद करके उस समय, मैं भारत आने के बाद पहली बार ज़ोर से रोयी।

तीस से अधिक वर्षों के बाद, अब मेरे पिता और माँ नहीं रहे। पूर्वानुमान के विपरीत, हमारा परिवार जापान में ही रहने लगा है और ओसाका और माता-पिता के घर टोक्यो के बीच आना-जाना होता रहता है। हिमालय, जिसे दुनिया की छत कहा जाता है, उसके साथ तुलना नहीं की जा सकती, यहाँ कहीं भी पहाड़ हैं, हिमालयन देवदार और चेरी के पेड़ भी हैं।

आज भी कभी-कभार सोचती हूँ। मेरे से ज़्यादा, अपनी बेटी से बिछड़ने के क्षण पर पिता और माँ की भावनाएँ क्या रही होंगी। अब मैं खुद, अमेरिका और यूरोप में विवाहित बेटियों की माँ हूँ। आगे जीवन में कितनी बार, कितने दिनों तक मैं अपनी बेटियों से मिल सकूँगी—इसे गिनती करते समय, मैं उस समय के पिता और माँ को याद करती हूँ, जब इस तरह बार-बार मिलने की खुशी की कल्पना भी नहीं की जा सकती थी।